THE ADDRESS BOOK

What Our Street Addresses Reveal About Identity, Race, Wealth, and Power

[美] 戴尔德丽·马斯克（Deirdre Mask）著　徐萍　谭新木 译

地址的故事

地址簿里隐藏的身份、种族、财富与权力密码

上海社会科学院出版社
SHANGHAI ACADEMY OF SOCIAL SCIENCES PRESS

图书在版编目（CIP）数据

地址的故事：地址簿里隐藏的身份、种族、财富与权力密码 /（美）戴尔德丽·马斯克 (Deirdre Mask) 著；徐萍，谭新木译. —上海：上海社会科学院出版社，2022

书名原文：The Address Book: What Our Street Addresses Reveal About Identity, Race, Wealth, and Power

ISBN 978-7-5520-3659-6

Ⅰ.①地… Ⅱ.①戴…②徐…③谭… Ⅲ.①地名—文化—世界—通俗读物 Ⅳ.①K91-49

中国版本图书馆 CIP 数据核字（2021）第 168968 号

THE ADDRESS BOOK
Text Copyright © 2020 by Deirdre Mask
Published by arrangement with St. Martin's Press. All rights reserved.

上海市版权局著作权合同登记号：图字 09-2021-0756 号

地址的故事：地址簿里隐藏的身份、种族、财富与权力密码

著　　者：	（美）戴尔德丽·马斯克
译　　者：	徐　萍　谭新木
责任编辑：	周　霈
特约编辑：	黄珊珊
封面设计：	古涧千溪
出版发行：	上海社会科学院出版社

　　　　上海市顺昌路 622 号　邮编 200025
　　　　电话总机 021-63315947　销售热线 021-53063735
　　　　http://www.sassp.cn　E-mail: sassp@sassp.cn

印　　刷：	天津旭丰源印刷有限公司
开　　本：	889 毫米 ×1194 毫米　1/32
印　　张：	11.25
字　　数：	250 千
版　　次：	2022 年 1 月第 1 版　2022 年 1 月第 1 次印刷

ISBN 978-7-5520-3659-6/K·626　　　　　　定价：68.00 元

版权所有　翻印必究

媒体 & 名人推荐

为什么我们会有地址?这一问题是本书的核心。这本书对世界各地的街道名称的起源进行了令人印象深刻的研究,研究显示除了准确地分发邮件之外,地址还具有更大和更邪恶的目的。她对德国、加勒比海地区、美国和其他国家、地区的街道名称进行了分析,认为地址不仅根据他们居住的地方,而且根据他们是谁来组织人们。作者通过自己引人入胜而又深思熟虑的表达,将地点、权力和身份联系起来,对三者的内在关系进行了严格的审视。

——《时代周刊》

这本令人印象深刻的书,回答了很少有人考虑过的问题:为什么街道地址很重要?作者将深入的研究与巧妙的写作、令人印象深刻的轶事相结合,阐明了街道地址的巨大影响,以及没有地址带来的负面效应……在这本让人大开眼界的书中,作者清楚地表明投递包裹只是地址的重要性中微不足道的一部分——不仅仅是今日,整个人类历史上皆如是。

——《kirkus 书评》

作者流畅的叙述和令人印象深刻的研究,揭示了大多数人认为理所当然的日常生活其中一个面向的重要性。她介绍了一系列了不起的社会运动人士、历史学家和艺术家,这群人的工作与街道地址的演变和意义产生交集。这部令人回味的历史著作用全新的视角展现其主题。

——《出版人周刊》

作者迷人的研究充满了对于地址如何影响全世界人们的洞察力。

——《卫报》

在一个过分强调不存在阶级差异的国家出版了一本批判阶级差异的重要著作。

——《华盛顿邮报》

阅读戴尔德丽·马斯克对磨坊巷和马丁·路德·金街的深入研究，你会意识到这些地理标志是多么重要，多么有意义，以及它们对从社会的正常运作到财富、贫穷和民主所有问题都产生了重大影响……除此之外这还是一本十分有趣的书。

——《星期日泰晤士报》

从对城市网格历史到对努力给印度贫民窟提供地址的非政府组织的实地考察，马斯克让我们对人类寻找彼此的努力有了更多的了解，并窥见了未来可能出现的情况。

——《书单》

本书引人入胜，富有启发性，且高度贴合时下话题。推荐给所有读者，尤其是通俗历史和政治的爱好者。

——《图书馆杂志》

亚当·戈普尼克指出："城市就是它们的街道。"街道不是城市的血管，而是它的神经系统，它积累的智慧。从这个角度来看，街道地址不仅反映了一个城市的地理环境，还反映了它的思想，甚至是它的思维方式。在郊区的无序扩张中，大多数人都住在不知其名的街道上，或者住在根本没有适当街道地址的停车场上，这并非偶然。在这本生动而发人深省的书中，作者揭示了隐藏在我们将自己和他人置于社区表面之下的多层意义。

——杰夫·斯派克，城市规划师，《可行走的城市：市中心如何一步步拯救美国》Walking City: How Downtown Can Save America, One Step at a Time 作者

我曾希望《地址的故事》能改变我对日常生活中经常被忽视、看似平淡无奇的事物的思考方式。我没想到它会如此改变我对生活本身的思考方式。

——汤姆·范德比尔特，《交通》Traffic 和《你可能也喜欢》You May Also Like 作者

戴尔德丽·马斯克的书就在我们的大街、小巷、大道和林荫道上。一部关于命名史的经典，丰富、复杂、引人入胜。

——西蒙·加菲尔德《地图之上：追溯世界的原貌》On the Map: A Mind Expansion Exploration of the World Works 作者

（1933年）3月20日，在吕贝克，
许多人被带进所谓的保护性拘留所。
不久后，街道开始重新命名。

——维利·勃兰特，
《逃跑与自由：我的道路（1930-1950）》

目 录
Contents

序言　为什么街道地址很重要？ …001

发展 …017

1　加尔各答：街道地址如何改变贫民窟？ …019
2　海地：街道地址能阻止流行病吗？ …039

起源 …061

3　罗马：古罗马人是如何找路的？ …063
4　伦敦：街道名称从何而来？ …077
5　维也纳：门牌号码能够透露哪些权力信息？ …099
6　费城：为什么美国人喜欢数字编号的街道？ …121
7　韩国和日本：街道必须命名吗？ …143

政治 …157

8　伊朗：为什么街道名称会随着革命运动而改变？ …159
9　柏林：关于反思过去，纳粹的街道名称告诉了我们什么信息？ …177

种族 ...193

10 佛罗里达州的好莱坞：为什么美国人不能停止
　　　　关于南部联盟街道名称的争论？ ...195

11 圣路易斯：马丁·路德·金的街道
　　　　揭示了美国哪些种族信息？ ...211

12 南非：谁的名字配放在路牌上？ ...225

阶级和社会地位 ...247

13 曼哈顿：一个街名值多少钱？ ...249

14 无家可归：没有地址你该如何生活？ ...269

尾声　未来：街道地址注定要消失吗？ ...283

致谢 ...298

注释 ...301

译名对照 ...338

Introduction

Why Do Street Addresses Matter?

序言
为什么街道地址很重要?

纽约、西弗吉尼亚和伦敦

在某些年份，在纽约市议会通过的所有地方法律中，超过40%[1]涉及街道名称的变更。你可以花点时间思索一下这个数字意味着什么：市议会同市长的关系，如同国会与总统的关系，它的51名成员监管着全美最大的教育系统和警务力量，并决定这个地球上人口最密集地区之一的土地用途。它的预算比大多数州都庞大，其人口在所有州中居于第12位。最重要的是，自19世纪以来，纽约的大部分街道就开始被命名或者被编号，某些街道，比如斯图文森特街和波威里街，它们的历史可以追溯到曼哈顿还只是一个荷兰交易站的时期。[2]

然而，我要再重复一次：在某些年份，在纽约市议会通过的所有地方法律中，超过40%涉及到街道名称的变更。

市议会通常更关注地图上和常规街名并存的"荣誉性"街名。因此，当你在这座城市中穿行的时候，你可能会抬头看到，当你位于西103街的时候，你也同时位于汉弗莱·博加特广场。你也有可能位于百老汇和西65街（伦纳德·伯恩斯坦广场），西84街（埃德加·爱伦·坡街），或东43街（大卫·本-古里安广场）。最近，市议会批准[3]将斯塔顿岛的一个街区命名为Wu-Tang Clan[1]，在布鲁克林区命名一条克里斯托弗·华莱士路（该名

---

1 取自一个乐队名，中文也可译为"武当帮"。——本书脚注均为译者注

称取自"臭名昭著的大人物"华莱士[1]），在皇后区命名了一条雷蒙斯路。仅2018年，市议会就联合命名了164条街道。

但在2007年，当市议会否决了一项重新命名街道的提案时，示威者走上了街头进行抗议，该项提案建议以激进的黑人活动家桑尼·卡森的名字对街道重新命名。卡森曾经组织过"男性反可卡因运动"，组织反对警察暴行的黑人游行，并推动由社区控制学校。但他也提倡暴力，理直气壮地支持种族主义思想。当一名海地妇女指控一名韩国店主对她进行性侵犯的时候，卡森组织了一场抵制所有韩国杂货店的活动，抗议者敦促黑人不要把钱付给"长得不像我们的人"。当被问到他是否反犹太人时，卡森回答说他是"反对白人，不要把我反对的对象只限于某一特定人群"。[4] 市长布隆伯格说："在这个城市里，可能没有人[5]比桑尼·卡森更不应该有一条以他名字命名的街道了。"

但命名提案的支持者认为，早在有人关心布鲁克林社区之前，桑尼·卡森就在社区积极开展了各项活动。前黑豹党议员查尔斯·巴伦说，卡森是一名朝鲜战争老兵，他关闭的毒品场所比纽约警察局还多。卡森的支持者要求，不要以他最具挑衅性的言论来评判他的生活。尽管如此，卡森在非裔美国人社区也颇具争议。当黑人议员勒罗伊·科姆里在街道命名投票中弃权时，巴伦的助手维奥拉·普卢默暗示，科姆里的政治生涯已经结束，即使这需要经过一次"暗杀"[6]，科姆里被指派了警察保护。（普卢默坚称，她的意思是职业层面上的暗杀[2]，而不是字面意义上的

---

1 克里斯托弗·华莱士（1972—1997），美国著名黑人说唱歌手。
2 即职业生涯的终结。

暗杀。）

当议会最终拒绝了以卡森命名街道的提案（同时接受了《法律与秩序》中的演员杰里·奥巴赫和舞蹈指导阿尔文·艾利的提名）时，几百名布鲁克林居民涌入贝德福德—斯图文森特，在盖茨大道上竖起了自己的"桑尼·阿布巴迪卡·卡森大道"街牌。议员巴伦指出，纽约长期以来一直尊重道德上有瑕疵的人，包括拥有奴隶的"恋童癖"托马斯·杰斐逊，巴伦向愤怒的人群喊道："假如要除掉这些奴隶主的名字，我们可能需要疯狂地进行街道更名工作。"[7]

来自布朗克斯的西奥多·米拉尔迪在给《纽约邮报》的信中写道："为什么社区领袖要花费时间担心街道的命名？"[8] 问得好，米拉尔迪先生，为什么我们这么在乎任何一个街道的名称？

我会谈到这个问题的，但是，我首先要讲述另外一个故事。

起初，我并没有打算专门写一本关于街道地址的书，而是开始写一封信。我曾经住在爱尔兰西部，那时我给居住在北卡罗来纳州的父亲寄了一张生日贺卡。我在信封上贴一枚邮票，四天后卡片就出现在我父母的邮箱里。我实际支付的费用比我预想的便宜很多。爱尔兰和美国是如何分享收益的？在邮局一间没有窗户的房间里，有没有会计把两国收入的每一分钱都进行了分割？

在找寻那个问题答案的过程中，我找到了万国邮政联盟这一国际组织。万国邮政联盟成立于 1874 年，总部位于瑞士伯尔尼，是世界上历史第二悠久的国际组织。万国邮政联盟负责协调全球的邮政系统。我很快就迷上了它的网站，这个网站出人意料地引人入胜，它解释了有关电子银行和邮政监管非法麻醉品的辩论，网站上还有介绍世界邮政日和国际信件写作比赛等比较轻松的内容。

在我解决了自己的问题之后——万国邮联有一个复杂的系统来决定各国为处理国际邮件而相互收取的费用——我接触到了一个名为"给世界定址"的倡议,其目的是确保每个人都拥有自己的地址。在这里,我第一次了解到世界上大多数家庭没有街道地址。万国邮政联盟认为,地址是帮助人们摆脱贫困的最廉价方式之一,它有助于人们获得信贷、投票权和全球市场。但这不仅仅是发展中国家的问题。很快,我了解到美国农村有些地区也没有街道地址。下一次回家的时候,我借了爸爸的车,然后开车去西弗吉尼亚州亲眼看看。

我遇到的第一个问题是如何找到艾伦·约翰斯顿。约翰斯顿是我一个朋友的朋友,他曾向县政府申请街道地址。他住的那条街从来没有名字,也没有门牌号。像麦克道尔县的大多数居民一样,他不得不去邮局取回自己的邮件。当他第一次试着订购电脑时,客服的女士问他地址,她告诉他"你肯定住在某条街上","你肯定住在某个地方"。她打电话给电力公司,让销售代表打了三通电话确认约翰斯顿的位置。送货员有时能够找到他,但有时则找不到。通常的情形是,约翰斯顿开车去4英里(6.4公里)之外的韦尔奇(人口为1715人),去见一个第一次来到这里的、正在路上的司机。

尽管艾伦写给我的去他家的指示有半页之多,但我在第一个转弯处就迷路了。然后,我发现西弗吉尼亚州有世界上最活跃的指路人。有个赤膊在草坪上干活的人冲过一条拥挤的小巷,告诉我到社区医院左转。不知何故，我却向右转，结果来到了一条长满葛藤的路上。似乎每走一段，路就变窄一点。于是我沿着来时的路往回开车，当时天气极为湿热，我看见一个人靠在他的小卡车上，于是我摇下车窗。

我告诉他，"我正在寻找普莱米尔"，那是约翰斯顿居住的一个未被纳入正式管理的小村庄。他看着我以及我爸爸的黑色加长版轿车，毫不迟疑地指出，"你迷路了"。我让他帮我指明方向，他摇摇头，说道："我必须带你去那儿，否则你永远找不到那个地方。"这个陌生人不顾我的反对，掐灭了香烟，上了他的卡车，在前面带我走了一英里（约1.6公里），来到一条更开阔的路，在那里我看到约翰斯顿提示我要注意的旧广播电台。那个人按了喇叭开车走了，我挥了挥手，直到他再也看不见我了。

现在我知道，当时我已经非常接近目的地了。约翰斯顿告诉我，如果经过B&K卡车运输公司，那就走得太远了。我经过了B&K卡车运输公司，于是调转车头。当我停下来确认我要朝着正确的方向行驶时，两名市政工人正在路边扫地。

"他指的是哪个B&K卡车？"他们皱着眉头问我，"这条路上有两家B&K卡车公司。"我想他们一定是在开玩笑，但他们脸上的表情显示并非如此。

随后，我在路边遇到一辆红色的小货车。一位年长的牧师坐在驾驶室里，他头上戴着一顶卡车司机帽。我试着描述我要去的地方，然后，满怀希望地告诉他我要去见艾伦·约翰斯顿。"哦，艾伦，"他点头说，"我知道他住在哪里。"他停顿了一下，想给我指明方向，最后，他问我："你知道我的房子在哪里吗？"

我当然并不知道。

最终，我发现了一个没有标记的急转弯处，它通向去往艾伦·约翰斯顿家的碎石路，我把车停在艾伦和妻子修好的一辆淡蓝色的公共汽车旁。朋友们把艾伦称为"猫头"，这得名于西弗吉尼亚的一种大块饼干，他在一个当地人称为"小山沟"的地方过着舒适安逸的生活，这片区域的前面是一条石子铺成的蜿蜒曲折的小路。艾伦在茂密的树林里有一个温暖而坚固的木屋，墙上挂满了精心制作的妻子和孩子的照片。他的父亲曾在附近的煤矿工作，他的家人从未离开过这个地方。艾伦穿着牛仔工作服，灰色的头发扎成马尾。我们谈话时，他在不停地拨弄着吉他。

显然，艾伦需要一个街道名。对此，他有什么想法吗？

他告诉我："多年前，我上小学的时候，有很多斯泰西人住在这个山谷里，从那以后，当地人称它为斯泰西山谷。"

西弗吉尼亚有一个对其域内街道进行命名和编号的十年计划。直到1991年，在西弗吉尼亚州，除了一些小城市，很少有人有街道地址。后来，该州发现威瑞森通讯公司存在不正常的涨价行为，[1]最终州政府与威瑞森公司达成了一项和解协议，确切地说，这项协议中最为特别的一部分在于，该公司同意支付1500万美元，用于把西弗吉尼亚人居住的地方在地图上呈现出来。

几代人以来，人们一直以创造性的方式在西弗吉尼亚游走，道路指示都是整段的文字，寻找白色的教堂，石头教堂，砖砌教堂，古老的小学，古老的邮局，古老的缝纫厂，宽阔的转弯处，大壁画，纹身店，免下车餐厅，外面画了一头牛的垃圾桶，田野

---

1 在该州，这种行为属于违法行为。

中间的小货车，诸如此类。但是，当然，如果你住在这里，你可能不需要指路；沿着蜿蜒穿过山谷和干涸河床的土路，每个人都认识其他人。

紧急救援部门已经团结起来，寻求更为正规的寻人方式。闭上眼睛，试着不用地址来解释你的房子位于哪里；现在再试一次，但这次假装你中风了。医护人员赶往西弗吉尼亚州的一所房子，房主的描述是房子的前面有鸡，结果医护人员看到每家的房子前面都有鸡。我被告知，在那些土路的边上，人们经常会走到门廊上向陌生人挥手致意，所以医护人员分不清谁在对他们表示友好，谁在给他们发出求救信号。皮肤呈古铜色的罗恩·塞里诺是来自诺斯福克（人口为429人）的一名消防员，他解释了如何让疯狂的呼叫者注意倾听消防车警笛的鸣叫，消防卡车穿过蜿蜒的山谷，宛如在玩捉迷藏的游戏，"火越来越大了吗？"他会在电话里问，"警笛声越来越近了吗？"

西弗吉尼亚州乡村的许多街道都有邮局指定的乡村路线号码，但这些号码在任何地图上都没有体现出来。正如一位911工作人员所说："我们不知道那东西在哪里。"[9]

给一条街道命名并不至于被称作挑战，但如果是给成千上万条的街道命名呢？当我见到尼克·凯勒时，他是麦克道尔县的一位地址协调员，说话语调极为温和。最初，他所在的机构在佛蒙特州雇佣了一个承包商来做地址分配，但这一努力失败了，公司留下了数百张黄色纸条，上面写的地址凯勒无法和实际房屋相对应。（我听说，西弗吉尼亚州的居民以煤为主要生活来源，害怕环境保护主义者，不会接听佛蒙特州地区区号的电话。）

凯勒亲自负责给全县一千条街道取名。他在网上搜寻创意，从遥远的地方盗取名字，还试图用历史名称来匹配相应的地方，他把花草树木的名字也都用光了。他告诉我："世世代代，人们都会咒骂我起的道路名称。"凯勒定购了路牌，并亲自用大锤安装，他在孩提时代受过多年劈柴工作的训练，比较适合这项工作。

西弗吉尼亚州的每个县都有自己的命名策略。一些人采取学术研究的方法，通过阅读当地历史书籍来寻找合适的名字。从查尔斯顿和摩根敦借来的电话簿被带到了办公室。当一个地址命名人在寻找适合地图的短名字时，他的秘书同时也在拼字网站上进行搜索。事情越来越有创意。一个员工告诉我，一位寡居的"很性感的女人"发现自己住在美洲狮巷。街道命名者在另一条街的尽头看到的街道名称，其含义是聚会的残余物，是的，这条街道现在的名称是"空空的啤酒罐"。

另一位地址编制协调员告诉我，他有时会在路的尽头坐上45分钟，双手抱着头，试图想出一个名字。

"这就像给婴儿起名，是不是？"我问他。

"只是你没有九个月的时间去做这项工作，"他叹了口气说。

并不是说地址的编制没有公民的参与。罗利县要求街道上的居民就名字达成一致，其他县的居民采取了折衷的方法。显然，有人真的想住在"脆麦片路"上。另一个社区努力保留他们街道的当地名称：鼻屎山谷。当邻居不同意的时候怎么办？"我用取名'菊花路'来威胁他们，"一位地址编制协调员带着邪恶的笑容告诉我。

一个房主想把她所在的街道命名为"愚蠢路"，为什么呢？她傲慢地宣称，"因为给街道取名这件事实在是太愚蠢了。"

这让我想到了一个更广泛的问题。西弗吉尼亚州的很多人真的不想要地址。但是有时，这仅仅是因为他们不喜欢自己的新街名。（邻近的弗吉尼亚州的一位农民[10]被激怒了，因为他居住的街道是以一位银行家的名字命名的，在大萧条时期，这位银行家曾经拒绝贷款给他祖父。）然而，通常的问题并不在于特定的名字，而在于命名本身这个问题。抗议者反复强调，每个人都认识其他人。当一位33岁的男人在救护车迷路后死于哮喘时，他的母亲告诉报纸："他们所要做的[11]就是停下来问问我们住的地方。"（她是怎么对外人指示方向的呢？——库珀斯球场，左边的第一条路，然后向右急转弯上山）。

但正如凯勒告诉我的那样："你会惊讶于有多少人在凌晨三点根本不认识你。"一名急救医护人员半夜出现在错误的房子里，她可能面临的情况是被一把手枪指向面部。

一位911的工作人员告诉我，她是如何试图与麦克道尔县的老年社区讨论这个项目的，因为现在年轻人搬到工作机会较多的地方，社区中的老年人口比例越来越高。她告诉我："有人声称自己不需要地址，于是我问他，如果你需要救护车怎么办？"

他们的答案是什么呢？"我们不需要救护车。我们能够照顾好自己。"

在一次全国大会上，一位地址编制协调员说："娘娘腔的人不适合从事分配地址这项工作。"[12]在西弗吉尼亚州，被派去给街道命名的员工遇到的是乘坐四轮车、拿着猎枪的男子。一位市政雇员遇到一个后口袋里插着弯刀的男人，"他到底有多想要那个地址呢？"[13]

我采访过的一些人认为，缺少地址是某个地区身为落后农村社区的象征，但我并不这么认为。麦克道尔县是美国最贫穷的县之一，但它是一个紧密联系的社区，居民们不但认识他们的邻居，而且熟悉他们土地的丰富历史，他们能够看到外人看不见的东西。例如，在巴特利（人口为224人），居民们以20年前被烧毁的老巴特利学校作为支点指引方向。另一方面，在自小长大的城镇里面，我现在需要使用GPS导航。我想知道，如果没有地址，我们是否会对自己的空间有不同的看法。

事实证明居民们的担心是有根据的，甚至是合理的。地址不仅仅是为了提供紧急服务。由于地址的存在，人们就可以找到你，监视你，向你征税，并试图通过邮件向你推销你不需要的东西。西弗吉尼亚人对这个解决方案的怀疑，与18世纪欧洲人的怀疑非常相似，当时的欧洲人在政府给他们房门贴数字的时候进行了反抗——本书将讲述这个故事。

但许多西弗吉尼亚人，如艾伦·约翰斯顿，也相当合理地看到了在谷歌地图上能够被人找到的好处。就像那些18世纪的欧洲人一样，虽然最初他们在反抗，但他们也学会享受从门缝里塞进的邮件发出的令人愉悦的撞击声。我离开西弗吉尼亚几周后和艾伦交流过，他给911办公室打了电话，向一名员工描述了他的房子，这名员工在地图上找到了他的新地址。

艾伦现在住在斯泰西山谷路。

最后一个故事。在写了西弗吉尼亚的故事后不久，我到托特纳姆找房子，那是伦敦北部一个工人阶级聚居的地方。我丈夫和我最近搬到了这个城市，但在预算许可的范围内，我们找不到自己最喜欢的房子。托特纳姆是一个充满活力的、具有多元特色的地方，加勒比的外卖店、犹太商店和清真肉铺都位于同一条街。大约78%的居民是少数民族，共有超过113个民族挤在相当于布鲁克林3%大小的空间里。

托特纳姆可谓命运多舛。2011年8月，托特纳姆发生骚乱，警方开枪打死一名29岁男子，引发骚乱，造成5人死亡，骚乱在英格兰蔓延。地毯店、超市和家具店[14]被纵火焚烧，警方逮捕了四千多人，罪名是抢劫、纵火和袭击。如今，托特纳姆的失业率和犯罪率仍然过高。当我们拜访刚搬到那里的朋友时，他们的邻居都是来自世界各地的年轻人组成的家庭。不久之后，我去看了一栋刚上市的两居室的联排房。

街道很整洁，我看到潜在的邻居在他们的前院修剪树篱，栽种鲜花。路的一头是一家看上去很亲切的酒吧；另一头是一所外观看起来很宏伟的公立学校，那里有花园般的教室和游泳池。在步行5分钟的范围内，有一个绿荫覆盖的公园，里面有一个小操场、网球场和被梧桐遮蔽的小径。这所房子正对应着英国、甚至可能是整个欧洲最多样化的邮政区号。

代理劳琳达让我进去，房子就像她在电话里说的那样漂亮——包括浴室在内的每个房间，都有木质地板、凸窗和壁炉。她带我迅速地看了看房子，因为房子已经有人出价了，所以我们必须尽快行动。

我真的很喜欢这套房子。但有一个令我心烦的问题：我真的能住在黑小子巷（Black Boy Lane）吗？

没有人真正知道黑小子巷是怎么得名的。尽管英国最大的黑人移民潮发生在第二次世界大战之后，但在那之前很久，英国就有黑人人口。莎士比亚曾经写过两个黑人角色，伊丽莎白一世有黑人仆人和乐师。在上层阶级中，获得一个黑人孩子显然是一种时尚。这些黑孩子通常只是"人类的装饰品"[15]，与挂毯、壁纸和贵宾犬具有相同的装饰功能。

英国人是世界上最著名的奴隶贩子之一，但绝大多数被英国人贩卖的非洲人最终并没有来到英国。（生活在英国的非洲人是仆人，有法庭认为英国"空气太纯净，奴隶无法呼吸"。）相反，英国的奴隶船只从布里斯托尔和利物浦等港口驶离，满载着英国的货物去购买非洲奴隶。船上挤满了黑人男女，然后前往美洲，把这些人换成糖、烟草、朗姆酒和其他新世界的货物运到欧洲。据估计，英国人用这种方式携带的穿越大洋的人数为310万。[16]

废奴运动的倡导者包括奥拉达·埃基亚诺这样的前奴隶，他1789年出版的讲述在尼日利亚被俘经历的自传非常畅销，是英国最早出版的由非洲人自己撰写的书籍之一。不过，反奴隶制运动最引人注目的领导人当属政治家威廉·威尔伯福斯，他是一位羊毛商人的孩子，是富家子弟。威尔伯福斯自称是"强烈的宗教皈依"激发了他的废奴主义，他身高只有5尺4寸，但他找到了其他方法来提高自己的地位。塞缪尔·约翰逊的传记作家詹姆斯·博斯韦尔写道："最初，我在桌子上看到的只不过是一只虾而已，""但我了解到，他长大了，越来越大，直到虾变成了鲸鱼。"8年来，威尔伯福斯一次又一次地提出废除奴隶贸易的法案，直到1807年获得最终通过，当时下议院为他起立鼓掌。26年后，他得知大英帝国通过了一项释放所有奴隶的法律。

当时，威尔伯福斯已经奄奄一息，时而清醒，时而昏迷。有一次，他短暂醒来，告诉儿子亨利："我现在非常痛苦。"[17]亨利的回答:"是的,但上帝知道你的信仰。""我不敢说得这么肯定,"威尔伯福斯回答,"但我希望如此。"第二天早上,威尔伯福斯就去世了,他被葬在威斯敏斯特教堂里。

我们没有出价买下黑小子巷的房子。也许是因为陈旧的厨房,也许是因为我们还没准备好,也许是因为街道的名字,总之,没买。我是非裔美国人,我的祖先曾经就在那些船舱里。这一名称让我想起不久前,在美国,每一个黑人,无论多大年纪,都被称为"小子"。(我说的"不久前"是真正的不久之前。2008年,肯塔基州众议员杰夫·戴维斯谈到美国的核武器库时说:"那个小子的手指[18]不需要按下按钮","那个小子"指的是巴拉克·奥巴马。)但也有人认为,这个名字与奴隶贸易无关,它实际上只是皮肤黝黑的国王查理二世的昵称。我遇到的住在这条街上的人似乎没有对这个名字感到不舒服。当我向一位照料自家门前花园的老人提起这件事时,他只是笑着说,这个名字经常成为某个谈话的开端。

尽管如此,当我终于在离此一个邮区的哈克尼找到了一套公寓时,我还是很高兴。哈克尼是伦敦北部的另一个多元化的地区,靠近另一个绿树成荫的公园,厨房也很陈旧。但这一次,仅仅街道名称就决定了交易的成功,它的名称是:威尔伯福斯路。

当我在美国《大西洋月刊》杂志上发表了关于西弗吉尼亚地址问题的文章之后,[19]人们开始联系我,分享他们自己的地址故事——布达佩斯的一条街道随着政治风向的变化而改名;在哥斯达黎加没有地址的情况下寻找道路的危险;某一城镇撰写的街道改名请愿书。我想知道为什么人们这么关心街道地址问题，为什么艾伦·约翰斯顿能获得斯泰西山谷路这个对他颇有深意的名字会让我感到如此高兴。

这让我回到了开始提出的问题："为什么社区领导人要花时间考虑街道的命名？"米拉尔迪先生问过桑尼·卡森大街的事，我撰写这本书就是为了找出答案。我认识到，街道名称是关于身份和财富的，而同桑尼·卡森街道的例子一样，也是关于种族的。但最重要的是权力——命名的权力，塑造历史的权力，决定谁重要或者谁不重要的权力，以及这样做的原因何在。

有些书是关于一件小事如何改变世界的——例如铅笔或牙签。本书不属于此类。相反，这是一个复杂的故事，讲述了对我们的街道进行命名和编号的启蒙运动项目，是如何恰逢我们的生活方式和塑造社会的方式发生的革命性变化。我们曾认为街道地址纯粹是一种功能工具，是一种管理工具，但它们在实际上讲述了一个更宏大的故事，讲述了几个世纪以来权力是如何转移和延伸的。

我将通过故事进行论证。例如，我通过以马丁·路德·金命名的街道、古罗马人的寻路方法以及柏林街道上的纳粹幽灵的故事来论证这一点。这本书将带领读者走进镀金时代的曼哈顿，维多利亚时代的伦敦和革命时期的巴黎。但要理解地址的含义，我们首先得明白没有地址意味着什么。

那么，让我们从印度开始，从加尔各答的贫民窟开始。

D 发展
EVELOPMENT

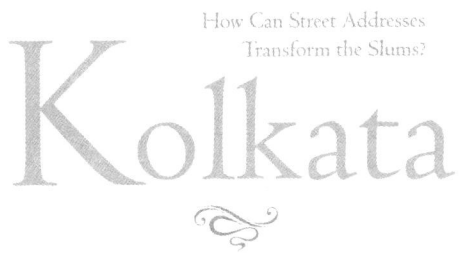

1 | 加尔各答：

街道地址如何改变贫民窟？

2月的一个炎热而芬芳的早晨,在加尔各答,我和社会工作者苏巴哈斯·纳特一起散步,前往卡利加特的巴罗达银行,卡利加特是这座城市最古老的社区之一。我们躲开了正在叫卖的小贩,他们要么端着一锅热腾腾的印度奶茶,要么向人伸出一个个锥形筒,里面装着一种由膨化大米、小扁豆、坚果和一些不知名的美味混合而成的小吃。几个光着脚的人力车司机在人行道上吃着早餐,而上班的人们则从他们身边匆匆而过。

在凉爽的银行里,苏巴哈斯绕过坐在金属椅子上耐心等待的人群,径直走向银行的副经理,她身穿一件崭新的白色纱丽,发际线那里涂有一抹朱砂。她微笑地看着苏巴哈斯,递给他一摞新账户的表格,这些表格是由该市贫民窟之一的切特拉居民填写的。每一张表格都缺少信息,比如签名或母亲的娘家姓。这些表格看起来像是我自己填写过的开户表格——姓名、电话号码、收入——只是申请表格的角落里有一个按指纹的空间和一张正方形的护照大小的照片。当然,还有填写申请者地址的空行。

苏巴哈斯是"为无地址的地方提供地址"组织的一个项目经理,这是一个非政府组织,其唯一的任务是从加尔各答开始,向印度的每个贫民窟提供街道地址。苏巴哈斯三十多岁,看起来更像一个科技企业家而不是一个社会工作者。那天早上,他穿了一件白色的薄T恤衫和一条深色的修身牛仔裤,头发像浅棕色的波浪。他总是显得很冷静,镇定自若,仿佛乘坐装有空调的气球在疯狂的街道上漫步。苏巴哈斯把银行表格放在背包里,向经理表示感谢。

苏巴哈斯的工作并不在加尔各答更富裕的地区，不在这个城市的爵士乐俱乐部、购物中心和摇摇欲坠的拉吉时代的豪宅中。[1] 在这个城市里，"为无地址的地方提供地址"的办公室确实很小，却一尘不染，前门有一堆鞋子，屋里有一个西式卫生间，还有一排新电脑。但苏巴哈斯的时间主要是在城市的贫民窟度过的，就像我们接下来要去的地方切特拉一样。

加尔各答的交通状况非常糟糕，[1] 政府最近开始播放舒缓的音乐却是通过扬声器大声播放，效果堪称爆炸，你甚至可以在有空调的车里听到。从机场出来的路上，我数了数，街上共有九种不同的交通工具，包括一匹马。每辆黄色出租车的仪表盘上都有一个象头神甘尼沙的雕像，它是清除障碍物的工具。苏巴哈斯的工作人员告诉我，他们去几英里外的贫民窟经常只能乘"11路"——也就是用自己的腿，四处走动。

但我们没有足够的时间从银行步行到切特拉。于是我们先招呼了一辆机动三轮车"嘟嘟"，和其他汗流浃背的游客挤在一起，然后又爬上了一辆人力三轮车。最后，我们步行走到了切特拉的前门，在那里我们听到孩子们在教室里齐声唱着圣歌。

切特拉是一个挤在运河和铁路之间的旧贫民窟。从事城市研究的教授阿纳尼娅·罗伊曾写过一本关于加尔各答发展的人种志，她描述了切特拉的孩子们如何在运河里冒出的腐烂的动物尸体中玩耍。她写道："我必须集中全身的力量，防止自己呕吐。"[2] 但在某种程度上，我发现切特拉从这座城市中解脱出来了。贫民

---

1 Raj-era，拉吉时代，一般是指1947年前英国统治印度的时期。

区人口稠密（在大多数加尔各答贫民区，每450平方英尺——这个面积比曼哈顿的普通工作室小100英尺——大约有13人），但是，也许是因为这里的居民大多来自乡村，会让人感到奇怪的乡村气息。公鸡啼叫，母鸡啄食，妇女在外面炸洋葱，孩子们在铁轨上演奏临时乐器，火车飞过时，孩子们争先恐后地迅速跑开。

苏巴哈斯和我一到，居民们就放下做饭和洗衣服的手头活，围着他的笔记本电脑。苏巴哈斯和他的团队花了几个星期的时间分配给每个家庭一个"Go Code"编码，这是由数字和字母组成的9位数串，与网站的GPS定位系统的相对应。这一串数字有点笨拙，但命名街道——或者，甚至是判定在贫民窟的蛇形且经常是死胡同的街道上通过的是什么——既费时又充满政治色彩。就目前而言，这一数字是必需的。然后，这些代码被印在一块蓝白相间的标语牌上，钉在每个小屋的前面。到那时，切特拉已经有2300多所房子被分配了"Go Code"编码，这意味着有近8000人拥有了正式的住址。

贫民窟似乎有着比地址更为迫切的需求——卫生设施，清洁水源，医疗保健，甚至是保护他们免受季风袭击的屋顶。但由于缺乏住址，生活在贫民窟的人失去了离开那里的机会。没有地址，几乎不可能有银行账户。没有银行账户，你就不能存钱、借钱或领取国家养老金。一些丑闻曝光了高利贷者和诈骗银行在加尔各答整个贫民窟的运作，据报道，一些居民在一个骗子手中失去他们的毕生积蓄后自杀。有了新的住址，更多的切特拉居民现在可以拥有自己的ATM卡，苏巴哈斯和他的工作人员帮助他们在巴罗达银行开设了账户。

更重要的是，地址对你的身份至关重要。每个印度居民都应该有一张数字身份证"阿达哈尔卡",这是一个由政府颁发的生物识别身份证,每个人都有独一无二的12位数。没有这张卡,人们往往无法获得怀孕福利、养老金发放甚至儿童教育等服务。(加尔各答的一名妇女因在火灾中失去指纹而被拒发卡片,随后她进行了诉讼。)没有这张数字身份证,你就得不到食品补贴;激进主义者把印度各地的饥饿死亡归咎于没有这张卡。在贫民区办一张数字身份证并非不可能,但没有地址就很难了。政府允许"介绍人"[3]在没有地址证明的情况下为阿达哈尔卡提供便利——但是介绍人必须已经拥有自己的一张阿达哈尔卡。截至2015年,政府透露,只有0.03%的阿达哈尔卡的号码是通过这种方式发布的。

我和苏巴哈斯在切特拉的迷宫里匆匆忙忙地走着,寻找那些残缺银行表格的所有者来完成这些表格。我们发现一个人刚从午睡中醒来,腰上缠着一块松垮的布。苏巴哈斯在包里翻来翻去,想找一个印台来取这个人的指纹。一位戴着金鼻环、屁股上驮着一个婴儿的妇女想要知道为什么她的丈夫还没有收到他的银行详细资料。(需要再过一周。)一个人从一场卡伦游戏中跳了起来,跟着苏巴哈斯,想知道为什么他的账户被关闭了。(你必须在头几个月存款,否则帐户就没用了。)一个人从门口探出身子,问了苏巴哈斯一个关于他的新帐户的特别棘手的问题。苏巴哈斯试图在电脑上寻找答案,但没有找到。那人笑着说:"但我们以为你什么都知道!"

大约300年前,东印度公司的代理人乔布·查诺克决定在他所称的加尔各答的区域建立一个前哨站。(查诺克是一个英国人,是一个不同寻常的人，他习惯了印度人的生活方式，据说他娶了一位15岁的公主，当时她正要扑到丈夫的火葬坛上。）那时，加尔各答是疟疾肆虐的沼泽沿线的村庄集居地，但它在胡格里河沿岸有一个深水港，非常适合出口鸦片、靛蓝和棉花。加尔各答很快成为英属印度的首都。

就英国人而言，土著的印度人就是提供服务的。18世纪晚期，加尔各答的治安官亚历山大·麦克拉比[4]描述了他家所需的工作人员，包括1名管家、2名跑腿的仆人、11名家庭佣人、家人每人1名熨烫工，还有为他抬轿子（一种有盖的床）穿越城市街道的8名轿夫。他还列出了4个苦工、4个赫卡拉、2个丘布达尔和2个吉玛达尔，我只能猜测他们的角色。总的来说，110个仆人为4个英国人服务。

英国人把这座城市分为黑人城区和白人城区。他们居住的白人城区有着欧洲的建筑风格，并以与伦敦相同的城市规划而自豪。房屋通常像宫殿或希腊寺庙，有雄伟的柱廊，而黑人城区则没有柱廊。在二百年的时间里，加尔各答的人口[5]增长了50倍，但住房只增长了11倍。不出所料，贫民窟出现了人口爆炸现象。

每隔10年，英国殖民政府就对印度进行一次人口普查。政府决定，每隔10年，必须对印度人的房屋进行编号，以确保没有人被重复计数。但对于加尔各答来说，永久编号几乎是不可能的。问题的一部分在于，没有人能就什么是"房子"达成一致。在英国构成一个家的东西——房子或独立的公寓——在印度根本不适用。每个房间可能包含不同的家庭，因此应该给出不同的号码。但是如果一个房间包含两户家庭，中间只是用草席隔开，这怎么处理呢？印度人口普查人员对他们接到的房屋编号指示感到惊慌失措，其中一位喊道："我看不懂这些文件。我能做什么？"[6]于是项目就这样失败了。

也许英国人无法理解这座印度城市的运作方式；更有可能的是，他们并不想去真正理解。理查德·哈里斯和罗伯特·刘易斯煞费苦心地分析了加尔各答在殖民地时期的街道编号记录，他们认为，对英国人来说，印度"不是简单地不让人理解；而且它在原则上是不可知的"。[7]他们拒绝了解印度人是如何在城市中确定位置和方向的，也拒绝了解印度人是如何生活的。（英国殖民者想去的地方——商务办公室、酒店——他们已经知道如何找到）。正如哈里斯和刘易斯指出的那样，英国人依靠他们忠诚的当地领导人来进行领导，而不是亲自进入社区。如果一个地址代表一个身份，英国人根本不在乎它的印度臣民是谁。

从理论上讲，后殖民时期的加尔各答通过其名字拒绝了英国的遗产，将其从英语发音的加尔各答（Calcutta）改为体现孟加拉语发音的加尔各答（Kolkata），这样会更好地为其公民提供地址。这个城市长期致力于左翼政治。但印度政府对解决贫民窟居民问题并不一定比英国政府更感兴趣。21世纪初，阿纳尼娅·罗伊发现加尔各答都市发展局正在对两万户家庭进行一项调查，目的是为贫穷的加尔各答人提供食物，这太伟大了！但当她采访该部门的负责人时，负责人承认这项研究故意排除了所有的棚户区，并说："我们担心，研究非法居住者会给他们一种虚假的合法感，"[8]"我们不能承认他们的存在。"

英国人偶尔会把贫民窟夷为平地，[9]但他们这样做是为了给修路腾出空间，或者为殖民者开辟更多的土地。他们对流离失所者的福利毫不关心，而且他们从来没有真正地相信根除贫民窟的可能性。但是，西孟加拉邦政府（直到2011年，由世界上执政时间最长的、经过民选上台的共产党统治）似乎相信印度是一个能够根除贫民窟的国家，认为应该合法清理贫民窟，这样才能摆脱"麻烦"。[10] 为什么要去给一个本不应该存在的贫民窟编号呢？对一些人来说，为贫民窟的居民绘制地图、分配地址和统计人口相当于给他们提供居住许可证。

我去拜访了波拉米·德·萨卡尔，她当时是希望基金会的项目主管。希望基金会是一家爱尔兰慈善机构，旨在促进对加尔各答街头儿童的保护。她桌上堆积着似乎永远都处理不完的文件，我们喝着用整洁的托盘端进来的又热又甜的咖啡，办公室里嗡嗡作响。政府一直在拆除越来越多的贫民窟。但是，她疲倦地告诉我："贫民窟永远都在那里。"

但对这些居民进行统计和给他们的驻地命名可以让人们关注贫民窟，让他们得到所需的帮助。德·萨卡尔告诉我，利用"为无地址的地方提供地址"组织提供的新地址，该慈善机构已经进行了人口普查，现在他们可以提供有针对性的服务。例如，希望基金会的一名员工将家庭中男孩的数量与家庭收入和辍学率联系起来，以寻找童工比例较高的地区。这些地址帮助孩子们拿到出生证明——没有出生证明他们就不能上学。

我们离开后，苏巴哈斯和我在希望咖啡馆吃了午饭，这家餐厅培训贫民窟的居民在酒店业工作。我们点了传统的塔利，用手抓起酱汁和米饭。苏巴哈斯明白，有时候政府不想自己做分配地址的工作。"就像两个孩子，"他边吃边抬起头对我说，"一个无知，一个好奇。好奇的孩子问问题，但是无知的孩子却不想知道答案。"

特蕾莎修女在加尔各答留下的遗产非常复杂,很多人认为她把天主教徒的死亡看得比印度人的生命还重要。但她确实成功地向外界塑造出加尔各答是绝望之地的形象。我找不到语言来形容加尔各答的贫穷,[11] 但其他西方人似乎在这一点上更为成功,把它称为"宇宙中最邪恶的地方""令人憎恶的地方""让人噩梦连连的城市",马克·吐温曾写道,这里的天气"足以把黄铜门把手弄成糊状"。或者,就像温斯顿·丘吉尔在写给母亲的信中简洁地说道:"我将永远为看到过它而高兴——就像爸爸为看到过里斯本而高兴一样——也就是说,没有必要再看到它了。"[12]

但今天,许多游客,包括我本人,已经接受了它充满活力和想象力的魅力。加尔各答"欢乐之城"的绰号并不具有讽刺意味。我遇到的每一位加尔各答人都说,他们对这座城市深刻而睿智的声誉感到自豪——这里有电影学校、沙龙式的咖啡馆、活跃的政治活动和声誉卓著的大学。苏巴哈斯本人专注于孟加拉音乐和文学。一天早上,他给我带来了一幅拉宾德拉纳特·泰戈尔的木版画,泰戈尔是诗集《吉檀迦利》的作者(1913年获得诺贝尔文学奖)。又一天,苏巴哈斯带我参观了加尔各答长达一英里的步行书市,在那里他挑选了一本薄薄的孟加拉诗歌译本让我带回家。(他还在鲍勃·迪伦的一本歌词书前逗留了很长时间,但看到它2000卢比的价格,很快就把它放在了一边。)

甚至连贫民窟本身也大不相同。"贫民窟"是一个概括词,指各种各样的定居点。大多数贫民区是非法的,它们沿着运河、路旁或空地而建——这些居民是擅自居住在别人土地上的人。另一些则是"bustees",是合法的贫民窟,通常有更高质量的住房,租客在那里租地。

尽管如此，贫民窟往往有许多共同点：通风不良，有限的清洁水供应，厕所和污水系统匮乏。政府将贫民窟的结构描述为"挤在一起"，我一直认为这个词更具文学性，而不是技术性，直到我看到棚屋相互依靠寻求支撑。据估计，居住在加尔各答5000个贫民窟中的300万人往往更幸运；至少他们有一些住所。最穷的人是那些睡在人行道上的居民，婴儿小心翼翼地挤在睡在人行道上的夫妇之间。尽管人力车在技术上是被禁止的，但赤脚的裸体男子仍然在肮脏的街道上慢跑。

有些贫民窟要好一些。像切特拉这样离城市较近的贫民窟，通常都有几百年的历史，有用混凝土、铁皮屋顶和真正地板建造的质量可靠的房屋。在潘查南塔拉（我一直在寻找时机不断重复这个名字），大约20个十几岁的女孩穿着鲜艳的纱丽坐在似乎是主要街道的中间，对着印度教的神龛，欢快地唱歌，而人们则在周围转来转去，从当地的小贩那里购买水果和蔬菜。我没有一种有用的方法来评估生活的质量——例如，我没有看到厕所——但至少这里有热闹社区传来欢快的嘈杂声，让我感到非常安全和受欢迎。后来我毫不惊讶地看到这样的消息：当邻近的医院起火，最终造成88人死亡时，潘查南塔拉的居民纷纷赶来帮忙；当警卫们把他们赶走时，他们把竹梯[13]吊起来，用纱丽和床单绑成绳子，把病人从窗户里拖出来。

但后来，苏巴哈斯和他的同事罗米奥带我去了另一个贫民窟巴加尔，在那里的入口处，迎接你的是高如摩天大楼的垃圾。妇女和儿童在一堆堆垃圾上爬来爬去，翻出了所有值钱的东西，而卡车则排成一排，往垃圾堆的顶端倾倒垃圾。在小巷里饲养的猪是他们家庭额外的收入来源。（临时的屠宰点把血淋淋的猪肉片挂在棚屋的天花板上，成群的苍蝇嗡嗡作响。）我看到一个女孩在黑墨水般的湖里小心翼翼地洗澡。有人告诉我，由于垃圾场里有化学物质，湖水有时会自燃。然而，苏巴哈斯告诉我，即使是那些住在巴加尔的人也比许多其他贫民窟的人生活得好些，至少垃圾场给他们带来了一笔收入。

在巴加尔，苏巴哈斯拿出电脑，擦了擦脸，烟雾中的煤烟把他的T恤染成黑色。小组已经给了巴加尔地址，但他和罗米奥前来更新在此期间建造的新的临时建筑的地址。贫民区总是在转移和变化；房屋被夷为平地，又重新建成；家庭从村里出来，又重新回去。一些新家庭现今住在这些房子的过道上，睡在拴着的山羊旁边。苏巴哈斯和罗米奥给每个人分配了一个地址，不断地将他们的记录与面前的新房子结构进行比较。自从他们上次到那里以来，已经发生了很多变化。我有一种感觉，他们很快还得回来。

20世纪80年代，世界银行专注于研究发展中国家经济增长乏力背后的一个驱动因素：土地所有权的不安全。换言之，没有关于谁拥有任何特定财产的集中数据库，这使得买卖土地或利用土地获得信贷变得困难。当你不知道谁拥有土地时，就很难对土地征税。理想情况下，国家应该有地籍簿，即登记土地位置、所有权和价值的公共数据库。一个好的地籍系统使土地买卖和税收变得容易。当你购买一块土地时，你（和政府的税务局）可以确信你自己——而且只有你自己——拥有它。

但世界银行管理的地籍项目经常失败。穷国没有资源来维持数据库。如果官员输入错误的信息,剥夺合法所有者的所有权,地籍项目也可能会导致腐败。高薪的顾问们并没有创建一个简单的注册中心,而是设计了高科技的、计算机化的系统,这些系统变得过于复杂,难以管理。数以百万计的美元被投入到了永无止境的项目中。

世界银行和万国邮政联盟等组织采取了一种更为简便的方式。发展中国家不仅仅缺乏地籍,也缺乏街道地址。地址让城市"从头开始",[14]有了街道地址,你可以找到居民,收集信息,维护基础设施,并创建每个人都可以使用的城市地图。

专家们开始就如何解决城市地址问题集中培训管理人员,乍得、布基纳法索、几内亚和马里都成为早期的参与者。世界银行的专家们撰写书籍,设计了一个街道地址编制的在线课程,甚至还通过赞助竞赛以制作一个棋盘游戏来宣传编制地址的好处。(官员们坐在棋盘室里,对参加比赛的35个项目进行评判,"我需要一个标志"和"城市和市民"成为赢家。)

这些做法的好处几乎是显而易见的。街道地址促进了民主,使选民登记和选区地图更容易绘制。它们加强了安全,因为未经编制地址的区域容易滋生犯罪活动。(从一个不那么积极的方面来说,它们也使得找到持不同政见者更为容易。)水电公司被迫建立自己的系统来收集账单和维护基础设施——街道寻址系统使这项任务轻松得多。政府可以更容易地确定纳税人的身份,并收取他们所欠的款项。研究人员发现,街道地址和收入之间存在正相关关系,[15]有街道地址的地方,收入不平等程度低于没有街道地址的地方。解决这些问题,每个人只需要花几便士。

这些都是总部设在爱尔兰的"为无地址的地方提供地址"组

织认为其工作如此重要的原因。在我抵达加尔各答的几个月前，我遇到了亚历克斯·皮格特，他是5000英里之外"为无地址的地方提供地址"的联合创始人，是一位非常富有魅力的先生。我们是在都柏林郊外的一家泰国餐馆里见面的，那里供应咖喱和楔形的爱尔兰苏打面包，还有作为甜点的苹果酥。亚历克斯是位商人，一头白发，留着深红色的大胡子，穿着一件优雅的褶皱亚麻夹克。20世纪70年代，他开始在爱尔兰当圣诞邮差，后来在80年代开办了一家邮递公司。邮寄服务只适用于准确的街道地址，所以他很快成为了这方面的专家。

在一次会议上，亚历克斯碰巧遇到了一位名叫莫林·福雷斯特的爱尔兰妇女，她创立了一个名为"希望加尔各答"的基金会，后来我去过她的办公室。福雷斯特告诉他，她正在寻求帮助，以便对该慈善机构服务的贫民窟进行普查。亚历克斯提供了他唯一真正的专长：地址。

这不像他想象得那么容易。在加尔各答，很多贫民窟的房子甚至都没有我们就餐餐厅的卡座大，所以他不得不调整技术。由于居民们担心门牌会从门上掉下来，被奶牛吃掉，所以他不得不把原来的塑料标牌撕掉。最初，这个团队把贫民窟的地图印在大的塑料布上，上面印着每家每户新的"Go Code"码，这样人们就可以自己找到路了。但是塑料布很快就消失了，因为居民们在季风期间用这些塑料布堵住了屋顶上的洞。但是慢慢地，亚历克斯和"为无地址的地方提供地址"组织开始去研发更为行之有效的系统。

在加尔各答的某一天，我和苏巴哈斯以及他的同事们一起去了位于加尔各答港口附近的西卡兰贫民窟，那里每天都有卡车奔驰而过，尘土飞扬。巷子非常狭窄，两个人甚至无法并排站立，苏巴哈斯的一个工作人员拿着电脑，屏幕上显示着贫民窟的地图。他在地图上找到房子的位置，点了一下，出现了一个"Go-Code"码。他把号码念给另一名雇员听，那名雇员把号码工整地写在那所房子的门上。从表面上看，那所房子曾经是一间女厕的入口。他们还会返回来，安装官方分配的数字——厚厚的蓝色标语牌，和我的前臂一样长——在门的上方。（我离开加尔各答后不久，谷歌就开始与"为无地址的地方提供地址"合作，现在他们一起使用谷歌公司的"经纬度编码系统"。）

在贫民窟的另一个地方，有两名"为无地址的地方提供地址"组织的实习生，他们是法律专业的学生志愿者，身着西服和网球鞋，正在四处奔走进行人口普查。这些大学生是加尔各答本地人，但他们是中产阶级，实习前从未到过贫民窟。他们像其他的青少年一样咯咯地笑着，在贫民窟里走来走去，信心十足。在他们提问的时候，即使是住在贫民窟里的老人也会对他们毕恭毕敬。人口普查问卷是一张单子，询问居民的身份证号码、卫生系统和取水地点。学生们挨家挨户地走访，有时在工作前轻轻地叫醒在外面打盹的人。

很快，一个穿着飘逸的紫色纱丽的女人向团队招手。她说，她也想要一个号码，但他们不知为何把她漏掉了。她把我们带到了她住的那片贫民窟，隐藏在其他几个棚屋后面。这个房间只能放一张大床和一些堆放整齐的炊具。两个人睡在床上，另一个人睡在床下的泥土地上。没有真正意义上的屋顶，它是完全敞开的。

一个头发上有新梳痕的男孩来到门口，扣上衬衫的扣子。他平静地回答了团队向他母亲提出的问题。没有,他们没有身份证;没有,他们没有阿达哈尔卡。和我们遇到的几乎所有人一样,他确实有一部手机,他把号码慢慢地、清晰地告诉了苏巴哈斯。他的母亲——我现在才意识到穿着飘逸纱丽的母亲怀孕了——她没有说话,但微笑着向我点头,做了一个普通的告别手势。这个地址可能对她有什么帮助?她有没有钱存入银行帐户?但是,即使没有别的用途,我想这可能会让她和她的家人有被接纳的感觉。

带来被接纳的感觉是街道地址的秘密武器之一。世界银行的员工很快发现,这些地址帮助居住在那里的人们感到自己是社会的一部分,从而赋予了他们力量,在贫民区尤其如此。在一本关于街道地址的书籍中,几位专家这样写道:"一个公民不是迷失在城市丛林中的无名个体,只有他的亲戚和同事知道他;他有一个固定的身份。"[16] 公民应该有"通过组织和政府机构接触和被接触"的途径,也应该有与其他公民接触的途径,即使是他们以前不认识的公民。换句话说,没有地址,你只能和认识你的人交流。但通常不认识你的人最能帮助你。

在贫民窟地区,这种认同感尤为重要,根据定义,那里的人们生活在社会的边缘。这也是为什么有理由怀疑"为无地址的地方提供地址"这样的组织,该组织不是将贫民窟纳入加尔各答现有的地址系统,而是分配一种新的地址,那是只留给贫民窟的地址。他们并没有把贫民窟并入城市的其他地方;你可能会说他们做法的效果恰恰相反。

在某种程度上,我同意这种批评。如果地址系统能将毗邻而居的加尔各答人联合起来,那就更好了。我喜欢这样的想法:贫民窟里的人应该属于城市的其余部分,而不只是在贫民窟内属于彼此。但是,正如我所写的,市政府似乎不愿意或没有能力接纳他们。但现在,他们有苏巴哈斯。

一天晚上,十点钟左右,苏巴哈斯和我坐上了一辆黄色的大使牌出租车,驶往一条又长又黑的道路尽头。我们慢慢地走在科利市场的街道上,那里的街灯是蓝色和白色的,这是加尔各答的颜色。小贩们把农产品铺在彩色的垫子上。我以前从没见过这么多的蔬菜,我觉得自己像个蹒跚学步的孩子,指着水果和蔬菜,向苏巴哈斯询问它们的名字。一些卖家用彩色灯泡照亮他们的商品,红色使西红柿看起来更多汁,紫色使茄子更鲜亮。几位老太太用棍子戳毯子时,鱼在毯子上蹦来蹦去。

在那里我们遇到了萨利尔·达拉,他很英俊,一副嬉皮士打扮,发型是非洲式的,带着一副厚框黑眼镜。穿着人字拖和一件T恤衫,T恤衫上面印有"尽在不言中"的字样,上面是一张双手合十的照片。萨利尔最初学的是验光。当他还是个学生的时候,他被送到农村给人们佩戴眼镜。他以前从未见过如此的贫穷,近视的病人因为看不清东西而在火灾中严重烧伤。他们给予了萨利尔南瓜作为报酬。他回到了家乡,离开了验光行业,并且参加培训成为一名社会工作者。很快,他成了孤儿院的院长,在那里,比他小不了多少的男孩叫他爸爸。现在,他住在贫民窟附近,为"希望加尔各答"组织工作。

我们走了大约一英里,来到一个低矮的水泥小屋。苏巴哈斯和萨利尔去那里是为了请求当地议员允许他们在她选区的一个贫民窟发表演讲,这是任何新的地址编制项目的第一步。(随后,他们会组织与居民会面，与长者协商，并向居民解释地址）。但现在，议员正在小屋里会见她的选民。她在市中心工作了一整天，现在回来履行她的额外职责，即接受排队来见她的人的要求。这是一个没有星星的夜晚，我们在外面等了将近一个小时，倾听聚集在我们周围的人群发出的声音。一个睫毛卷曲的女孩大步走过来，勇敢地和我握手。婴儿们在啼哭，市场上的小贩们在远处叫喊，每个人都紧握着成捆的文件。

终于，我们被邀请进去了，坐在金属椅子上，在我们前面来的人已经把椅子坐热了。议员穿着朴素的纱丽，戴着眼镜。一个从帽子到鞋子全身穿白色的男人在帮助她。她的选民蜂拥而至。文件被制造出来，被盖章，官僚机构就这么运转起来。

萨利尔紧张地站了起来，手里拿着一个红色的活页夹，里面是来自其他议员的赞成在全市各地的贫民区里进行分配地址的信件。议员透过她的方形小眼镜，严肃地注视着萨利尔，问了他几个问题。只经过几分钟的交谈，她就在批准这个项目的表格上签了字。

随后她要求和我说话。我站在那里，局促不安地问她对街道地址有什么看法，为自己没有准备一个更好的问题而揣了自己一把。"那个地区有很多罪犯，"她很快回答，"这样我们就能找到他们。"她对银行账户和身份证只字未提。

我们出来的时候已经将近 11 点了，苏巴哈斯给我找到了一辆能带我离开这里的摩托车。我拒绝上车，我想起了我的两个女儿，可能正在我们位于伦敦北部一条绿树成荫的街道上安静的公寓里玩耍。最小的女儿还不到一岁，还在母乳喂养，我经常需要偷偷找到一个卫生间，在那里用吸奶器吸乳，我总是能够在城市里买到吸奶器，尽管它可能很简陋。（有一次，当我的吸奶器坏了的时候，苏巴哈斯丝毫不觉尴尬地带我去了一个药房，里面密密麻麻地塞满了药瓶、便盆、绷带和拐杖，你几乎看不到药剂师戴着眼镜的脸，他正从医疗用品堆积成的柱子中间向外窥视。我告诉苏巴哈斯，我们不可能在加尔各答随便找到的街道上买到吸奶器，我们应该坐黄色出租车去距离更远、价格更贵的西方购物商场。但药剂师毫不迟疑，优雅地从高耸的器皿顶部拔出一个完美的吸奶器。这不是我第一次低估加尔各答。）

我不想在没有头盔的情况下骑上那辆摩托车，我想活着回到家里。但是，苏巴哈斯坚持说，没有出租车会在这么黑的夜里到这条路上来，而且时间太晚，不适合走路。于是，我跨坐在一辆摩托车上，没有戴头盔，挤在两个精瘦结实的男人中间，一起在加尔各答繁忙的、如同爵士乐版吵闹的交通中扮演我们的乘客角色。

我们终于到达了一个能搭乘出租车的地方。司机先带我们去了当地的一个火车站，在那里苏巴哈斯可以去赶一趟晚点的火车，去见他的妻子和年幼的儿子。但直到他跳下车后，我才意识到我忘记了旅馆的地址。我没有那张上面有酒店地址的卡片，那是酒店专门为这个目的给我的（后来发现，我也没有带房间钥匙。）我也没有一部能用的手机。我别无选择，只能下车到最近的警察局寻求帮助，走到那里要穿过六条车道。

警察们穿着军队的迷彩服，看上去很吓人。幸运的是，一位戴着整洁的贝雷帽、蓄着浓密胡子、看起来像将军的军官英语说得很好（我一直依赖于苏巴哈斯为我翻译孟加拉语）。在检查了我的护照后，他在一个大目录中翻来翻去，找到了酒店的名字。

起初,他开始给我指路——路标经过这家餐馆,在那家鞋店转弯,我注意到了。但当他告诉我去留意一家透析中心的时候,我吓坏了,我知道我永远找不到它。我想象自己永远在加尔各答的街道上徘徊,无休止地寻找孟加拉语中的"透析中心"一词。

警官对我表示同情,叫了摩托车护送我。我以为自己会在同一个夜晚,第二次在没有头盔的情况下乘坐摩托车。但情况比这更糟,摩托车上没有我的位置,车上已经乘坐了两名身材魁梧的警察。所以,我在车流的边缘跟着他们慢跑,避开三轮车、嘟嘟车和黄色出租车,曲折前进。最后,我认出了远处的旅馆。我气喘吁吁地加速,当我赶上他们时,我疯狂地向他们挥手,表示无言的感谢,希望溜进旅馆,不让友好的酒店员工看到我的尴尬。

但事与愿违,警官们冲在前面,先向门卫打了招呼。他们飞快地用孟加拉语把我的悲惨故事告诉了门卫,我不知道地址,我怎么到警察局的,我是怎么和他们一起在加尔各答的街道上奔跑的。门卫惊奇地看着我,然后又回头看了看警察。他们一起笑了起来,其中一位警官在旅馆微弱的灯光下笑的弯下了腰,双手放在膝盖上。

想象一下!我自己生气地想,竟然在加尔各答迷路了!

但是,当然,在我回到酒店房间之后,我意识到我从来没有真正迷路过。我要去一个有地址的地方,一个名列警察指南里的旅馆,我有一本美国护照,让他知道我就是我说的那个人。而那些住在贫民窟的人却没有(贫民窟的居民甚至连印度护照都很难弄到——这也需要一个地址。)"无地址"是一个事实,不仅对我在加尔各答遇到的那些人如此,对全世界生活在贫民窟的10亿人也是如此。

这发生在我去过巴加尔之后不久，那是一个和高耸的、冒烟的垃圾堆共存的贫民窟。当我们从贫民窟出来，走在尘土飞扬的路上时，苏巴哈斯告诉我，巴加尔的主要问题是它与城市其他地方没有适当的沟通。我不明白他的意思，直到我意识到他可能在用的"沟通"这个词，对我来说意味着"交通"。要到达贫民窟，需要在霍格利河上采取四种不同的交通方式，包括一种像你在机场乘坐的那种露天交通工具。据估计，每天有15万名行人（和10万辆汽车）走过这座悬臂桥，桥上的钢铁接头正在磨损，原因在于人们在桥上咀嚼像古特卡这样的烟草[17]和吐口水，而且这都是群体性行为。我们很幸运，大部分时间都可以搭乘出租车，但当出租车拒绝带我们靠近贫民窟时，我们还是得下车步行。

现在我想也许"沟通"才是最恰当的字眼。很自然地，巴加尔与加尔各答其他地区的联系被切断了，当然，与世界其他地方的联系也被切断了。除了倾倒垃圾的卡车司机，没有人曾经看到过这里的居民是如何生活的。地址似乎能够提供讲述他们生活的一种方式。

2 | 海地：
街道地址能阻止流行病吗？

在伦敦卫生与热带医学院的流行病学的第一节课上，保罗·费恩教授讲述了约翰·斯诺的故事。斯诺是维多利亚时代伦敦的一名医生，人们说，他是一个和自己名字一样纯洁的人（"Snow"的意思是"雪"）——他是素食者、禁酒者和单身汉。斯诺是一个煤场工人的儿子，[1]没有走向成功的良好人生开端，但他的母亲用一小笔遗产来支付他的私立学校学费，后来，他在纽卡斯尔当了一名医生的学徒。之后，斯诺从那里步行几百英里到伦敦上医学院。

不久之后，他就成了一位著名而值得信赖的医生。在目睹了英国牙医诊所首次使用乙醚后，斯诺成为英国最早的麻醉师之一。当维多利亚女王生产她的第八个孩子利奥波德王子时，约翰·斯诺就在她身边。女王称乙醚为"神圣的氯仿"，[2]它能"令人感到无比的安慰、平静和愉悦"，并引发了一种缓解分娩疼痛的新时尚。三年后，他重返白金汉宫是为女王接生女儿比阿特丽斯公主。

但是斯诺过着双重的生活。在远离白金汉宫的时候，他在维多利亚时代伦敦的街道和贫民窟里搜寻，从事一项额外的工作，试图弄清楚霍乱是如何在伦敦蔓延的。霍乱是一种难以治疗的残酷疾病。病人可能早晨醒来的时候还精神抖擞，但是晚上就会死去。症状始于一种反胃的感觉，接下来，病人开始呕吐和腹泻，这两种症状通常是同时发生的，因为病人的身体会把所有的水分排出去。随后，病人的血液逐渐变稠，不能循环；器官开始停止工作；皮肤变成灰白色。在霍乱爆发期间，医院把病人放在"霍乱病床"上——那是长长的帆布床，床尾有三分之二的地方被凿开了小洞，这是非常不吉祥的，它的位置很有策略性，这样腹泻的排泄物就可以顺畅地流到下面的水桶里。正如医学历史学家理查德·巴尼特所说："在一天甚至半天的感染期内，受害者有大约二分之一的概率会躺在自己的水样粪便中死去。"[3]

霍乱可能起源于印度，然后蔓延到中东和俄罗斯，但它在1831年才到达英国。当时，还没有人真正了解到是细菌或微生物在传播疾病。相反，"瘴气理论"——认为疾病来自腐烂物品产生的挥发物质或气味的观点——在医学专家中占主导地位。（因此，"疟疾"的意思是"坏空气"，而不是"坏蚊子"。）换句话说，气味不仅仅是疾病的征兆；它们本身就是疾病。

斯诺曾在纽卡斯尔当过医生的学徒，治疗过患有霍乱的煤矿工人，他知道霍乱的症状是从胃而不是从鼻子开始的。他的假设是正确的，即疾病实际上是通过饮用污染的水和用不干净的手吃饭传播的。（霍乱细菌和霍乱弧菌是菲利波·帕西尼于1854年发现的。但他的发现被忽视了30多年，直到1884年，罗伯特·科赫又独立地发现了这种有机体——这时距离斯诺进行的调查已经过去了很久。）

斯诺的证据是间接的。其中一条线索是，一名房客在使用一名霍乱患者用过的床单之后生病。在另一次疫情中，伦敦有一排房屋里面的人感染了霍乱，而住在周围其他房屋的人则幸免于难。一名测量员发现那些倒霉的房屋——只有那些倒霉房屋——的供水被污物污染了。斯诺看了一眼井里味道刺鼻的水，发现"有各种物质，它们经过消化道，却没有被消化，如果核、葡萄

约翰·斯诺

籽和葡萄皮,以及其他水果和蔬菜的薄皮部分"。[4]样本还散发着"粪便水"的味道,阿尔比恩露台的居民们正在喝自己的粪便水。

斯诺还知道一些关于他的邻居被霍乱感染的事情,这是一些他在医学院没有学到的东西。正如史蒂文·约翰逊在他那本引人入胜的书《幽灵地图》中指出的那样,斯诺不仅仅是一个公共健康的"观光客","瞪大眼睛看着人们堕入绝望和死亡,然后撤退到威斯敏斯特或肯辛顿的安全地带。"他住的地方离流行病的中心布罗德街只有几条街的距离。虽然斯诺现在是女王的医生,但他出身贫寒。因此,与许多来自特权家庭的医生不同,他没有把疾病归咎于最底层的不良习惯。约翰逊写道:"穷人的死亡人数不成比例,并不是因为他们道德败坏,[5]他们是中毒而死的。"

我在伦敦遇到了费恩教授——他很崇拜斯诺。伦敦卫生与热带医学院的成立是为了培养在英国殖民地治疗疾病的医生,正如英国殖民地大臣当时宣称的那样,是为了"使热带地区适合白人居住"。[6]今天,它是一所世界级的专攻公共卫生研究的大学。费恩是这所大学的教授,是美国人。他从普林斯顿退学,成为摩洛哥首批和平队志愿者之一,后来重返学校。他的办公室距离约翰·斯诺在萨克维尔街的老家只有几个街区,费恩告诉我,斯诺是如何成为流行病学(研究流行性疾病和致病因素)之父的。诸如斯诺一样的流行病学专家,是"疾病侦探",他们研究疾病传播的方式、原因和地点,并利用这些信息改善公众健康。

当时,医学界断然否认了斯诺的论点,但他坚持自己的说法——即霍乱是通过受污染的水传播的。在斯诺的时代,粪便通常被储存在化粪池里，化粪池只比地下室高一点，有时也储存在外面的储槽里。根据设计，液体会流出来，最终收粪人会来收集固体废物，然后作为肥料卖给农民。（17世纪的日记作家塞缪尔·佩皮斯抱怨说，邻居的地窖里堆满了"一大堆大便"，[7]流到了他家的地窖里。）其他的化粪池与下水道相连，直接流入泰晤士河，泰晤士河当时是伦敦的主要饮用水水源，未经处理的污物堵塞了泰晤士河。

索霍区的情形尤其糟糕，它曾经是伦敦一个令人向往的地方。但是富人慢慢地远离了像索霍这样的地方，在城市远离污秽的地方安家。到了19世纪50年代，索霍区变成了一个贫民窟，[8]到处都是裁缝、面包师、杂货店老板、修女和妓女，还有如理查德·贝内特所指出的，"像卡尔·马克思这样的流亡政治异见者"。马克思和斯诺是同时代人，他在几条街外写了《资本论》。由于住房很少，人们常常轮班睡觉，两三个人睡在一张床上。一位教区牧师问一名家庭主妇，人们是如何在一个房间里挤在一起生活的。"嗯，先生，"[9]她坦率地说，"在这位绅士走到房屋中间之前，我们已经很舒服了。在房间的中间有一个用粉笔画出的圆圈，就是她所说的那个男人的家。"

所以当1854年霍乱袭击索霍时，它迅速蔓延。斯诺在他的一本关于霍乱的书籍中写道："这个王国有史以来最可怕的霍乱爆发起源地，可能位于黄金广场的布罗德街。"[10]这次疫情最终导致600多人死亡。在创作书籍的时候，斯诺已经在进行另一项霍乱调查，寻找水源和疾病之间的关系，但这个病例距离他家仅有几个街区，很快就会主宰他的生活。

对斯诺来说，幸运的是，他生活在英国正在发生另一场安静的新革命的时代。1837年，英国注册总署开始记录出生和死亡人数。[11]议会建立这一制度主要是为了促进代际间财富的继承，但它在无意中达到了另一个更有意义的目的。建立一个集中登记出生和死亡的机制将极大改善国家的公共卫生状况。

现在负责整理新数据的威廉·法尔接受过医生的培训。然而，他并不是一个特别成功的医生，他更喜欢从事学术研究工作。不久，他开始撰写一系列文章介绍一个医学的新领域：生命统计学。1837年，法尔在英国注册总署担任摘要编纂，他要求医生记录每个病人的死因，并详细描述，这超出了他的职责范围。他开始沉迷于研究英国人的生活和死亡方式，搜集有关死亡原因和职业的数据，寻找可能改善公众健康的模式。

有史以来，人们第一次能够确切地了解伦敦人的死因。法尔很清楚，不了解人们是"如何"死亡的，你就无法探究人们"为什么"死亡，"预防疾病比治愈疾病更容易，"[12]他写道，"预防疾病的第一步是找出病因。"

正是由于街道地址的存在，才有可能获得这些详细的统计数据。伦敦早就被仔细地绘制了地图，但常规的房屋编号还是近期的创造。1765年，议会下令对所有房屋进行编号，并在门上醒目地画上编号。所以法尔的注册总署不仅知道谁死了，他们还知道死人来自哪里。虽然很难充分强调"哪里"对公共卫生的重要性，但地址的确使得精确定位疾病成为可能。

就在一个星期二，斯诺去注册总署登记处领取黄金广场疫情的死亡证明。每张证明都有日期、死因，最重要的是，还有死亡病例的地址。他很快意识到，几乎所有的死亡都发生在距离布罗德街不远的地方。

当其他人都逃离索霍区的时候——四分之三的居民在六天内就被清空了——斯诺挨家敲门,询问死者的家人是从哪里弄来的水。在离布罗德街较远的死者家中,死者的家人告诉斯诺,他们特意走了很远的路去从布罗德街的水泵里取水喝,因为据说水泵里有更干净的水。一些不幸的孩子在去学校的路上喝了水泵里取出的水就死了。还有一些受害者喝了这些水却浑然不知:在附近的酒吧里,调酒师用水泵里的水稀释烈酒,而咖啡店用水泵里的水加上一茶匙的果子露粉来调制碳酸饮料。

但是如果水泵抽出来的水有霍乱病菌,为什么不是每个住在水泵附近的人都得了霍乱呢?斯诺对此也有自己的答案。在波兰街上有一间济贫院,它几乎被霍乱感染者的家庭包围着,妇女们在那里编织长袜,男人们在那里梳理羊毛,但只有5人死于霍乱。正如斯诺所指出的:"如果济贫院里的死亡率与它周围三面街道上的死亡率相等,那么将有100多人死亡。"[13]经过更仔细的调查,斯诺得知济贫院里有自己的水泵。附近一家酿酒厂的工人也恰巧避免了这种疾病。酿酒厂老板告诉斯诺,他们有自己的井,而且,这些人喝的水不多,他们更喜欢喝麦芽酒。

斯诺在更远的地方发现了受害者。一位医生告诉斯诺,有一位来自布莱顿的人[14]——伦敦以南大约60英里——他来布罗德街看望他患霍乱的兄弟。在他兄弟死后不久,他就赶到了,自己用白兰地煎后腿肉牛排做了一顿快餐,其食材用布罗德街水泵的水清洗过。他进门只待了20分钟就离开了——两天后就死了。同样,斯诺也听到了在离布罗德街很远的汉普斯特德,一名寡妇苏珊娜·埃利死于霍乱的消息。她的儿子告诉斯诺,他们的母亲喜欢布罗德街的水,她丈夫在那里开了一家火帽厂;[15]一辆小马车每天把井里的水运送到她家。她的侄女从伊斯灵顿来看她，也喝了这里的水，不久就死了。

周四，就在他开始调查的两天后，斯诺参加了一个特别委员会的会议，该委员会成立的目的是调查疫情，他要求拆除水泵手柄。居民们并不高兴：水泵的名声就是那么好。但他们还是同意把水泵的手柄拿掉。这种传染病的势头已经在减弱，很快就停止了。

性情温和的亨利·怀特黑德是一位29岁的英国圣公会助理牧师，这是他担任的第一个职务。他也不相信斯诺的理论。像斯诺一样，他作为一名全职牧师，并不是索霍区的局外人。人们经常看到他在索霍区的各条街道上巡视。他认为斯诺的想法过于夸张。因此，他开始进行更详尽的采访，一次又一次地访问同一个家庭，以收集更多的信息，意图反驳斯诺的理论。

但令他沮丧的是，他的研究似乎只是进一步证明了斯诺的假设。[16]在疫情爆发初期死亡的56人中，除了两人以外，其他人都喝了水泵里的水。最干净的家庭受到的影响比最脏的家庭更严重，所以这与卫生无关。老人们出人意料地少患霍乱，很可能只是因为没有人给他们打水。住在底层的人——理论上更靠近排水管和不好的空气——不比楼上的人受害程度更高。

在调查接近尾声时，怀特黑德注意到一个他忽略的死亡案例："9月2日，布罗德街40号，一个5个月大的女婴，在死亡前4天腹泻发作，之后衰竭而死。"[17]死亡证上没有提到霍乱，但死亡日期刚好在流行病开始前，那栋房子就在水泵旁边。

就在应该向特别委员会提交报告的那一天，怀特黑德去拜访了小女孩弗朗西丝的母亲莎拉·刘易斯，她住在布罗德街40号。

她的女儿和当警察的丈夫都死于霍乱。可怜的弗朗西丝生病的时候，她妈妈把女儿的尿布浸泡在水里，并把水倒进了屋前的一个污水池里。一位名叫约翰塞弗特·约克的检查员仔细检查了水泵，发现污水池里的废物渗进了水泵的水里。

"慢慢地，容我不情愿地补充一句，"[18]怀特黑德后来总结说，"水的使用与霍乱疫情的开始和持续的确有关。"

第一个霍乱病人，也是布罗德街流行病的源头，是个婴儿。

费恩教授给我讲完约翰·斯诺的故事后，拿出了一本斯诺的书《霍乱传播方式》（斯诺出版这本书花了200多英镑，[19]但只卖出了56本。）他轻轻地从书中间展开一张用透明胶带拼好的破旧地图。这是一张布罗德街道流行病的地图，这张地图是为其他目的而绘制的，但斯诺把它改编成了自己的用途，用一条粗黑线仔细地标出了每一个死亡病例。大多数不祥的黑线像跳棋一样堆积在水泵的周围。这张地图提出了一个惊人的令人信服的论点——水泵是流行病的源头。

"地图是我们组织数据的方式"，世界疾病地图绘制专家汤姆·科赫在位于安大略省的研究所告诉我，"它帮助我们形成自己的想法，并使其成为一个可支撑的论点。"科赫的书描述了从中世纪到今天的癌症点地图绘制的历史。在一本书中，他解释了研究人员是如何利用空间流行病学在加拿大一家面包店奶油蛋糕中发现了沙门氏菌的来源。[20]"但是，地图不是魔法，"他继续说，"它们是工具，能使我们定位一系列离散的事件，并将它们组合成一类，然后对该类进行分析讨论。数据越多，我们的观点就越具体。"

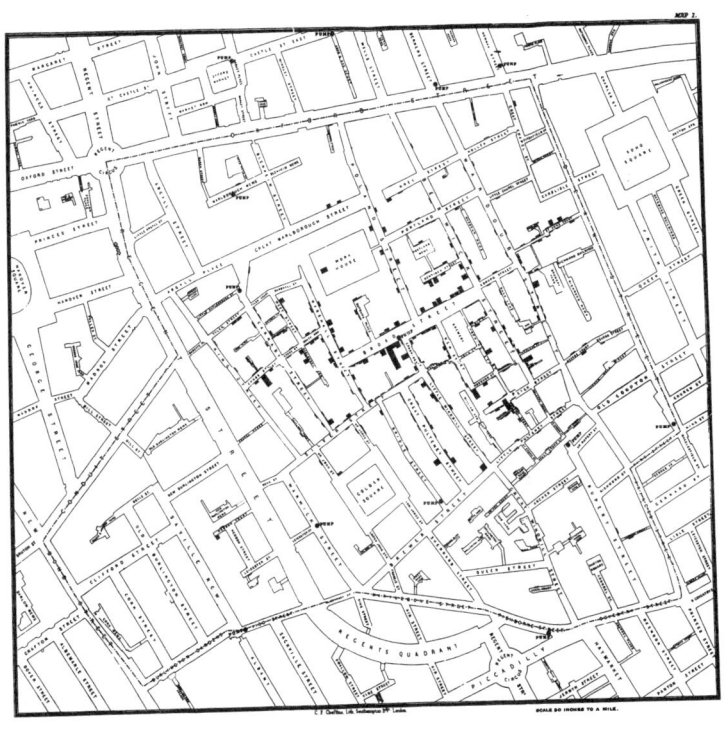

约翰·斯诺绘制的布罗德街水泵周围霍乱发病地图[21]

科赫告诉我,斯诺并不是第一个用地图研究疾病的人。[22] 1795年,帮助美国引进天花疫苗的瓦伦丁·希曼在一张地图上标出了纽约市所有的黄热病病例,然后绘制了垃圾场的位置,得出了两者有关联性的结论。(不幸的是,地图并没有显示这种疾病与蚊子的关系。)为了消磨时间,格拉斯哥一家精神病院的囚犯绘制了1832年的流感流行图。但是被一些人称之为第一种真正全球性疾病的霍乱,似乎特别激发了疾病地图绘制者的兴趣,他们渴望以此解决当时最大的公共卫生问题。英国著名医学杂志《柳叶刀》于1831年发表了一份"霍乱进展图",该图展示了霍乱在几个大洲的发病情况,红线将旅行路线与疾病爆发联系起来。死亡证明先前列出了超过15种不同的"霍乱",《柳叶刀》的地图则首次将霍乱列为单一疾病。

作为一名流行病学家,费恩教授已经在疾病地图绘制方面做了很多工作。例如,他花了几十年时间追踪非洲的麻风病。他从一排闪亮的红色文件柜里拿出马拉维的巨大航空照片,摊在桌子上。由于没有街道地址或该地区的适当地图,他只能靠这些来解决问题。我问他是否认为我的地址和公共卫生之间存在联系的观点是正确的。"这太明显了,"他告诉我,同时小心翼翼地卷起地图。我的想法没有什么独创性,对流行病学家来说,地点和疾病是分不开的。

我填了一张表格(当然包括姓名和地址),交了15英镑,随即费恩正式把我招进了约翰·斯诺协会。会员的礼品中包括一个优雅的杯子,上面印着这位维多利亚时代医生严肃的面孔。后来,费恩教我学会了斯诺协会的秘密握手方式(我不愿意透露具体细节,但涉及到一个压水泵的动作)。我们悠闲地穿过索霍区，来到约翰·斯诺酒吧，就在布罗德街水泵曾经所在的地方。（布罗德街现在是布罗德威克街）参观酒吧是加入该协会的最后要求。

我们漫步走过鸡尾酒酒吧和精品店，那时，似乎伦敦的全体职员们都在争先恐后地冲出办公室想去喝一杯。（索霍区不再是贫民窟，也不再是后来的伦敦色情业中心；现在，在那里，你更有可能找到素食餐厅或精品酒店，而不是脱衣舞表演。）从办公桌上解放出来的城市狂欢者们松开了领带，卷起了袖子，把薄羊毛衫卷起来塞进手提包里。酒吧里挤得水泄不通，人们纷纷跑到外面，一边抽着烟，一边在鹅卵石的小路上频频举起啤酒杯。费恩和我在这些人之间挤出了一条道路，我们蹲下来，认真地检查了水泵曾经所在的地方。莎拉·刘易斯的孩子弗朗西丝就死在不远处。

在酒吧里，我们上楼去了展示约翰·斯诺照片和生活用品的地方，他的物品被放在一些让人感觉非常舒适的展台上。费恩抓起藏在吧台后面的约翰·斯诺协会的留言簿。很多来朝圣的人都是流行病学家（"我不知道还有我们的容身之地！"一位医生曾写道），但有些人是《权力的游戏》的粉丝，向另一位非常不同的乔恩·斯诺表达了真挚的爱。

我们并不介意。我和费恩都不停地谈论我们的约翰·斯诺。"他仅仅两天就破了这个案子。两天！"费恩教授一边大口吃着香肠和土豆泥，一边告诉我，"现在也不可能更为迅速了，"在讲这句话的时候，他还在挥舞着叉子，仿佛在讲一个笑话。但事实证明，费恩根本不是在开玩笑。

约翰·斯诺破获了布罗德街一案150多年后,无国界医生组织的后勤人员伊万·盖顿接到了海地一名修女的电话。2010年的地震发生在几个月前,"人们忘记了那场灾难的规模,"伊万告诉我。地震持续了35秒,但据一些人说,这场地震比广岛、长崎和德累斯顿的炸弹加起来,造成的死亡人数还要多。震中距佛罗里达海岸仅800英里。

伊万不知道修女是怎么得到他的号码的。修女告诉他,有个村子里的人正在很快地死去,她需要帮助。但伊万甚至无法确定她的精确位置。几个护士带着一张粗糙的地图出发了。他们不时停下来向人询问,是这儿吗?这是修女的地方吗?最后,她们走到了无路可走的地方:只有水。"租一艘该死的渔船。"伊万告诉她们。最后,她们从船上看到,自己已经到达目的地。几百人爬出灌木丛,奄奄一息。霍乱袭击了海地。

小时候,伊万曾尝试冒险,但他当海盗为时已晚,去火星又太年轻,也没有一场他愿意为之而战的战争。他在自己的祖国加拿大组织了大规模的植树队。最终,他申请了一份无国界医生组织的后勤人员的工作,结果证明他非常擅长做那些医生做不到的事情:建造医院、组织住房和运营诊所。但在很多方面,他仍然觉得自己只是一个来自萨斯喀彻温省、会说法语的人。现在,在海地,他负责后勤工作,这是无国界医生组织有史以来最大规模的人道主义干预行动之一。

在海地,霍乱迅速蔓延。霍乱细菌存在于水中,但它也通过被污染的手和床单传播,并通过渗入饮用水中的污水传播。2010年海地的卫生状况与1854年的索霍区并无太大差别。开阔的田野常常是唯一的厕所。那些足够幸运的人也有化粪池,被称作

"掏粪工"[23]的人会来收走粪便,一个人下到化粪池里,其他人拿着桶等在顶部。他们经常把排泄物倒在河里或空地上。

伊万和他的医生、护士团队能够治疗当天发现的大多数霍乱患者。(今天,我们知道霍乱的治疗并不复杂,主要是补液,有时使用抗生素。)伊万的想法是:"太好了,我赢了!"但是后来他每周都接到这样的求助电话。

问题是伊万不知道他的病人在哪里。甚至在地震之前,就很难找到海地的精准地图。海地并不是个案。今天,世界上约70%的地区地图绘制不足,其中包括许多人口超过100万的城市。这些地方碰巧是地球上最穷的地方,这并不奇怪。当被问及巴西被蛇咬伤的统计数据时,科学家毛里西奥·罗查·席尔瓦曾说,没有数据,"哪里有蛇,哪里就没有统计数据;哪里有统计数据,哪里就没有蛇。"[24]通常在流行病爆发的地方,也没有地图。

像医生们通常做的那样,无国界医生组织试图追踪病人的情况。当病人到达时,会收到一张就医表格,填写自己的姓名和出生日期。他们还填写了标有"病人来源"或"地址"的部分,伊万称之为"随机变量"栏。伊万给我举了一个例子,填写的是"离芒果树有一个街区",这样的信息实在是没什么用。

于是他打电话给谷歌,询问谷歌是否能让部分员工花费一些时间来从事这项工作。其中一位员工去了布鲁克林的百思买,打开他的包,让店员给包里装上GPS设备。在海地,谷歌团队帮助他们进行了实地测绘。另一名员工整理了一张粗略的地图,这样伊万就可以按社区输入病人数据,并根据病例数量,在地图上标一个大点或小点。伊万的任务是把私人病历和社区名称的联系结合起来,阻止霍乱在人与人之间传播。他的任务是治疗病人,而不是寻找源头。寻找源头的任务交给了雷诺·皮亚罗。[25]

雷诺·皮亚罗博士是巴黎索邦大学寄生虫学教授。作为一名儿科医生,他把自己的三个孩子留在法国的家中,只身前往戈马(现在的刚果民主共和国)对2500名感染霍乱的孤儿进行治疗,他们刚刚逃离卢旺达的战争来到这里。此后,他花了数年时间周游世界,调查和治疗了许多非洲国家的流行病。海地爆发霍乱时,海地政府邀请皮亚罗前来调查。像任何一个优秀的流行病学家一样,他开始寻找源头。最后,所有的线索都指向一个令人吃惊的罪魁祸首:联合国。

2004年,联合国向海地派遣了维和部队,海地人称之为"联合国海地稳定特派团",目的是在被迫下台两次的让—贝特朗·阿里斯蒂德复职后维持岛上的和平。联合国海地稳定特派团并不受海地人欢迎。就在地震前几个月,在海地北部的一个特派团的基地内,一名年轻的海地男子被发现吊死在树上。这起死亡被认定为自杀,但许多当地人并不相信。其他关于特派团的谣言在海地各地流传,其中一些后来都得到了证实。这些部队的士兵来自几十个不同的国家,关于部队的谣言包括军队用食物和手机作为诱饵,强奸妇女、男孩和女孩。被指控的强奸犯往往被遣送回国,由他们自己的国家处理。

因此,当第一批霍乱报告出现时,有传言说维和部队不知何故在这条河里下毒了,也许是从直升机上往河中倾倒了一种黑色粉末。这纯属荒诞不经的谣言,但怀疑米雷巴莱附近的联合国基地出了问题却并非猜测。驻扎在营地的士兵来自尼泊尔,尼泊尔正处于霍乱大爆发时期。联合国立即否认目前在海地蔓延的霍乱来自驻军营地，详细列举了为充分控制和处理营地污水而采取的措施。

国际组织正在绘制受害者所在地的粗略地图。皮亚罗制作了海地各地霍乱病例的地图，并在与他认为可以提供帮助的任何组织（海地政府、世界卫生组织、古巴驻海地大使以及各种非政府组织）的代表开会时使用这些地图。但是，就像斯诺和怀特黑德一样，皮亚罗也依赖于实地考察。他在与海地流行病学家合作，他决定亲自去看看这个基地。他待在车里，而他的海地同事们则与当地人交谈，这样当地人在谈论维和部队时就会感到更舒服。基地所在的梅耶村的居民告诉他们，联合国的管道水已经泄漏到阿蒂博尼特河的一条支流。阿蒂博尼特河是数十万人的主要水源。

美联社记者乔纳森·卡茨找到了确凿的证据。联合国的一份新闻稿称，7个化粪池为基地提供服务，并由一家私人承包商负责清理。[26]但当卡茨到达营地时，当地人带他去看臭气熏天的化粪池。卡茨看到一根破裂的聚氯乙烯管道从营地内伸出，黑色液体正往河里泄漏。

一个农夫拍了拍他的肩膀，带他穿过马路，来到他和家人一起住的混凝土房子里。附近的坑里满是"闪闪发光的粪便"，他告诉卡茨，联合国会把他们的"卡卡"[27]留在那里。卡车会从化粪池里运走粪便，开过山顶，然后倒进这些坑里。

皮亚罗到了最早报告霍乱病例的地方，他知道基地成为霍乱源头的可能性很高。皮亚罗把一根棍子扔进水里，看到霍乱能以多快的速度顺着河流传播。皮亚罗写道，后来的计算显示，大量粪便已经渗入水中。

他用浓重的法国口音对我说:"令人非常非常吃惊的是,这么多人说,找到源头并不重要。"世界卫生组织一个分支机构的发言人对媒体说,他们"专注于治疗病人、处理此事、拯救生命"。[28] 一位来自疾病控制中心的流行病学家告诉《纽约时报》,他不认同为找到源头而付出的巨大努力是"对资源的良好利用"。[29] 在我撰写本书的时候,也门仍然在遭受霍乱肆虐的折磨。皮亚罗从未听人说过霍乱的源头是无关紧要的,他告诉我:"那不正常,是错误的。"

除联合国军事人员外,维和部队营地不允许任何人从基地提取任何测试样本。在一次报告中,皮亚罗注意到他们的地图让人感觉到第一批病例是从远离基地的河流下游而不是从梅耶开始的。有一张地图甚至干脆把距离基地最近的病例划掉了,这种行为再美化也是一种误导。

同时,皮亚罗还发现自己的瘴气理论在海地也面临挑战。关于霍乱是如何到达海地的,有两种说法。最明显的是皮亚罗的理论——认为它来自海地以外。但一些流行病学家提出了另一个观点:霍乱已经潜伏在海地周围的水中,只是处于休眠状态,地震释放了它的超级力量,将其转化为流行病。

但海地至少有一百年没有出现霍乱了。这种霍乱与亚洲发现的霍乱密切相关。[30] 米雷巴莱是早期病例的发生地,离地震中心至少60英里。如果地震以某种方式重新引发霍乱,疫情就不会从那里开始。

为了避免影响联合国在海地本来就岌岌可危的声誉,流行病界对此事的态度是保持沉默。皮亚罗试图公布他的发现,但《柳叶刀》拒绝了他的文章,没有作出解释,同时发表了一篇社论,[31]

题为"在霍乱回到海地之时,责怪无济于事"。《新兴传染病杂志》最终接受了这篇论文,但请了五位评论员——而不是通常的两三个——确认其准确性。联合国只是在2016年勉强接受了指责,[32]那是在第一批受害者死亡6年多以后。基因检测证实,海地发现的这种疾病与南亚发现的霍乱菌株相同。[33]

霍乱肆虐海地,一直持续到2019年2月4日,即最后一例确诊的日期。皮亚罗与卫生部、联合国儿童基金会以及几个非政府组织一起帮助建立的霍乱应对小组,为了战胜这一流行病,不得不奋斗了8年多。皮亚罗接着转入应对下一场流行病的爆发。

1874年,亨利·怀特黑德决定离开伦敦崎岖的街道,与妻子和两个女儿到一个安静的乡村小镇就职。他的许多朋友给他买了一件礼物,并在彩虹酒店的一次特别晚宴上送给他。晚宴结束后,怀特黑德做了一个餐后演讲,讲述他在伦敦担任牧师的20年经历。当然,怀特黑德谈论了关于霍乱的调查,以及他和约翰·斯诺的谈话,约翰·斯诺已经成为他的朋友。"总有一天,"[34]怀特黑德回忆斯诺时说,"霍乱大爆发将成为过去;而正是对疾病传播方式的了解将导致它们的消失。"也许仅仅在这方面,海地证明了约翰·斯诺对霍乱的看法存在一些问题。[35]

约翰·斯诺生前没有得到多少认可。医学界拒绝了他从细致研究中得出的结论。最后,伦敦的霍乱疫情停止并不是因为他的工作,具有讽刺意味的是,那些认为气味导致疾病的人最终无法忍受这些气味。他们修建了精心设计的下水道,并清理了泰晤士河。

1858年斯诺去世时年仅45岁,《柳叶刀》只写道:"这位著名的医生16日中午在萨克维尔街的家中死于中风,他对氯仿和其他麻醉剂的研究得到了业内人士的赞赏。"然而,讣告中对于霍乱只字未提。斯诺绘制的地图现在仍然存在于流行病学教科书中。最初被医学界回避的皮亚罗则有着不同的命运,2017年,他成为"法国荣誉军团"榜中的骑士。

伊万·盖顿离开海地后,运用地图拯救生命的想法也随之产生。在埃博拉爆发期间,伊万曾在塞拉利昂工作。他发现自己派出的团队都骑着摩托车出行,对他们即将面临的遭遇一无所知,追踪这种疾病是一项痛苦的任务。伊万告诉我:"实际上,我提出了大胆的主张,但我坚持自己的观点。""如果我们有一个针对塞拉利昂和利比里亚的地名辞典,我们本可以阻止埃博拉病毒的传播。"迄今为止,我相信他的观点。

他与英国和美国红十字会、"人道主义开放街道地图"等组织联合起来,不久即成立了"缺失地图"组织。该组织招募了来自世界各地的志愿者,利用他们本国的卫星图像来追踪未绘制地图的地方的道路和建筑物。他说:"许多人想要帮助他人,而且其行为并不仅仅是捐赠。"[36]"他们组织为孩子们织袜子等活动。但是我告诉他们,不要给孩子们织袜子——把袜子编织并分发出去的成本与其潜在的好处并不相称。但是通过'缺失地图'组织,他们实际上可以参与真正的实地调查,这种帮助是巨大的。"

志愿者们画好道路和建筑物后,当地居民和现场的志愿者就开始用纸和铅笔写下街道名称,并去现场对地图进行验证,他们通常骑摩托车,询问居民们如何称呼自己的街道和社区。有了这一流程,"缺失地图"组织决定不等待下一次危机——他们要在危机之前绘制地图。

我决定参加"缺失地图"组织在伦敦我家附近举办的派对。在伦敦最漂亮的维多利亚时代建筑之———南肯辛顿皇家地理学会总部的大厅里，志愿者们围坐在折叠桌旁，在我的印象中，这里曾经是一个舞厅。"缺失地图"组织正在协调世界各地的绘图派对，这也是每年在伦敦举行的诸多派对之一。

与我同桌的是一位芬兰发展经济学家、一位克罗地亚地图专家和一位刚毕业的英国毕业生（她高兴地告诉我，她现在只是暂时失业），她从父母那里听说了这件事。其他的桌子上坐满了来自世界各地的各个年龄段的志愿者（免费参加的聚会被超额预订了）。到了约定的时间，我们打开了笔记本电脑。

我的屏幕上是一张尼日尔的卫星图像，以 5 公里为单位分成方块。说明很简单：你必须从一个角落开始，然后慢慢地寻找道路、建筑物和小路，建筑物有阴影或屋顶。用鼠标在屏幕上跟踪道路，然后圈出任何看起来像房子的东西。这项工作并不难，但它需要某种专注于冥想的能力，自从我买了第一部智能手机以来，我还从未锻炼过这种能力。有经验的地图绘制者过来回答我的问题，我们眯着眼睛看着屏幕，我问道："那是树还是房子？""街道还是河流？"

在休息期间，皇家地理学会提供了一份点缀着一些绿色果蔬的披萨，还有几杯甜甜的接骨木花饮料。在一间富丽堂皇、天花板很高的房间里，陌生人围坐在桌旁聊天。气氛是欢快的——毕竟这是一次地图绘制的"派对"。

但是，当我点击并挪动鼠标，在尼日尔农村的一个小角落里沿着道路前进的时候，我的心情变得很沉重。谁住在这里？他们做了什么？他们现在是在吃饭呢，还是在耕地呢？还是像我一样,一整天都在照顾一个生病的孩子?

  但最重要的是,我担心什么样的流行病可能会把伊万的团队带到那里,有一天他们可能会面临怎样的新的可怕的灾难。

O 起源
RIGINS

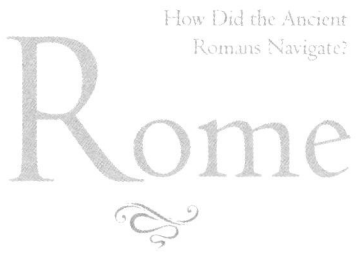

3 | 罗马：
古罗马人是如何找路的？

罗马人给我们留下的遗产包括引水渠、厕所、地下供暖和平滑的混凝土道路，但他们可能没有给我们留下街道地址。出城的主要干道[1]通常是以修建这些干道的人的名字命名的，例如阿皮亚大道。但是，尽管我们知道有些街道有名字，[2]比如 Vicus Unguentarius（香水街）；Vicus Frumentarius（谷物街）；还有我最喜欢的 Vicus Sobrius（戒酒街），在那里向阿波罗供奉的牛奶可以顺着道路流下来。但古典研究学者得出的结论在很大程度上仍然是：罗马城长达 60 英里的街道大部分没有名字。

相反，罗马的方向指示听起来与我在西弗吉尼亚听到的惊人相似。奴隶衣领上的便条[3]指示阅读它的人把奴隶送回弗洛拉神庙附近的一家理发店。一位官员的指示是："从朱诺·露西娜神庙的胡同到马图塔神庙的道路，以及从杰纳斯拱门到星门驿站的斜坡。"一份法律文件描述了"连接到集会广场的街道，将两个拱门连接起来"。"如果有哪条街应该有个名字，"罗杰·凌教授写道，"这条应该有！"[4]

罗马街道可能没有名字，但罗马人有很多关于街道的称谓。在英语中，我们有大道（avenues）、林荫道（boulevards）、道路（ways）和小巷（lanes），但我对它们之间的差别只有模糊的概念。如果有差别的话，在普通的美国城镇里，道路（road）和街道（street）有什么区别？但丰富多彩的拉丁语词汇却更加具体。桥（pons）[5]——是为了供人在河面上通行的。但是考古学家艾伦·凯瑟指出，这里也是乞讨、钓鱼和宗教仪式的适宜地点。论坛（forum）是一个开放的空间，适合审判、选举、政治运动、金融业务和街头表演。楼梯（gradus）是展示死刑犯尸体的绝佳地点。一个背靠在房屋后入口处的后门巷（angiportum），就像凯瑟所暗示的那样，它是遗弃婴儿或杀人的最佳场所。

妓女在维娅路上揽客，但在安吉波塔也可以找到年龄大、地位低的妓女。公元1世纪的著名诗人卡图卢斯是出了名的下流，他讲述了自己的情人在安吉波塔的街头游来荡去。凯瑟指出，卡图卢斯可能"一直在暗示她不只是一个妓女，而且是一个年老体衰的妓女。"[6]"通奸"一词来自一个拉丁词汇fornix——意思是"拱门"的意思。即使没有具体的地名来帮助辨别，但是了解"viae（路）"和"forum"之间的区别还是很有用的。

罗马人网格化的行省城镇很出名，[7]但正如克莱尔·霍利兰所描述的那样，罗马城大部分地区的布局本身更为生动，胡同、小巷和街道混杂在一起，有些地方非常狭窄，对面的邻居甚至能够碰到彼此的手。上层阶级住在豪华的别墅里，但大多数罗马人住在只能睡觉的公寓里。因为火灾的危险，在屋里做饭有被鞭打的危险，所以劳动阶级主要是在外面吃饭，可能是在街上的小贩那里。普通人将不得不使用街道作为他们的厨房、客厅、工作地点，通常也作为他们的浴室和垃圾站。[8]古罗马几乎没有什么有意义的分区：商店、房屋、花园和作坊都挤在一起，极为嘈杂。

因此，对很多罗马人来说，出行并不是街道最重要的功能。（对于一些交通堵塞的道路，出行根本就不是一种功能。）尽管如此，在鼎盛时期，罗马大约有100万人口，[9]大多数都住在离市中心两英里以内的地方。他们需要以某种方式来确定自己的方向。但如何能够做到这一点呢？

1952年9月，麻省理工学院城市规划教授凯文·林奇前往欧洲进行一个项目研究。他感兴趣的一个问题是：是什么使某些城市变得令人愉快？在佛罗伦萨，他漫无目的地游荡，眼睛被那里的风景所吸引。他潦草地画着地图，记下了这座城市吸引人的地方——大教堂，从这座城市的很多地方都能看到它，还有广场、城市周边的小山和作为城市分界线的阿尔诺河。佛罗伦萨可能会让人困惑，但那里有很多与众不同的建筑、道路和地标，即使没有地图，你也能很好地了解这座城市。感觉很清晰，身处其中感觉很好。"似乎有一种简单而自然的快乐，一种满足感、存在感和正确感，"[10]他宣称，"仅仅看到这座城市或有机会穿行在它的街道上就会产生这种感觉。"

林奇称像佛罗伦萨这样的城市"图像鲜明"。林奇在《城市图像》一书中写道，一个图像非常鲜明的城市"会显得形态良好、与众不同、引人注目；它会吸引人们的眼睛和耳朵，对它进行更多的关注和参与"。[11]图像鲜明的地方很难真正让人迷失方向，想想格林童话故事中的汉塞尔和格丽塔尔：他们在森林里迷失了方向，所有的树看起来都是一样的，没有他们留下的面包屑的痕迹，他们陷入了绝望。但是，如果这些树的颜色和大小不同，如果姐弟俩经过一条蜿蜒的溪流、一堆古老的篝火或一座海狸水坝，他们可能不需要借助面包屑就能找到出路；他们可以通过地标导航回来。但是那一排排单调的、不间断的树木没有给人留下深刻的印象，并没有留在人的脑海里，所以他们迷失了方向。用林奇的话说，迷失以其焦虑和恐怖的色彩"向我们揭示了它与我们的平衡感和幸福感是多么紧密地联系在一起"。[12]

但不是每个城市都能成为佛罗伦萨。所以林奇派志愿者去了三个城市——波士顿、泽西城和洛杉矶——研究普通人如何看待他们的城市。研究人员采访了当地居民,居民们描述了自己城市的独特面貌,并绘制了自己的心理地图。在波士顿,林奇和志愿者一起走在街上。"我们站在波士顿伯克利和博伊尔斯顿街的拐角处,"他后来写道,"有大约27名观光客,他们有老有少,有男有女,有些是对这座城市感到陌生的人,有些人多年来每天都从这个拐角经过。"林奇让他们走遍全城,描述他们听到的声音,嗅到的气息,并且"在随性的情况下谈论这些事情"。[13]

志愿者们描绘出来的波士顿地图很清晰:灯塔山井井有条的贵族式建筑、参议院的金色圆顶、长长的查尔斯河、宽广的波士顿公园,以及殖民地建筑和现代建筑的混合交错都给人留下了深刻的印象。"波士顿,"林奇写道,"是一个由特色各异的区域组成的城市,在中心地区的大部分区域,人们只需根据周围地区的一般特征就知道自己位于哪里。"[14]当然,在城市的两个地方之间划出一条笔直的路并不总是容易的。("我们说波士顿是由奶牛规划的,"[15]拉尔夫·沃尔多·爱默生在1860年写道,"还有更糟糕的测量员。")但是,人们至少可以理解城市的不同部分是如何以有意义的方式连接起来的。

与波士顿相反,泽西城非常无聊,也许除了它令人敬畏的纽约天际线景色,志愿者们几乎没有什么东西可以在他们的地图上画出来。当居民被问及他们的城市有什么特别之处时,波士顿人给出了非常生动的答案,但泽西城的大多数居民却什么都想不起来。一位居民说:"这真是泽西城最可怜的事情之一。如果有人从很远的地方来到这里,没有一个地方能让我说出,'哦,我想让你看看这个,它太美了。'"洛杉矶的受访者形容他们的城市是

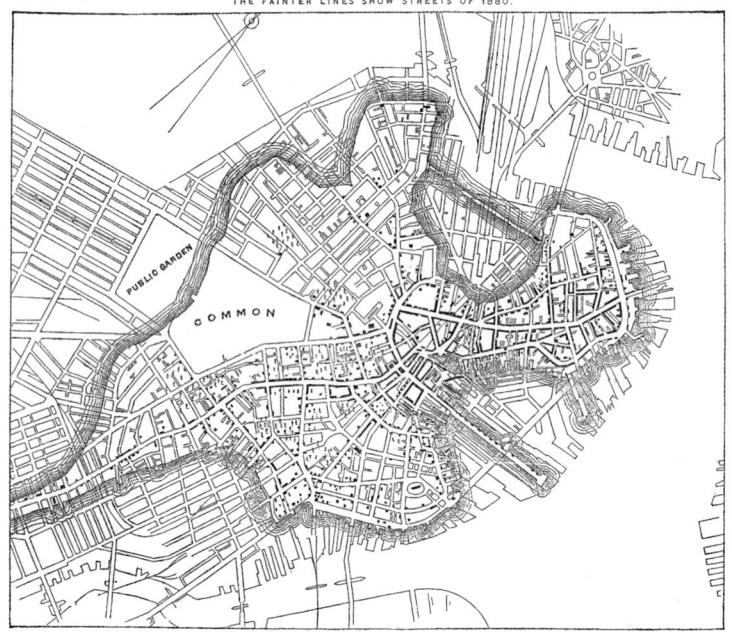

1772年的波士顿

较暗的线条显示的是1880年的街道

"分散的""宽敞的""不成型的"和"没有中心的"。"就好像你要去一个地方很久，"一个实验对象告诉林奇，"但当你抵达那里的时候，你会发现那里竟然什么都没有。"[16]

通过这项研究，林奇试图想出一些新的词汇来描述城市。最后，他提炼出构成观察者对城市心理形象的五个组成部分：路径、节点、边缘、地标、区域。换言之，当我们在城市里走来走去时，我们会画出思维地图，上面有路径（街道、人行道）、节点（交叉路口或十字路口）、边缘（河流、铁轨）、地标（墨西哥玉米卷店、一座远处的山）和区域（苏豪区、市中心）。[17]林奇写道："尽管仍有一些未解之谜，但现在看来，似乎不太可能存在任何神秘的'寻路本能'。相反，人们会不断使用和整理来自外部环境的明确的感官线索。"[18]

古典学者借用了林奇的词汇来理解古罗马。和其他城市一样，罗马在其历史上发生了巨大的变化，但其道路、节点、边缘、地标和分区布局一直保持不变：城墙、拱门、十字路口和广场；喷泉和室内运动场；山丘和河流。分区也很清晰。[19]罗马的Vici可能是最接近社区的区划，每个Vici中间都有一个十字路口，中间竖立着神龛，里面供奉着两位家庭守护神——拉列斯。每个Vici还有警察、消防部门和一个类似于社区改善俱乐部的机构。[20]人们喜爱他们的Vici，一些居民的棺材上刻着他们邻居的名字。

没有什么是毫无意义的，罗马的一切似乎都有意义。古典研究学者戴安·法夫罗写道："古代的开发者通过使用每一种结构来传达一种想要表达的意义，并服务于一种特定的功能，从而寻求最大的投资回报。"[21]"建筑是自抬身份、政治竞争和提升国家荣耀的工具。"古代世界的其他地方也是如此。古代小说家阿喀琉斯·塔提乌斯描述了他在亚历山大港闲逛时目不暇接的情景。他写道:"因此,我走遍了每一条街道,最后,我的视觉仍然没有得到满足,我只能疲惫地喊道:'啊,我的眼睛,我们被打败了。'"[22]

但罗马不仅仅是"图像鲜明",用凯文·林奇的话来说,它还会引起多个感官的积极联动。罗马的生活刺激人们的感官。现今古老的遗迹非常安静,这些建筑在岁月的冲刷下变得洁白,以至于我们忘记了当年的雕像曾经被涂得很花哨,[23]街道上曾经人头攒动。当我参观被火山灰封住的庞贝古城时,我注意到那里的气氛一片死寂,就好像我们正走过一个墓地。在某种意义上,我们的确是在走过墓地。但是庞贝城曾经到处都是人,有情感、有欲望、有遗憾的人。我们忘记了每个坟墓里都曾经有过生命,尽管现在我们只看到死亡。

罗马也充满了生机。想象一下那些街头艺人、杂技演员和吞剑表演者、在刻在台阶上的棋盘上掷骰子的赌徒、坐在长凳上休息的老人、在市场上兜售商品的小贩。还有那么多的动物——猪在垃圾堆里拱来拱去,成群等待着被宰杀的山羊,还有成群野性未泯的狗。

为了找路,你可以跟着你的鼻子走。首先,你会嗅到各种难闻的气味:倒在人行道上的排泄物,喷泉里的尿液,恶臭的动物尸体、鱼市、动物粪便和街道上腐烂的动物肠子。但接下来会有令人愉快的气味——由浸在花瓣和香草中的羊脂制成的香水,滚烫的面包,燃烧的熏香,火炉上的烤肉,刚涂上油的身体的气味可能会把你带到公共浴室。[24]

或者你可以依靠耳朵来导航。罗马的声音是一部交响乐的声音：来自街边小贩的叫喊[25]、玩角斗士游戏的孩子们的呐喊声、嬉戏情侣的调笑声、炉火的噼里啪啦声、铁匠打铁的叮当声、奴隶们抬着主人穿越街道发出的声音、占卜者讲解预言的声音——所有这些都将有助于引导你穿过这座城市。即使在你自己的家里，也很难逃过喧嚣。斯多葛派哲学家塞内卡描述了他房间上方公共浴室的噪音，比如拔毛器拔取腋毛时顾客的尖叫声。[26]（讽刺作家尤文纳尔抱怨2世纪的罗马，"除了富人，谁能在罗马安眠？"[27]）古典学家埃莉诺·贝茨想象出一幅多感官的地图，上面写着"炎热的夏日午后，游戏的声音（说话的声音、掷骰子的声音、移动柜台的声音）、克洛卡·马克西玛下水道的恶臭味、汗水的盐味和昆虫的嗡嗡声，让一位漫游者在朱莉亚大教堂的一角拐进了维卡斯托斯库斯，找到了自己的目标"。[28]

多感官地图将是许多罗马人唯一知道的地图。将林奇的想法应用到罗马的考古学家西蒙·马尔姆伯格指出，"对大多数罗马人来说，使用地图可能是不可思议的，因为他们买不起地图，即使可以给他们提供一幅地图，他们也可能不会理解地图，"，"他们的头脑地图，"他补充道，"属于他们所成长的街道。"[29]

但究竟什么是"头脑地图"呢？当我们使用它们的时候，大脑里到底发生了什么？20世纪70年代，当科学家约翰·奥基夫发现地图埋在大脑里时，他甚至不是在有意识地思考有关地图的问题，相反，他一直在研究大脑是如何形成和塑造记忆的。科学家对记忆知之甚少。"当大脑成像的功能被激发的时候，例如在回忆时，神经元实际上会做什么"？神经学家凯特·杰弗瑞问道，她研究大脑认知地图的实验室离伦敦布卢姆斯伯里的奥基夫实验室只有几步之遥。"大脑只是一块血与肉的组织,但我们的记忆就像回放的电影,具有非常鲜明的形象,而且不断变化。当我们思考或回忆的时候,我们的大脑里显然没有在播放小电影,那么这是如何运作的呢?它是在大脑的哪个部位发生的呢?"[30]她解释说,找到答案已经成为神经科学家的"圣杯"。

长期以来,科学家们一直假设记忆与海马体有关,海马体是海马状的脑组织(人类有两个海马)。在1957年的一篇论文中,[31]神经外科医生威廉·比彻·斯科维尔和心理学家布伦达·米尔纳记录了在康涅狄格州哈特福德医院一个患有严重癫痫发作的病例HM。斯科维尔做了实验性的脑部手术来治愈癫痫,切除了HM的海马体和大脑的其他部分。癫痫发作停止了,但HM出现了严重的健忘症,他记得自己的童年,但几乎没有关于手术后的记忆。他的生活永远"像从梦中醒来",[32]每天都与其他人隔绝。斯科维尔和米尔纳认为海马体的损伤是导致HM失忆的原因。

奥基夫决定通过记录海马体中单个神经元的激活状况来验证斯科维尔和米尔纳的假设。首先,奥基夫和他的学生乔纳森·多斯特罗夫斯基将微型电极植入老鼠的大脑。然后,他们观察一只四处游荡的老鼠,并聆听老鼠海马区神经元的电噪声。他们就是通过这种方式发现了一些神经元——他们称之为"位置神经元"——只有当老鼠在特定位置时才会被激活。人类也有这种神经元。

其他的神经科学家发现了一些相关种类的细胞,它们也可以帮助我们在没有路标的情况下导航。詹姆斯·D. 兰克发现了"头部方向"细胞,他发现一些细胞只有在老鼠的头部指向某个特定方向时才会被激活。梅-布莱特·莫泽和爱德华·莫泽（挪威科学家奥基夫与他们分享了2014年诺贝尔生理学或医学奖）发现了网格神经元，它们构成了我们大脑中的位置坐标。我们每个人都有自己的内部GPS导航系统。

神经物理学家玛雅克·梅塔通过电子邮件告诉我，在加州大学洛杉矶分校的一个实验室里，他和他的同事们决定把老鼠放到一个耗资50万美元构建的虚拟现实环境中进行实验。这些老鼠穿着类似燕尾服的小背心，在现实生活环境和完全相同的虚拟世界中穿行。任何与视觉无关的因素都不会对其行为产生影响。老鼠能够很好地在两个世界中穿行。但是，令人惊讶的是，当老鼠在空无一物的虚拟现实世界中导航时，大约60%的海马体神经元完全关闭。此外，剩下的40%在虚拟世界中仍然活跃的神经元似乎"完全随机"地放电，它们大脑中的空间地图消失了。

罗马人也是——在嘈杂、恶臭、生动、无目标的环境中——难道他们的大脑比我们使用的更多？这一点很难知道。但有证据表明，我们的海马体正受到新数字技术的伤害。神经科学家埃莉诺·马奎尔发现，伦敦出租车司机必须记住25000条被称为"知识"的道路布局，在这个记忆的过程中，他们的海马体会产生更多的灰质。一些研究表明，在使用GPS的一代人中，情况可能恰恰相反。举例来说，当人们追踪自己在伦敦走过的路线时，[33]如果只是简单地按照GPS的指示，他们的大脑导航系统就不会启动。"如果你认为大脑是一块肌肉，那么某些活动，比如学习伦敦街道的地图，就像健身。"[34]该论文的主要作者之一雨果·斯皮尔斯说，"根据我们的新发现，我们能肯定的就是，当你依赖卫星导航系统时，你并没有激活大脑的这些特殊部位。"

如果导航仅仅是为了到达一个特定的地方，那么让海马体松弛也许不是一个问题——毕竟你可以依靠 GPS 系统。但是海马体不仅仅是一个 GPS。有越来越多的证据表明，奥基夫作为第一个在海马体中寻找我们记忆存储的人，他的研究方向是正确的。"出于某种原因，"杰弗里写道，"很久以前，大自然就已经认定，地图是一种整理生命体验的便捷方式。"[35] 位置和记忆是紧密相连的。想想浪漫喜剧中的蒙太奇场景，失意的一方回到求爱的地方：我们在那个摊位上吃意大利面，我们把鸡尾酒洒在沙发上，我伴娘的裙子就在那条长凳上裂开了。尼古拉斯·卡尔在《玻璃笼子》中解释道："当我们听到人们谈论'发现自我'时，我们可能会皱眉头。""但这种修辞手法，无论多么空洞和老套，都承认了我们内心深处的一种感觉，即'我们是谁'，与'我们在哪里'是密不可分的。"[36]

早在现代科学家开始测试记忆和地点之间的联系之前，罗马人就已经知道了这一点。在关于演讲艺术的对话体作品《论演说家》中，西塞罗讨论了"位置记忆法"。当你想熟记一篇演讲时，想象你走过一座熟悉的建筑物，例如，把演讲的一部分分配给不同的地点，想象你在建筑物周围走动。你演讲的第一句话可能来自一个衣钩，关于你童年在走廊壁橱里的轶事。"为了回忆文本，"古典学家黛安·法夫罗写道，"演讲者只需想象行走在头脑中搭建的场景里，'阅读'承载演讲内容的图像。"[37] 罗马上流社会的所有男子都曾接受过这种修辞学教育，法夫罗称其为"阅读有形环境的专门训练"。[38] 早在位置神经元被发现的数千年前，古罗马人似乎就凭直觉知道，视觉上与众不同的空间和记忆是紧密交织在一起的。

林奇承认，设计出一座图像鲜明的城市非常困难。也许伟大的城市甚至不能被设计，也许它们只是需要像孩子一样出生和成长。他写道："美丽宜人的城市环境是一种异常现象，有人会说不可能。"[39] 很少有美国城市声称自己拥有如此高质量的环境，美国人"很少能够理解环境对于追求寻常的快乐有何意义，环境作为生活的持久支柱有何意义，或者作为世界重要性和丰富性的延伸有何意义"。[40]

古罗马是混乱的，但那是罗马人可以理解的混乱，尽管古代作家抱怨过罗马的疯狂和肮脏，但也许人们仍然对其充满热爱。这并不是说我在没有街道名称的西弗吉尼亚遇到的同样问题并没有影响到普通的罗马人。能够在头脑里绘制出一个城市的清晰地图，并不等于能够找到某个具体的人。喜剧作家特伦斯是他那一代人中的杰瑞·宋飞[1]，他敏锐地观察着日常生活的荒谬。

下面是他创作的喜剧闹剧《兄弟》中两个男人之间的对话：[41]

——你知道马塞勒姆旁边的门廊吗，是往那边走吗？

——我当然知道。

——沿着那条路一直往前走。当你面前出现一个斜坡的时候：向上走。路的尽头有个神龛，就在它的旁边有一条小巷。

——哪一边？

——长着巨大的野生无花果树的那一边。

——我知道。

——走那条路。

1　杰瑞·宋飞是美国著名的单人脱口秀喜剧演员。

——那是条死胡同。

——就是这样,挨着赫拉克勒斯!你一定认为我是个傻瓜,我犯了个错误。回到门廊:那是一条更近的路,不容易走错。你知道克拉蒂纳斯的房子吗?

——是的。

——当你经过它时,向左拐,沿着街道一直走,当你来到戴安娜神庙时,向右拐。在你来到城门前,靠近喷泉有一家面包店,对面是一家木匠作坊。他就在那里。[42]

这里没有让人"啊哈"的笑话包袱。这里是妙语。观众笑了,因为这是真的。无花果树、神龛、小山、门廊、神庙、面包房、木匠作坊——多么美妙!古罗马是凯文·林奇也会喜欢的城镇。

Where Do Street Names Come From?

London

4 | 伦敦：
街道名称从何而来？

奈杰尔·贝克是一名专业的自由考古学家，曾经在英格兰中部的伯明翰大学任教。如今，他用大部分时间评估历史建筑，组织考古挖掘工作，并带领人们乘独木舟游览塞文河的考古遗迹。但在20世纪80年代末，他在大学的教工酒吧里度过了很多时光。他告诉我："大多数员工都在顶楼的食堂式餐厅里吃一顿正规的午餐，但也有一群人更喜欢啤酒加三明治。"这样的午餐在酒吧里是可以找到的，酒吧"有点破旧，是20世纪70年代的灰绿色装饰，墙皮已经有些斑驳脱落，严肃的学者们不太认可这里"。

年轻的贝克被这所大学聘为研究员，从事一个关于英国中世纪城镇和教堂的项目研究。他到达后不久就和历史学家理查德·霍尔特成为了朋友，霍尔特也喜欢肮脏酒吧的欢乐气氛。"有一次，我从理查德的肩膀上看过去，看到他的阿姆斯特拉德电脑上的文件目录，"贝克告诉我，"我看到他有一个叫'死亡狗屎'的文件夹，给我留下了深刻的印象。"贝克说，这个文件夹里收集的信息如今会被描述为"可怕的历史"——"关于瘟疫、污染、悲惨事故的资料"。贝克和霍尔特在这方面志趣相投。

喝了一罐啤酒之后，他们开始谈论贝克的家乡，即什鲁斯伯里，那是英格兰西部的一个中世纪城镇，拥有15世纪和16世纪都铎王朝的建筑。美国游客喜欢那里的鹅卵石街道和木结构房屋，认为这些都非常古雅。（它也是一个自由考古学家可以在此谋生的有故事的地方。）霍尔特提到了位于市中心的"爱抚巷"，贝克第一次得知"爱抚巷"曾经是"摸私巷"，感到很惊讶。他更惊讶地发现,这并不是英格兰唯一的"摸私巷"。

街道的名字并不是贝克真正感兴趣的领域。("真的,我只是个门外汉,我只是大概知道'摸私巷'",他告诉我说。)但当他忙于日常工作和学术工作时,他无法停止思考关于"摸私巷"的项目。很快,贝克和霍尔特就开始在全国各地搜寻旧地图和地图册,寻找曾经被称为"摸私巷"或类似名称的其他街道。最终,他们找到了十几条这样的街道。[1]

早期的街道名称很实用。在中世纪的英格兰,街道名称逐渐发展起来,名字要么取自附近的一棵树或一条河,要么取自路尽头的农场,要么取自街角的小旅馆。街道可能是以那里发生的事件命名的——例如,摸私巷——还有你能找到的——屠夫、铁匠、农产品市场等。其他街道因其通往的地方而得名——例如,伦敦路通往伦敦。街道名称在长期使用和街道标志兴起之后才成为官方名称。毫不奇怪,像教堂街、磨坊巷和车站路这样乏味的名字仍然是英国最常见的街道名称。

然而,这种随意取名的做法也给我们留下了英国最悦耳的名字。解读英国城镇的街道名字是一种愉快的时光旅行。在伦敦,蜂蜜巷、面包街和家禽街的名字让人联想起曾经存在于那里的食品市场。鱼街山,曾经是一个繁荣的鱼市,为了避免与另一个鱼市的旧址鱼街混淆,曾经被称为新鱼市。[2]布丁巷是1666年伦敦大火开始的地方,它可能不是指甜点,而是指动物内脏,或者可以称作"杂碎布丁"。[3]

街道名字可以告诉游客哪里可以找到五金店(煎锅巷)或服饰用品店(呃,服饰用品店街)。有一个关于"阿门角"名字的传说,神父们围绕着圣保罗大教堂边走边祷告,念到主祷文中的

"阿门"的时候,所在的位置就被称为"阿门角"。[4]名字也可能与中世纪骑士的英勇行为有关。伦敦市中心的"骑士街"是骑士们参加比武的必经之路。[5]"鸟笼步道"[6]是皇家野生动物园的所在地,国王的士兵们在"炮兵巷"练习射箭和射击。(如果这条街上没有发生过什么重要的事情,那么这条街的名字也可以反映虚无的、不存在的状态——就像约克郡的"whipm-whopp-magate",意思是"既没有这事,也没有那事"。)七姐妹路,离我家只有一个半街区,现在到处都是当铺、报纸经销商和炸鸡店。但如果我眯着眼细看,几乎能看到七棵榆树的树坑。这条街道因此得名,但现在则看不见了。

当贝克和霍尔特同样仔细考察时,他们发现"摸私巷"的历史打破了中世纪英国人对待卖淫的普遍观念。理论上,卖淫必须发生在城墙外。1310年,伦敦的妓女被正式驱逐到城郊。但是"摸私巷"挑战了这个版本的英国色情史。令贝克和霍尔特感到惊讶的是,"摸私巷"几乎都不在郊区;事实上,它们不可能距离中心和主要市场更近了。用英国历史学家德里克·基恩的话来说,"也许已经形成了惯例,人们在商店里达成协议,或者一方强迫另一方同意,在附近的地方完成性交易。"[7]"摸私巷"这个名字不仅仅是描述性的,它也提供了大量信息。街道经常服务于外来者的需求——集镇上的外地人和乡下人,港口城镇的水手,主教城镇的牧师。所以它们的中心位置非常合理。如果拥有一个像"摸私巷"这样的街道名称时,你就不需要向导了。

英国人经常为他们粗鲁的街道名称而感到得意,不过懂得这些名字为什么显得粗鲁只需要具备英国小学生的俚语知识。对于一个被认为端庄的民族来说,他们的脏话确实令人印象深刻。

2016年，监管广播电视攻击性语言的政府机构——英国通讯办公室公布了一项询问英国人认为哪一个词最具攻击性的调查。[8]这项研究只是证实了英式英语和美式英语是两种不同的语言。我很难理解为什么很多词都很肮脏，[9]有的词被认为只有一点点肮脏（"讨厌鬼"？），有的词汇是中等程度的肮脏（"丑八怪"和"娘们"是什么，为什么它们和"奶子"一样粗鲁？）但我能理解为什么一车一车的游客特意绕着弯路，在"疯子巷""操蛋巷""淫妇巷"的路标前拍照。一位牛津居民抱怨说，当他和"官方人士"坐在一起时，他发现自己的街名非常尴尬，他们会问："顺便问一下，你住在哪里？"他的回答，"裆部新月街"。[10]

但与"摸私巷"不同的是，大多数英格兰粗俗的街道名称只是由于意外才变得如此荒诞的。罗伯·贝利和埃德·赫斯特写了一本书《粗鲁的英国》，[11]该书专门收集各种肮脏的地名。这本书告诉我，"屁眼路"是根据一个接雨水的积水桶来命名的，"屁股巷"则是根据靴子制造商、维京海盗的战利品或布蒂家族的名字命名的。"乳房东街"可能来源于"山"这个词。"臀部巷"的名字由来是因为它位于村庄的后面。"内裤头街"是一条狭窄的小巷。"小阴毛巷"源于古英语中的"灌木丛附近的围墙"。"精液街"可能是源于盖尔语，意思是"蓄水的池塘"。"屁眼巷"呢？我和你一样不知道。

但对于一个市政府来说，常常被重复的无聊名字要比荒谬的名字更容易让人感到困惑。1800年的伦敦是世界上最大的城市。[12]伦敦城本身被古老的罗马式城墙包围，实际上面积仅有一平方英里，但是大伦敦区已经将周围曾经的田园式村庄纳入进来，使得它更为肮脏和混乱。仅在19世纪40年代，伦敦就增加了总长200英里的街道。[13]

伦敦长期以来缺乏一个中央机构来指定街道名称，只能把任务交给没有太多想象力的私人开发商。传记作家朱迪思·弗兰德斯记录了狄更斯时代的伦敦，她写道："1853年，伦敦有阿尔伯特街25条，维多利亚街25条，国王街37条，皇后街27条，公主街22条，公爵街17条，约克街34条，格洛斯特街23条，这还不包括与这些名字相似的楼宇、道路、广场、公寓大楼、小巷或后街。"[14]

"所有的建筑商都是以妻子的名字命名街道吗？或者是以儿女的名字命名街道？"[15]几年后的1869年，《旁观者》杂志不耐烦地问它的读者，"有35个建筑商，他们的妻子叫玛丽，13个建筑商的女儿叫玛丽·安吗？有7个大楼、道路、街道被称为艾米丽，4个艾玛，7个艾伦，10个艾丽扎，58个伊丽莎白——其中23个被称为伊丽莎白大楼，13个简，53个安，等等。"再加上"查尔斯街64条，爱德华街37条，詹姆斯街47条，詹姆斯大楼27座，弗雷德里克街24条，亨利街36条"。"其他街道几乎是根据我们在五分钟内所能想到的每一种水果和每一朵花来命名的"，但"愚蠢的极致"出现在"新街"这一名称上——总共有52条。

迂腐守旧的维多利亚时代的人清理了一些不太雅观的名字：英格兰不再有"摸私巷"了。当然，特别具有讽刺意味的是，在这座城市里，人们给街道取出了非常体面的名字，但是大便堆积在河岸上，议会的窗帘浸泡在石灰中以掩盖臭味。讽刺杂志《笨拙》已经受够了约翰街、彼得街和惠灵顿街。"让街道用恰如其分的名称命名，"或者，换言之，"分别以感染或污染它们的各种麻烦或疾病命名。"[16]他们建议的名称包括：敞口下水道街、沟洞大院、屠宰场大楼、墓地新月街、斑疹伤寒露台、猩红热出租屋、消费胡同和结核巷。"让我们保留这些街道名称,"他们写道,"直到这肮脏的首都拥有适当的排水和浇灌设施;教堂墓地被关闭,空气被消毒,传染病和瘟疫从它的栖息地被驱除。"

对邮政服务来说,重复的街道名称简直是灾难性的。在文化水平高但技术水平低的时代,邮政是必不可少的沟通手段。早期的英国邮政系统,由收信人而不是寄信人支付邮资,这通常给工人阶级带来非常高的成本。价格根据距离和信件所用纸张的多少而不同。即使是富人也使用在一页纸上水平和垂直书写同时进行的方式来节省纸张。(简·奥斯汀就是这样一位横竖交叉写作的作家。)穷人则常常依靠旅行者或口信来传递消息。

但后来离经叛道的罗兰·希尔出现了,他来自一个同样离经叛道的家庭,他曾帮助建立了一所进步学校,在那里学生们进行自我管理,[17]在社区的场地打板球和踢足球(这在当时是不寻常的),并且他们从不害怕老师的藤鞭。然而,当他四十多岁时,他认为自己是一个失败者,正如邓肯·坎贝尔－史密斯所记录的那样。[18]希尔本来想在剑桥读书,但没有钱。尽管他声称能够使世界摆脱贫穷和犯罪,但他在公共服务领域过上光彩夺目生活的梦想已黯然失色。他有好几项发明和原创模型,其中一项是为一种新型的智能印刷机设计的,但现在他已经是个成年人了,仍然是他老家学校的校长。用坎贝尔－史密斯的话来说,希尔是"一个确信有一份事业在等着他,但他还没有找到这份事业的人"。[19]

不知何故,他无意中开启了邮政改革。小时候,当邮递员来敲门时，希尔的父母就会感到恐慌，他的母亲让他去卖收集的碎布来付邮费。[20] 1837年，他写了一本小册子《邮局改革：重要性和实用性》，并把它交给了财政大臣。希尔解释说，邮费之所以这么高，部分原因是送信和收邮费花了不少力气，邮递员要到人家里好几次才能找到收信人。

希尔分析了大量的官方邮局文件，发现邮政系统充斥着欺诈和腐败。议员发来的信件，收件人可以免付邮资，而富人更有可能获得——并滥用——这些免费的邮政服务。穷人也可以用他们自己的方式，在信的外面画上一个符号，让收信人看一眼邮递员手里的信，就能明白这封信的意思，并拒绝支付邮费，从而阻挠这个系统的运行。(当我还是个孩子的时候，我也用过类似的方法来避免把25美分的硬币投入电话亭：我打对方付费电话，听到提示音时，我不说出自己的名字，而是脱口而出："来接我吧！")但许多穷人根本就不写信。

希尔的简单计划提供了一个现在看来显而易见的解决方案：对国内任何地方寄出的邮件，由寄件人支付统一费用。私人商人威廉·多克瓦拉[21]于1680年在伦敦设立了一家统一费率的邮政服务公司，只要一分钱就可以在伦敦区域内寄出信件。但垄断了邮政的政府却把这视为一种威胁，将其并入了邮政总局。现在希尔提出了在全国范围内提供邮政服务的想法，不管要寄多远，每封信的邮资只要一便士。

希尔一直担任教师，他强调廉价邮件的道德和智力优势，呼吁邮局成为"强大文明引擎的新的重要特征"。[22]维权律师威廉·亨利·阿舒斯特在1838年写了一本小册子支持希尔的提议。他认为，对于那些被迫离家很远去工作的穷人孩子来说，邮寄

罗兰·希尔

的费用相当于"被流放的刑罚",[23]"如果通过了一项法律,禁止父母和他们的孩子说话,直到他们向政府支付了6便士的许可费,"他写道,"这种行为的邪恶已经变得非常明显,以至于在24小时内,这种形式的苛捐杂税就要走到尽头。"[24]

"便士邮政"一开始是一项经济事业,现在则是一项深刻的政治事业,它能帮助英国避免法国和美国的革命吗?凯瑟琳·戈尔登曾经以优美的文字记录过"便士邮政"的兴起,她写道,邮政改革派"认识到,小小的进步措施可能会缓解'主人与仆人'之间的政治动荡,平息英国从未发生过的政治叛乱"。[25]这些措施连同演讲、小册子和广告(其中一篇刊登在当时狄更斯最新的畅销小说《尼古拉斯·尼克贝》中[26]),将推动公众迫使顽固不化的议会接受一项许多人认为会使国家破产的措施。

全国性的"便士邮政"诞生于1840年,不久之后,希尔发明了邮票。在"便士邮政"实施的第一天,因为许多人想要寄信,所以警察在邮政总局外站岗。[27]游记作家塞缪尔·莱恩在1842年写道:"这个国家的每一位母亲,如果她的孩子在远方谋生,晚上就会抱着感恩的心情安然入睡。"[28]

但是希尔的"便士邮政"并不是慈善行为,大量的钱都流入了财政部。皇家邮政很快成为世界上最大、效率最高的官僚机构之一。在伦敦市中心,你可以在早晨写信邀请一位朋友共进晚餐,并及时得到回复,而且还来得及再点一份牛肉。1844年,一份《旅行指南》告诉我们,为了赶上投递,你必须寄信的时间:

市内邮寄[29]

晚上八点前,赶第一次送件

早上八点前,赶第二次送件

上午十点前,赶第三次送件

中午十二点前,赶第四次送件

下午两点前,赶第五次送件

下午四点前,赶第六次送件

下午六点前,赶第七次送件

全国邮寄

前一天晚上六点前,赶第一次送件

早上八点前,赶第二次送件

中午十二点前,赶第三次送件

下午两点前,赶第四次送件

到20世纪初,伦敦的部分地区每天都有12次邮递服务。

但是一次成功的邮寄需要一个有效的地址系统。重复的名字,编号不清的街道,以及不知道地址应该是什么样子的公众,使得投递员的工作变得更加困难。1884年,詹姆斯·威尔逊·海德已经在邮局工作了25年,他写道:"这25年也许是他一生中最好的时光。"[30]在他的皇家邮政史上,他描述了一些地址不清楚的信件,其中就包含这样的一个:"我亲爱的安特·苏住在新福雷斯特森林边上的小屋里。"[31]还有一个:"这是写给戴眼镜的、照顾两个婴儿的年轻女孩。"[32]还有我最喜欢的:

给我的妹妹简,

她住在爱丁堡卡侬盖特街的一条死胡同里,

她有一条腿是木头的。[33]

地址难以辨认的信件被转发到一个被称为"死信办公室"的

地方，在那里，"盲目职员"（所谓"盲目"，显然是因为地址对他们来说是"盲目"的）会试图解读寄信人的意图。"盲目职员"会研究全国各地的地图和农场名称列表，以便将信件送往正确的地方。一个有用的技巧是大声说出地址，就像孩子学习如何阅读一样。（一封写给欧洛·奥尼尔先生的信实际上被寄给了罗兰·希尔。[34]）时至今日，三百多名邮政工作人员[35]仍然每天都在贝尔法斯特的一个大型仓库（相当于"飞机库大小的房间"[36]）里解码地址。

聪明的寄信人喜欢和死信办公室玩游戏。当维多利亚女王的私人秘书亨利·庞森比爵士写信给在伊顿公学的儿子们时，他把地址藏在错综复杂的图画里。他的曾曾曾孙女，艺术家哈里特·罗素，[37]继续玩这个把戏，她从格拉斯哥给自己和朋友们寄了130封信，信中的地址隐藏在食谱、手绘卡通、色盲测试图、视力表和连点的谜题中。一封信要求邮政工作人员解一个纵横填字游戏；另一封拼图被送到正确的地址，上面写着"由格拉斯哥邮件中心解码"的信息。在她寄出的130封信中，有120封是安全送达的。

在美国，1825年成立的"死信办公室"负责处理地址错误的信件，很快，它就可以每年处理大约700万封信件。[38]在早期，死信办公室通常由退休的牧师组成，[39]因为在未投递邮件中往往被发现夹着钱，而他们是值得信任的。邮局还雇佣了女性，显然是邮局认为她们比男性拥有更为卓越的分析能力，因此能够更容易地破译地址。

最有才华的信件侦探是帕蒂·莱尔·柯林斯，[40]她一天能解码近千个地址。柯林斯生来富有，游历广泛，但她的丈夫在孩子们很小的时候就去世了,她寡居的母亲又年事已高。在死信办公室,她找到了适合自己的完美职业。她显然知道美国的每个邮局和城市,以及城市的街道名称、公司、学院、木材营地、采矿定居点和其他私人机构。[41]她甚至知道与不同语言相关的笔迹风格,这使得他们的地址更容易解码。

真的有人像柯林斯这么适合她的职业吗?正如贝丝·洛夫乔伊所描述的那样,柯林斯成功地寄出了一个信封,上面的地址是"斯托克"的"伊莎贝尔·马布里",[42]最后这封信被寄到马萨诸塞州的斯托克布里奇,因为她知道马布里在那里是一个极为常见的名字。另一封信上的地址写的是"岛屿",柯林斯把它寄给了西弗吉尼亚州,该州的一部分被称为"岛屿"。[43]根据1893年出版的《妇女家庭杂志》的报道,柯林斯拿起一个信封,信封上的地址是东马里兰街3133号,她知道"虽然许多城市都有'马里兰'街,但只有印第安纳波利斯的街道号码最高能达到3133号"。[44]柯林斯给锡拉丘兹寄去了一封写着"纽约杰瑞救援街区"的信,她做对了,因为她知道,1851年,一名自称杰瑞的逃亡奴隶就是在锡拉丘兹被营救出来的。

但坦率地说,整理地址不清晰的信封需要做很多工作。如果地址是标准化的,人们学会了如何使用它们,岂不是更容易些吗?在英国,罗兰·希尔充满激情地写道,"伦敦街道命名法的改革"将"对邮局服务非常重要"。[45]由于认识到伦敦已经超越了早期的城墙,大都会工务委员会(以及后来的伦敦郡议会)承担了解决大城区名称的工作。

那是一份吃力不讨好的工作。《旁观者》杂志在1869年写道,没有人"知道大多数人在街道名称改变之前是多么愚蠢"。[46]

"数字的改变已经够糟糕的了，但是如果街道的名字也变了，每个人的身份都会暂时消失，邮递员会回到从前，商人会把所有的东西都送到错误的房子里，一个人的几位堂兄弟会吵吵嚷嚷地抗议他们找不到路"。

在整个伦敦，城市规划主管不得不向居民们保证，他的行为并非"肆意行事"。[47]尽管遭到抵制，到1871年，仍有4800条街道的名称被更改，10万间房屋被重新编号。后来，一些人指责由社会主义者主导的伦敦郡议会，宣称他们在删除国王街这样的名字时，带有"特殊的平等主义的喜悦"。[48]到了20世纪，这项工作还在继续，委员会在第二次世界大战前夕仍然在努力整理街道名称。

然而事实证明，在德国人开始轰炸之前更改街道名称，[49]是一个非常糟糕的主意。1940年开始的"闪电战"在短短8个月时间里杀死了4万多名平民，致使伦敦几乎无法通行，即使没有街道名称改变，可能也会非常混乱。英国人关掉了他们的灯——所有的灯——以避免吸引轰炸机。路灯被熄灭，汽车只能打开昏暗的侧灯，遮光窗帘和棕色的纸覆盖着每扇窗户。[50]（政府建议行人随身携带一条白手帕，以免被撞倒，但还是有数千人被司机撞死。）

新的街道名称更令人困惑，因为街道标志被取下，书店烧毁了城市地图，以防德国人入侵。（人们也不喜欢给外人指路；英国女性让·克罗斯利在她的战争回忆录中写道："如果有人向我问路，我就会想，作为一种爱国责任，是否应该误导他们。"[51]）但街道名字的清单在战后仍然需要更新，德国的炸弹炸毁了伦敦的许多街道，把它们的名字从地图上抹去了。

然而，街道名称和号码不足以有效地引导邮件。1857年，罗兰·希尔把伦敦分成8个区，每个区都有一个编码。（后来，在邮局测量员安东尼·特罗洛普的建议下，有两个被弃用。）[52]在美国，邮政编码（Zip Code）是由费城邮政雇员罗伯特·穆恩发明的。（Zip代表的是"分区改善计划"。）穆恩在1944年第一次向他的老板们提交了这个想法，然后游说了将近20年，该想法才最终被采纳。[53]他的妻子在接受采访时戴着一个印有"Zip夫人"字样的金色吊坠，她告诉报界说，之所以花了很长时间，因为穆恩是共和党人，[54]他的老板是民主党人。

为了鼓励使用邮政编码，邮政总局发布了印有时髦的卡通人物兹普先生（Mr. Zip）的公益宣传广告。一支名为"摇摆六人组"的百老汇/民间歌手乐队在全国电视上演唱了一首关于这些代码的宣传歌曲。开场白是："兹普！兹普！你好，我的朋友。你好吗？我们希望你们能抽出一点时间/来听我们对你们每个人说些什么/它关系到我们的邮政系统。"[55]

时至今日，据邮局估计，邮政编码通过提供更准确、更高效的邮政服务，每年可节省90多亿美元。[56]"摇摆六人组"应该要求分一杯羹。

我们现代的、官僚化的命名方式是否剥夺了我们宝贵的信息？在大多数情况下，我们不再使用购物街或学校街这样的名字。[不过，我很高兴读到一条消息，苏格兰一条有一家开市客（Costco）和一家宜家（Ikea）的街道被命名为Costkea Way。][57]当我去西弗吉尼亚的时候，我记得我在都铎饼干世界点了一份Tootie饼干（一团面粉上放有火腿和奶酪）时，我跟柜台后面的

Zip 先生

那位女服务员聊过。"我住在葡萄藤大道上，"她叹了口气对我说，"但是连一根葡萄藤也看不见。"

当然，如果官方名称不适合街道，人们总是可以用别的名字来称呼它，就如同姓名不必与出生证明上的名字相符。旧金山唐人街的街道经常被当地人改名。[58] 20世纪40年代，温特沃斯街是条味道刺鼻的街道，在这里，成吨的美味咸鱼被晾晒在砾石屋顶上，等待出售，当地人将其称为"美德与和谐之街"。由于拥挤的廉租房，韦弗利街道长期被称为"15美分街"——15美分是理发、清洁耳朵和梳理辫子的费用。贝克特街变成了"简明语言约翰街"。1943年的一篇文章描述，约翰是一个"美国人"，因为他的粤语说得非常流利，所以被称为"简明语言"。他和贝克特街的交际花待在一起的时间太多了，如果需要他做翻译，在贝克特街找到他比在他自己家里找到他容易得多。于是这条街就以他的名字命名。

我曾经以为这是过去才会发生的浪漫故事，但今天也会出现非正式改名的状况。亚伦·赖斯在中国生活了几年；当他搬到纽约时，他决定和一些老年移民住在一起，以保持自己的语言能力。亚伦很快注意到他无法分辨老年人谈论的街道名称。桑树街有许多殡仪馆，于是在他们口中成为"死人街"。在他的邻居看来，界线街成了"帽子街"，罗格斯街成了"垃圾街"。而科修斯科桥——以一位参加过美国独立战争的波兰领导人的名字塔德乌斯·科修斯科命名——不知何故成了"日本人桥"。在曼哈顿，来自中国不同地区的移民根据地区和方言对同一条街有自己不同的称谓。[59]

但是，也许官方的街道名称对我们的描述比我们想象的还要准确。经济学家丹尼尔·奥托-佩拉利亚斯研究了西班牙和英国的街道名称数据。在西班牙，他发现很多街道名称与宗教有关，居住在那里的城镇居民确实在信仰上更为虔诚。[60]在英国，居住在街名中有"教堂"字眼的地方的居民，更容易认为自己是基督徒。[61]而在苏格兰，他发现住在"伦敦路"或"皇家街"这样地方的人感觉不那么像苏格兰人。

我们只能推测原因：你住在教堂街上是因为你有宗教信仰，想住在教堂附近？还是因为你住在教堂街而变得更虔诚？也许我们会把街道命名，然后街道命名会帮助塑造我们。

不用多说，我不会为"摸私巷"的消失而哀悼。

街道取名的时尚也会发生变化。在很长一段时间里，与大自然有关的名称在美国很流行。(在波兰也是如此，那里最受欢迎的五个名字是：森林、田野、阳光、矮小和花园。)[62]最近，由比利时公众命名的几条街道体现了该国的烹饪历史：库贝登（比利时一种糖果卷）通道，斯贝库莱斯（曲奇饼干）通道，奇肯（菊苣奶酪）通道。现代英国新修的街道通常会取能够体现多元文化的名字。("因果路"和"清真寺巷"就是例证。[63])而且，正如一位学者告诉我的那样，"街名的未来在于女性。"女权组织"敢为女权主义"在巴黎贴满了新的非官方街道名称（比如奎·德·尼娜·西蒙尼），目前巴黎只有2.6%的街道名是纪念女性的。[64]

与此同时，伦敦正在接受它历史上形成的街道旧名。我拜访了一位朋友，他住在伦敦东部一个曾经破旧不堪街区的一栋超现代公寓楼里。我又看了一眼这座建筑的名字：靴子制造商大院。

靴子制造商大院？我怀疑这些带着碳架自行车外出的年轻白领居民中没有一个人是从事制鞋行业的。

多琳·梅西是一位杰出的英国地理学家，她在码头区也看到了这一点，码头区以前是工人阶级聚居区，现在已经迅速实现了阶级的提升。她写道："对于自我意识清醒的当地人来说，街道的名字被用来唤起他们对过去工人阶级生活的浪漫回忆：所有的酒吧和足球，辛勤的工作和社区。"[65]"如今使用同样的街道名称，以及由仓库改建的公寓的谨慎命名和重新命名，也是试图唤起与过去的联系，同样浪漫，但这次是不同的版本。"对于住在东伦敦的老工薪阶层来说，"靴子制造商大院"太贵了——一套一居室公寓的价格约为 40 万英镑——但这个名字让富裕的伦敦人感觉自己与一个更浪漫的社区有了联系，即使这个社区可能是他们永远都不想搬去住的地方。

甚至还有对老"摸私巷"的怀念。2012 年，一份匿名请愿书被提交到议会，主题就是"恢复摸私巷"。请愿书上写道："这是我们的文化遗产，恢复这一已经灭绝的文化遗产，将是一个伟大的爱国之举。"（议会断然拒绝了请愿书，它幽默地回复道，只有地方政府才能控制街道名称。）但并不是每个人都想保留粗鲁的街道名称。在 2009 年的一次成功行动之后，"屁眼路"的居民现在住在"射手路"。

2018 年，英格兰西米德兰兹郡利里吉斯的一位当地企业主将支持街道更名的传单发放到各家各户的门前，声称这将使房价上涨 6 万英镑。这条路的名字是我不熟悉的更粗鲁的俚语：铃铛尽头（Bell End）。我觉得它听起来很优雅，"铃铛"这个词的轻颤音和严肃而坚实的"尽头"这个重音搭配在一起。但在英国，这显然意味着阴茎的末端。根据当地请愿书的说法，住在路上的孩子因为他们的街道名而被欺凌。

当琳达·乔治听到有人请愿要给"铃铛尽头"改名时大发雷霆。她的家人来自这个村庄，她经常去附近教堂，却坐立不安。这是一个严格的浸信会，除了《圣经》，谁也不许读任何其他书籍。她认为，如果孩子们被欺负，问题在于欺凌者，而不是街道名称。她决定开始自己的请愿，以保持"铃铛尽头"的名称。令她惊讶的是，短短几天就有近5000人签了名。

"铃铛尽头"位于罗利瑞吉斯，这里曾经是国王的狩猎场。它也位于英格兰被称为"黑乡"[66]的地区，因其深煤层而得名。罗利瑞吉斯开始是一个村庄，然后变成了一个工业城镇，普通人往往没有选择在后院建造厕所，而是建一个小铁匠铺来做钉子。（孩子们灵巧的小手指特别适合这项工作。）那里还有一个巨大的采石场为英国的道路提供石头。多年来，在玛格丽特·撒切尔打垮煤矿和煤炭行业之后，罗利瑞吉斯失去了许多工作岗位。许多旧建筑被拆毁而非修缮，道路被拓宽，建造了缺乏想象力的现代建筑。琳达儿时熟悉的那个小镇，现在其大部分都认不出来了。

我问琳达，为什么她为保护"铃铛尽头"而提出的请愿书触动大家的神经。"这是最后一根稻草，"她叹了口气对我说，"是有常识的人的最后一根稻草。"而且这不仅仅是街道名字的问题，"铃铛尽头"的名字是一个链接，是与一个引以为豪的丰富多彩的过去的链接，而且（至少从建筑角度来说）那是一个更加浪漫的时代。

后来证明，正是"铃铛尽头"这个名字把罗利瑞吉斯和它的中世纪根源联系在一起。虽然当地议会认为这个名字来自当地的一个煤矿，但"铃铛尽头"路一位出生于1919年的居民提供了另一个理由，并通过她女儿的 Facebook 账户发送出去。她写道，约翰国王在路的尽头有一个小屋，上面有一个钟形门环，所以这条路被命名为：铃铛（钟）尽头。约翰国王是《大宪章》的签署者，在1199年开始执政，比我和琳达的交谈早了800多年。

"那些过去的建筑物都消失不见了，"她说，"但名字会永远留在这里。"

What Can House Numbers Teach Us About Power?

5 | **维也纳：**
门牌号码能够透露哪些权力信息？

在2月的一个下雪的早晨，我在维也纳市中心的总理府附近遇到了安东·坦特纳。现年40多岁的坦特纳穿着一件蓬松的滑雪服，戴着一条灰色围巾，黑色帽子拉下来紧紧地盖住耳朵，完美地衬托出一张圆乎乎、红扑扑的脸蛋。他看起来像一个从弗兰兹·哈尔斯的画里跳出来的男孩。一阵刺骨的风从广场上荒凉建筑物的角落刮过。今年（2017年）是玛丽亚·特蕾莎诞辰300周年，全城贴满了这位身材魁梧、满头银发的女皇的海报。

坦特纳可能是世界上最专业的门牌号码专家。他是维也纳大学的历史学家，[1]专门研究门牌号，他不仅在维也纳带领60人参观门牌号，还策划了一场门牌号摄影展。我第一次知道坦特纳，是因为我读了他写的一本小册子，该书内容简短，书名也很简单:《门牌号码》。起初，我觉得他似乎过于专注于我们街道上最平凡的东西。

但他改变了我的想法。"房屋编号的伟大事业，"[2]坦特纳写道，"体现了18世纪的特色。门牌号码可以称得上是启蒙时代最重要的创新之一，我这样说没有任何讽刺意味，那是一个沉迷于秩序和分类的时代。"门牌号码并不是为了帮助你在城市中导航或接收邮件而发明的，尽管它们在执行这两个功能方面令人钦佩。实际上，给房屋编号的目的是让你更容易被征税，更容易实施监禁和维护治安。房屋号码的存在并不是为了帮你找到路，而是为了帮助政府找到你。

坦特纳告诉读者，门牌号码的发明并不是历史的注脚，而是其中的一整章。对他来说，这一章从维也纳开始。

1740年的10月是人们记忆中最寒冷、最潮湿的10月之一，神圣罗马帝国皇帝查理六世外出打猎。[3]不久，他就身患重病，也许是吃了有毒的蘑菇而死的。他的大女儿，年仅23岁的玛丽亚·特蕾莎突然成为了哈布斯堡王朝的女皇。她的父母一直认为他们可能会有一个儿子，对她的教育主要限于"优雅的举止"，比如舞蹈和音乐。1746年，一位普鲁士使节这样描述她：[4]一头浓密的淡金色的头发，圆圆的脸，小鼻子"既不弯也不翘"，大嘴巴，脖子非常漂亮。他写道，那时她的身材已经被生育毁了——玛利亚·特蕾莎在19年里生了16个孩子——但是，"胳膊和手都很棒。"

生活并不容易。她继承了奥地利、匈牙利、克罗地亚、波希米亚、特兰西瓦尼亚和意大利部分负债累累的土地，并花了数年时间成功地击败了对手。玛丽亚·特雷莎的丈夫弗朗西斯一世在儿子的婚礼庆祝活动中突然倒下身亡。玛丽亚·特蕾莎缝好了他的裹尸布，[5]剪掉了自己的头发，把自己的房间涂成黑色。祸不单行，天花夺去了她16个孩子中的3个，其中包括16岁的玛丽亚·约瑟法——她在即将动身离开维也纳嫁给一位那不勒斯王子之前死亡。她的另一个孩子——玛丽亚·伊丽莎白——也因为天花而留下了永久的伤疤，无法结婚。（玛丽亚·特蕾莎给11个女儿取名玛丽亚，这是乔治·福尔曼式的。[1]）玛丽亚·伊丽莎白

---

1 乔治·福尔曼是美国职业拳击手，他给自己的每个儿子都取名乔治。

被认为是她最美丽的女儿,因为玛丽亚·特蕾莎把婚姻等同于外交,就帝国本身而言,伊丽莎白可能已经"去世了"。

1763年,玛丽亚·特蕾莎和她的儿子约瑟夫二世(将与母亲共同摄政),在把欧洲每个王国都卷进去的七年战争中失败。这一次,联姻也无法把帝国凝聚在一起。玛丽亚·特蕾莎试图从她的宿敌普鲁士腓特烈二世手中夺回富饶的西里西亚省——如今是波兰的一个省,但她疲惫不堪的军队空手而归。玛丽亚·特蕾莎悲痛欲绝。她说,如果她没有一直怀孕——仅仅在与普鲁士的战争中,她就生育了8个孩子——她自己也会亲自参加战斗。

她需要更多的士兵。哈布斯堡王朝仍然处于封建制度的统治之下,地主控制着在土地上劳作的家庭,他们主要负责征兵。不出所料,地主们为自己留下了那些强壮而勤劳的人,把剩下的人送去战斗。从理论上讲,玛丽亚·特蕾莎统治着一个充满活力的年轻人众多的帝国,但如果她找不到这些年轻人,他们又有什么用呢?

因此,在1770年,也就是她最小的女儿玛丽亚·安托瓦内特在凡尔赛举行婚礼的那一年,玛丽亚·特蕾莎下令进行"灵魂征兵",即清点她的领地内所有具备参军资格的男性。但很快她发现了另一个问题:她没有真正有效的方法来计算村子里的人,没有办法区分这些房子。

她突然想到一个答案:门牌号码。通过对每个户门进行编号并列出其居住者名单,军方可以让房子无法隐匿,并通过这种方式发现里面是否有具备参军资格的人。1770年3月,玛丽亚·特蕾莎发布命令,把1700多名军官和官员派往帝国各地从事这项工作。专业的油漆匠在进入某个村庄时,会在每面墙上用一种由

玛丽亚·特蕾莎

油和煮熟的骨头制成的厚厚黑漆写上一个数字。在预先印好的表格上，抄写员记录了每个人和他适合从事的服务。深冬时节，他们跋涉在村镇之间，雨水模糊了廉价的黑漆。最终，他们统计的"灵魂"数量超过了700万——总共有1100399个家庭编号。由于预算超支，时间不够，房屋编号员寄回维也纳的卷轴太多，以至于宫殿里没有空间放置它们。

安东·坦特纳和我一起出发穿过积雪覆盖的城市，在维也纳寻找玛丽亚·特蕾莎时代的一些号码。我们寻找原始的征兵号码，即在白色背景下画出的细长而优雅的数字。我们躲在拱门下，伸长脖子看宏伟的石头建筑，在小巷里钻来钻去，寻找各处尚存的古老数字。坦特纳出生在维也纳，他非常自信，迈着大长腿大步行走在冰冻的、蜿蜒的小巷和林荫大道，只有一次他停了下来，从一位活泼的女裁缝那里取走了为他母亲裁剪的衣服，她的店里挤满了人体模特。

我们转到一条宽阔的林荫道，道路两边林立着商店的橱窗，橱窗里摆满了毛皮大衣和珍珠项链，街道上的手风琴声不绝于耳。在一家雅致的鞋店前，坦特纳举起一只没有戴手套的、冻成粉红色的手，指向画在建筑物白墙上的红色门牌号码。玛丽亚·特蕾莎的命令非常特别：红色数字代表维也纳，黑色数字代表其他地方。这些数字必须是阿拉伯数字——1、2、3，而不是罗马数字 i、ii、iii。只有被玛利亚·特蕾莎鄙视的犹太人的家里才会使用罗马数字。

玛丽亚·特蕾莎的命令还特别指示，每个门牌号前面都有前缀"No."－"Number"－例如：No.1、No.2。前缀可能只是一种区分房屋建造年份的方法，维也纳的建筑物上通常都有这种标记。但坦特纳的一位同事给出了一个更令人满意的猜测。"如果你在和一个人说话，你不仅要叫他的名字，还叫他某某先生，"他笑着对我说，"所以'No'具有与先生相同的功能；你也必须对数字有礼貌。"

坦特纳告诉我，哈布斯堡王朝并不是唯一一个，甚至也不是是第一个提出对房屋进行编号的政府。[6]世界各地的房子都是独立进行编号的，但看起来却是同时发生的——在巴黎、柏林、伦敦、纽约，以及乡村小镇和小村庄——开始出现新的数字。这个房屋编号的故事本可以从16世纪的巴黎开始，当时官员们在巴黎圣母桥对68栋房屋进行编号，以确定其属于城市财产。或者也可以从国王路易十五在1768年给房屋编号以追踪与平民居住在一起的士兵的时候开始。或者，我们也可以从1779年开始，当时一位名叫马林·克伦费尔特的出版商决定给路边的灯柱编号，后来又把号码加到门上，为巴黎制作地址目录。在街的这一边，号码从小到大，另一边则是从大到小。

你也可以在伦敦追溯房屋编号的历史。在街道名称和编号出现之前，商家们通过在门上张贴图文并茂的招牌来宣传自己。这些无言的标志[7]使用了他们自己的语言，比如龙代表药剂师，方糖代表一个杂货商。(有时，随着企业易手，这些标志变得更加神秘。三个棺材和一个糖面包是詹姆斯·奥拉夫棺材生意的标志；这座建筑以前是一家杂货店。) 这些沉重的招牌常常用铁艺装饰，在风中发出吱吱嘎嘎的响声。1718年，一个招牌砸倒了一幢建筑物的侧面，造成四名从下面经过的购物者不幸死亡。门牌号消除了商店对这些标志的需要。伦敦的新门牌号和街道标志的兴起，[8]彻底改变了男仆们的工作需求，他们第一次必须识字、会计算才能传达信息。

但即使到了此时,这一想法也花了一段时间才逐渐深入人心。罗兰·希尔被认为是现代邮政服务的创始人(见第4章),他写道:"当我来到街中央的一所房子时,我看到门上有一个写着数字95的铜牌,两边房子的编号分别为14和16。一个女人来到门口,我询问她为什么14到16之间会出现95这个数字;她说这是她以前住在另一条街上的房子号码,而且(意思是铜牌)是一个非常好的号码,她认为这对她现在的住处和其他任何地方都会有用。"[9]

在美国,英国人首先开始给曼哈顿编号,以追踪革命者。1845年,孩子们仍然可以沿着麦迪逊大街采摘黑莓,[10]正如一份城市地址簿所描述的那样,曼哈顿的门牌号码"处于一种美丽而混乱的状态"。[11]直到1838年,这个城市才重新编号,并以第五大道为界正式分为东西两部分。即便在那之后,许多企业也迟迟不肯公布自己的门牌号码。1954年,《纽约时报》的一位记者问一位看门人他所在那家剧院的门牌号码是多少。"我不知道,我只是在这里工作。"他回答说。"工作了多久?""15年。"[12]

马克·吐温几乎喜欢19世纪末柏林的一切,他称柏林为"欧洲的芝加哥"。在他看来,这是"世界上治理最好的城市"。[13]他钦佩彬彬有礼的警察,钦佩这座城市把电线埋在地下而不是在地上缠成一团,钦佩这座城市用铲子和扫帚清扫街道,而不是在纽约用来清扫街道的"祈祷和谈话"。但是,哦,房子编号!"自从最初的混乱以来,从来没有过这样的事情,"马克·吐温写道,"起初,人们以为这是一个白痴干的;但它的种类太多了;一个白痴不可能想出这么多不同的方式来制造混乱和展示对上帝的不敬。"这些数字似乎是随机选择的。"他们通常用一个数字来表示三四所房子——有时他们只在其中一所房子上标上数字，然后让你猜测其他房子的号码。"

在房屋编号问题上，柏林并非是唯一陷入混乱的城市。最初在维也纳，无论一栋建筑物位于哪个地方，都会获得最小的房屋数字编号。因此，当一座新房子建成时，1521号房屋可以自然地（或者说很不自然地）坐落在12号房屋旁边。你可以给整个街区的房子编号，但之后你必须知道街道名称、号码和街区才能找到合适的人，需要询问的实在是太多了。（威尼斯也有一个类似的令人发狂的系统，城市被划分成不同的区域，这些区域内的房屋编号几乎是随机分布的。不过，威尼斯当然可以为所欲为。）在捷克共和国，每所房子都有两个号码，一个用于确定方向，另一个用于政府注册。在佛罗伦萨，住宅和商业用途的房屋号码各不相同。

但是什么才是正确的房屋编号方法呢？让我们进入费城系统：街道的一边是奇数，另一边是偶数。1790年，乔治·华盛顿的顾问克莱门特·比德尔在费城进行人口普查时设计了这个系统。一边是奇数，另一边是偶数，这就大大省去了推测某个号码在一条街上还有多远的问题。费城的街道系统在19世纪进行了修改，使房屋编号更加符合逻辑，给每个街区分配100个号码，下一个街区则从下一个百位数开始。今天，现代的规划者们进行仔细的计算来确保我们的房屋号码是合理的——合理到我们几乎没有注意到它们的存在。

人类几千年来一直没有门牌号，但现在为什么它们突然变得如此不可或缺呢？

20世纪90年代，耶鲁大学教授詹姆斯·斯科特开始写作一本书来探讨一个令人费解的问题：为什么各国都讨厌那些四处迁徙的人？游牧民族、吉普赛人、爱尔兰旅行者、贝多因人、流浪者、无家可归的人、逃亡的奴隶，都曾被认为是"各国的眼中钉"，[14]政府曾试图让他们定居下来，但都失败了。但斯科特越是努力写那本书，他就越意识到自己应该写一本不同的书，讲述国家是如何从一开始就把人民固定住的。

"前现代国家，"他发现，"在许多关键方面处于半盲状态；它对其臣民、他们的财富、他们的土地占有量和产量、他们的位置和他们的身份等等知之甚少。"[15]用斯科特的话来说，在玛丽亚·特蕾莎的时代，18世纪的欧洲国家"主要是一台压榨机器"，[16]君主们越来越成功地从他们的王国榨取更多的收入和贸易所得。但是，他写道："他们宣称的绝对统治带有相当大的讽刺意味。"[17]他们几乎无法在地方层面上控制任何事情，或者如斯科特所说："在社会工程中进行更具侵入性的实验。为了充分发挥他们日夜增长的雄心，他们需要更大程度的傲慢，需要一个能胜任这项任务的国家机器，以及一个他们能够掌控的社会。"

但要掌控一个社会，他们首先要知道社会中都有谁。斯科特写道，国家"必须创造可以标识的公民"，[18]"它必须创造出可以记录姓名的公民，能够和地址匹配的公民，并将他们的情况录入地籍簿。"在现代欧洲的早期，国家的建立需要一个"清晰可辨"的社会，国家必须先了解自己，才能有所作为。"在让社会变得清晰可辨的过程中，"斯科特说，"国家从根本上改变了社会。"

例如，在14世纪之前，大多数欧洲人没有永久的姓氏。（然而，中国的秦朝从公元前4世纪开始就要求有姓氏，这是"为了税收、强迫服劳役和兵役的目的"。）[19]但是在欧洲，正如斯科特所描述的那样，人们只有一个名字，如果需要加上别的什么，他们可能在名字中加上职业（磨坊主、面包店老板、铁匠），加入住址（希尔、布鲁克），或者加入父亲的名字或家族名称（约翰逊、理查森）。

但这些名字并没有系统地流传下来。仅仅凭名字是找不到人的。例如，在18世纪的英国，90%的男人只有8个名字[20]：约翰、爱德华、威廉、亨利、查尔斯、詹姆斯、理查德、罗伯特。这对一个不认识他们的警察或税务员有什么用？当地人也许知道如何找到威廉的儿子亨利，但他们有理由不告诉你。所以统治者开始要求永久性的姓氏，这是国家权力扩张的又一迹象。

房屋编号是这个更大的现代项目的一部分。我现在知道，尽管罗马人没有街道名和门牌号，但人们可以很容易地找到路。但也许罗马当局并不真的需要寻址系统，因为他们没有同近现代国家一样迫切的需要去寻找任何某位特定的公民。首先，罗马政府是分权的，这意味着当地的行政官员可能认识他们必须认识的每一个人。更根本的是，罗马政府并没有参与到公民的生活中——例如，它没有公立学校——这种参与是现代政府所渴望的。

中世纪的欧洲国家同样缺乏追踪其公民的精确方法。历史学家丹尼尔·斯梅尔勋爵花了数年时间研究马赛的公证记录。[21]以下是他找到的1407年的一些例子，记录了因犯罪活动而被罚款的公民的信息：

伊莎贝拉，一个堕落的女人

西蒙内特·德拉皮尔

阿根蒂娜，西蒙内特的妻子

皮卡德罗

约翰·勒·巴斯，马赛的面包店主

但在500年之后的1907年，他查阅的记录开始呈现出这样的格式：

赛尔尼，阿格尼丝·塞勒琳·约瑟夫，32岁，教师，出生于罗克费尔（奥德），居住在马赛圣吉勒街10号

卡斯特洛蒂，约瑟夫·路易斯，18岁，海员，出生于巴斯蒂亚（科西嘉），居住在马赛菲吉尔·德卡西斯街8号

佩伦，伯特珍妮·阿尔宾·若泽·菲恩，28岁，出生于马赛（布奇斯杜罗讷），住在普拉多大街68号

斯迈尔在他的著作《想象制图》中写道："1407年的时候，记录没有模板。"[22]"如果我们知道约翰·勒布是个面包师，那肯定是因为约翰碰巧向记录的官员提到了这个事实。相比之下，到1907年，模板被预先印在表格上，包括：姓名、年龄、职业、出生地——对这本书来说最重要的是——地址或住所。"15世纪的马赛公证人只是设计出自己的方式来描述他们所记录之人的身份。他总结道："住址的使用，将身份与住址联系在一起的做法是现代性的一个条件。"[23]

国家必须了解它的社会，识别它的臣民，然后才能采取措施来塑造社会。在房屋编号之前，黑暗的、门窗紧闭的房屋和未规划的街道把人们隐藏起来。在书中，我们读单词；在城市中，我们读街道名和门牌号。在给房屋编号之前，政府对人民的身份视

而不见。门牌号码给了他们一双眼睛。

但是当国家终于能看到民众之时,会发生什么事情呢?

在18世纪的巴黎,法国警察雅克·弗朗索瓦·纪尧特[24]开始着手描述警察的乌托邦。在一本装帧豪华、插图丰富的书《法国警察改革备忘录》中,纪尧特概述了一项激进的计划,即监视巴黎的每一位公民,该计划将汇编该市每一位男子、妇女和儿童的详细档案。这些文件将被保存在一种旋转的机械文件柜中,[25]一系列周长36英尺的大轮子推动这个文件柜运转,它不仅可以存放文件,还可以让办事员快速获取信息。(如哲学家格雷瓜尔·查马尤所言,这是一个巨大的台式卡片索引机。)这种文件柜由脚踏板进行操纵,[26]查马尤称之为"纸夹",可以很容易地将城市的生活储存在一个礼堂大小的房间里。从字面上的意义上来说,这就是一个大数据。

但是这个计划需要对巴黎进行彻底的重新考量,当时的巴黎人满为患,人口大多被挤进弯曲连绵的贫民窟。如果每张卡片上都没有对应的号码,台式卡片机怎么工作呢?纪尧特的计划是将巴黎划分为若干个编号的区域,消除重复的街道名称,并要求在显著的石头牌匾上显示街道名称。每条街、每所房子、每座楼梯井、每层楼、每套公寓、每匹马都要编号。

这个计划本身似乎并不那么离谱。但是纪尧特更进一步,按照建筑历史学家塞萨尔·比里尼亚尼的描述,他还另外提议,设立一种专门的警察职位,用"微小、疯狂"的细节来追踪人们的生活节拍。年龄,阶级,职业,行踪,出入城市,租房——警察都会知道的,这些信息会被"上传"到文件柜,在那里,只要快

纪尧特的文件柜

速踏几下脚,你就可以提取任何巴黎居民的信息。纪尧特写道,通过这种方式,警察会比他们的邻居更了解普通公民,即使是教堂和医院也不能把任何人藏在门后。"这将是可能的,"纪尧特继续写道,"可以知道每个人从出生到咽下最后一口气的一切行为。"[27]

我们对纪尧特的生活知之甚少。我们知道他是一名警官,有时他被要求在巴黎周围追踪或监视巴黎居民。他是丹尼斯·狄德罗的房东,狄德罗是著名的《百科全书》的创始人,这本书是启蒙运动的明珠,试图将全世界所有的知识汇集在一起。纪尧特与狄德罗相识也许是巧合,但也许不是。纪尧特对自己有很高的期望,他积极地设计出各种离谱的计划来解决世界上的问题。(他还因为设计了一座浮桥而获奖,这座浮桥一天能让36000人通过。)伏尔泰嘲笑纪尧特这些人,称他们为"项目制造者",这些业余人士想出了一些类似于天上掉馅饼的项目来改革社会。

不过,对于纪尧特这样的启蒙运动人士来说,门牌号码是再自然不过的事情。为每所房子分配一组数字,这同时也推进了启蒙运动的基本原则:理性和平等。城市应该是容易导航的,人应该是容易找到的,税费可以征收,罪犯很快就会被发现。一个农民的家和一个贵族的家的编号方式是一样的。启蒙运动的目的是从黑暗中带来"光明",他们希望国家能看到人民——所有的人民。

纪尧特的书没有得到任何持久的认可,警察当局也没有将其付诸实施。我们甚至不确定国王是否见过这本书。但这仍然是一个了不起的成就,不仅因为他的想法具有原创性,而且因为他的想法很快就开始显得不具有原创性。很少有人读过他的作品,但是，在未受到纪尧特影响的情况下，复杂的街道地址系统出现在世界各地。纪尧特把自己看作一个发明家，但他实际上是一个会算命的人。他预言会出现一个新的政府——一个不管好坏，都关心你生活在哪里的政府。

那么，这么多人反对他们新的房屋号码，这有什么奇怪的吗？正如历史学家马可·西奇尼所描述的那样，18世纪末，日内瓦市政府决定开始编号。[28]他们先给人编号（特别是出于某种原因，给伐木者编号），然后敞篷车、四轮马车和马匹也有编号。后来，在一场起义发生之后，该市派出两名专业画家，在墙上写上街道名称，在房屋上写上编号，以维持秩序。

尽管军方夜间在街上巡逻，寻找抹去房屋号码的人，但仅仅一个晚上，日内瓦人就销毁了150个号码。[29]画家们又画了一遍。在法庭上，一些人（我想是不好意思地）辩称，他们不知道不能删除自己的号码。不仅仅是日内瓦，甚至在整个欧洲，都有房屋号码被粪便污染，或被铁棍砍掉。数名官员挨打，被泼水，逃出村庄。至少有一名警官被杀。[30]

在美国，许多人害怕来给他们的家分配号码的城市名址录的工作人员。根据地理学家鲁本·罗斯-雷德伍德的说法，内战之前，南方人担心城市名址录是"北方计划"的一部分。名址录本身必须确认"没有北方人与该出版物有或者曾经有过任何联系，无论是印刷工，还是其他人"。[31]北方的人们也很警惕，在那里，任何携带城市名址录的人都被怀疑是征兵军官。看到他们，门砰地一声就被关上了。

编号本质上是不人道的。在房屋编号的早期，许多人觉得他们新的房屋编号剥夺了他们基本的尊严。西奇尼讲述了一名61岁的妇女在日内瓦因玷污自己的房屋号码而被起诉,她告诉法庭,在她的房屋上刻上街道名称就足够了;如果当局加上"这个号码",她说,"看起来像是一个宗教裁判所。"[32]一位访问奥地利的瑞士回忆录作家说:"看到房子上的数字让人感到非常惊恐,觉得这是统治者执意掠夺个人财产的象征。"[33]

安东·坦特纳滑稽地拍了拍自己的胸膛,向我解释:"我不是一个数字,我是一个自由的人。"他引用英国间谍节目《囚犯》中的台词喊道,他停顿了一下,又说道:"这也是铁娘子的歌。"

对那些无权无势的人来说,摧毁他们的门牌号码无异于夺回他们的人性。当男人们为了逃避服兵役而拔掉自己的牙齿或砍掉自己的拇指时,他们是在行使自己唯一的权力。对他们自己的暴力,对房屋的暴力,正如坦特纳所写的:"在面对国家掌握的地址编制权力时,就只剩下这些可以进行对抗了。"[34]如果国家不能给你编号,如果国家不能征召你,如果国家不能看见你,国家就不能拥有你——你真的是一个自由人。

这些关切不无道理。詹姆斯·斯科特在他的经典著作《国家的视角》中阐述了自己的观点,他自称是"原始的马克思主义者",对现代国家抱有深深的怀疑。[35](他还记得自己坐在椅子上读汤普森那本近千页的巨著《英国工人阶级的形成》时的情景。)[36]斯科特认为,政府让他们的国家"清晰可辨"的计划,往往辜负了他们应该帮助的人。规划者使城市正规化,扫除了简·雅各布斯在《美国大城市的死与生》一书中称赞的城市街道充满活力的不规则现象。例如,在19世纪的巴黎,为了修筑整洁的林荫大道而去清理贫民窟,[37]致使成千上万的工人阶级居民流离失所。坦桑尼亚政府试图强迫数百万公民在数千个规划整齐的村庄定居,[38]此举无意中摧毁了该国的农业。

按照斯科特的描述,即使是看似无害的政府决定,如要求提供姓氏,也可能产生邪恶的后果。在美国,联邦官员公开蔑视美洲原住民的命名习惯,[39]这些名字体现不出性别特征,而且不断变化。(斯科特指出,在一次成功的狩猎之后,他们的名字就有可能从"五头熊"变成"六头熊"。)联邦官员强迫他们改变名字,以此作为更宏大的"文明工程"的一部分。1812年普鲁士允许犹太人成为公民,条件是他们必须确定固定的姓氏。[40]1833年的一项法令要求,所有犹太人,不仅仅是取得普鲁士国籍的犹太人,必须从政府为他们选择的名单上选择一个姓氏,比如鲁宾斯坦和伯恩斯坦。不久之后,在1845年,犹太人在法律上被限制在一个封闭的姓氏列表中,而且不能改变名字,这让他们后来被纳粹毫不费力地识别出来。正如历史学家蒂茨·白令所说:"1812年,对于犹太人来说,合法聚居区的大门对他们来讲是半开半闭的状态,没有完全打开。现在,他们将再次被囚禁在另一个犹太聚居区:一个由名字构成的聚居区。"

命名道路显然是下一步。斯科特写道:"跟踪国家建构的进展,除其他方法外,就是要追踪对地方、道路、人,尤其是财产进行命名和分类的新系统的发展和应用。"[41]他在康涅狄格州的家附近有一条路,有两个不同的名字。在吉尔福德,它被称为"达勒姆路"——因为它通向达勒姆。但达勒姆的人们称之为"吉尔福德路",因为对他们来说,这条路通向吉尔福德。对住在那里的人来说,这些名字很有用,但对国家来说,却是一场灾难。

这就是为什么一个帝国政权确立权力的第一步是以他们感到可以识别的方式——一种他们能理解的方式——来重新命名道路。

斯科特经常批评说，在使社会更加清晰可辨计划的实施过程中，地方知识被湮没了。然而，正如他承认的那样，政府追求清晰可辨往往是出于善意。纪尧特并不认为警察是执法者——事实上，他感叹说，每个人都太痴迷于法律，但是防止不法行为的良好措施太少。在纪尧特设计的乌托邦式的巴黎，警察的任务是监督街道清洁和路灯照明，检查窗户和阳台的安全性，检查车辆，并带领一名专家每年拜访每家每户一次，由专家就需要的维修提出建议。比里尼亚尼记载道，纪尧特还想出办法让母乳喂养的方式更健康，并修复巴黎屋顶的设计，这些屋顶经常将水洒到街道上。（他在《圣经》中找到了一个高级的样板，那就是按照摩西的教导，在屋顶修一道矮护墙。）这些公益理念已经被法国警方所接受，他们认为自己正管理着城市生活中越来越多的方面。一位评论员说，如果以此来理解"监视"——该词汇就会如同法国人所说的"法式煎饼"[42]一样可爱——人们需要一个时刻警惕的警察力量来确保他们的幸福。

即使在玛丽亚·特蕾莎的时代，当人们意识到房屋号码给自己带来的好处时，他们很快就减轻了怀疑。邮递很容易送达；仅莫扎特一人就在维也纳的12个不同地址收到了邮件。这座城市更容易导航。门牌号码还有其他有用的功能。正如坦特纳所描述的那样，1771年冬天，曾有人发布了一则广告，为了一只丢失的"博洛尼亚小狗，雄性，通身都是白色，眼睛是蓝色的，但一只眼睛比另一只眼睛浅，带着小口套，鼻子是黑色的"，[43]它的主人正在博格纳加斯222号急切地等着它。

在5月一个温暖潮湿的日子，我乘火车和公共汽车去沃兹登庄园查阅纪尧特的原著，那是一座宏伟的法国风格城堡，坐落在英格兰白金汉郡一个古老的集镇外，它与周围的环境很不协调。沃兹登庄园由费迪南德·德·罗斯柴尔德男爵于1889年建造，作为周末度假胜地，它收藏了大量法国家具和英国肖像画。它是英国最早通电的房子之一，据说，当维多利亚女王来访时，她花了十分钟来开灯和关灯。她的儿子，未来的英国国王爱德华七世，不仅是费迪南德男爵的朋友，也是这所房子的客人。

瑞秋·雅各布斯是这个藏品丰富的展览的策展人之一，她带我爬上了安在以前的厨房后面的楼梯。图书馆坐落在一个曾经被用作"单身公寓"的房子里，是为许多来参加罗斯柴尔德奢华周末派对的人准备的住宿之地。现在，房间里有英国绅士小窝般舒适的感觉，有从地板伸展到到天花板的书架、波斯地毯和绿色的切斯特菲尔德皮革沙发。

我和瑞秋一起仔细阅读了纪尧特书籍中的每一页，纸张非常厚，由废布制作而成，是那个时代最好的纸张。加布里埃尔·圣奥宾画的水墨画明亮而真实。纪尧特提供了官员们填写的整洁、详细的表格的模型，还有文件柜外形的复杂的技术效果图，以及操作机器的戴假发、穿长筒袜的职员的肖像图。我以为纪尧特的书看起来会显得很邪恶，但是恰恰相反，它看起来很高贵，甚至很优雅。

瑞秋带我参观了城堡，我们去了起居间，纪尧特的书通常放在那里。周末狂欢的人会在这个房间里懒洋洋地放松休息，虽然它看起来并不是一个特别适合休息的地方，里面有严肃的庚斯伯勒肖像、硬邦邦的锦缎沙发和镀金的壁纸。我想象着一个无忧无虑的贵族,也许是威尔士亲王本人,随意地从书架上取下纪尧特的杰作。他会读吗?

我对费迪南德男爵很感兴趣,他出生在巴黎,在维也纳接受教育,在英国乡村中建起这座令人惊叹的法国城堡。在他的回忆录中,他谈到了他的姓氏来自法兰克福犹太人聚居区,他的曾祖父把他的五个儿子送到欧洲各国首都,建立了一个国际银行业的王朝。

"应该说我的祖先是从红色盾牌得名的——德语是'Rothschild'——它挂在法兰克福他们家的门上。"他写道,"在房屋尚未编号、犹太人通常没有姓氏之时,这个盾牌是办公室的标志。他们在1819年被奥地利皇帝授予爵位的时候,就采用了盾牌作为徽章。"[44]那个皇帝就是弗朗西斯二世——玛丽亚·特蕾莎的孙子。

我在维也纳的时候,安东·坦特纳中断了我们的房屋号码之旅,在弗洛伊德的老咖啡厅——科博咖啡馆取暖。在那里,他告诉我,房屋编号工作如何以出乎意料的方式影响了帝国内民众的生活。约瑟夫二世曾与母亲玛丽亚·特蕾莎一起帮助管理哈布斯堡王朝,他自己深受启蒙原则的影响。他积极鼓励正在给房屋编号的军官和他们遇到的普通人进行对话。军队在那时已经走过了帝国的大部分地方,他们勤勉工作,并报告民众的生活状况——缺乏教育,健康状况不佳,并遭受地主的可怕虐待。

在喝咖啡的时候,坦特纳告诉我,他认为这些来自帝国的军事报告和约瑟夫二世下令进行的主要政府改革——比如结束农奴制和建立免费的政府教育——之间存在着直接的联系。事实证明,坦特纳发现,帝国不仅仅是发现它的人民和对民众进行编号,它也在倾听民众的呼声。

Why Do Americans
Love Numbered Streets?

Philadelphia

 费城：
为什么美国人喜欢数字编号的街道？

曼哈顿曾经叫作曼纳哈塔，[1]是一个森林密布的岛屿，那里有黑熊、粗鳞响尾蛇、美洲狮和白尾鹿出没。正如一位博物学家在1748年所写的那样，许多树蛙一直聒噪不已，以至于"一个人很难让别人听到自己的声音"。溪流中满是鳗鱼，海豚在海里翩翩起舞，候鸟在栗树和郁金香的森林里叽叽喳喳。现在时代广场的中央曾经是一片红色的枫树沼泽地，[2]里面满是海狸。生态学家埃里克·桑德森解释说，曼哈顿曾经拥有比优美胜地公园更多的植物物种，比大烟山国家公园更多的鸟类，比黄石公园更多的生态群落。[3]在1609年一个"非常自由和炎热"的日子，亨利·哈德逊驾船驶入了穆罕默努克河（我们今天称之为哈德逊河），桑德森曾用了好多年来推想纽约不久之前是一种什么样的景象。

桑德森的Welikia项目[4]（Welikia在德瓦尔语中的意思是"我的好家园"，德瓦尔语是曾经居住在那里的美国原住民的语言）是一个关于纽约在欧洲人到来之前是什么样子的数字化自然指南。当我输入我以前在东村的旧地址时，"好家园"项目告诉我，我的街道现在两旁都是公寓楼和面条店，但曾经覆盖这里的是美国的黄杨树、五叶爬山虎、圆叶绿蔷薇、黑荚蓬，香枫和草原飞蓬——是一个如此美妙的名字，我不会查找它的意思，因为害怕它只是一种草。北美条纹鹰和黑头山雀飞过头顶。有些东西并没有改变太多：东九街游荡的六种动物极有可能都是啮齿动物。

但是后来曼纳哈塔变成了曼哈顿。到了18世纪，曼哈顿市中心的人口猛增——詹姆斯·默里给爱尔兰的一位长老会牧师写信说："告诉你们当地的穷人，上帝已经为他们打开了一扇门。"[5]在1790年到1800年短短十年间，纽约的人口翻了一番。这座城市很快就超过了它以往的街道所能容纳的范围，许多街道都是由私人业主开发的。在没有中央规划的情况下，街景的发展与伦敦同样混乱。市政府官员无法让土地所有者同意任何给城市带来秩序的计划。因此，1807年，纽约州雇佣了三个人来做这项工作：律师约翰·卢瑟福、测量员西门·德维特和政治家古韦内尔·莫里斯。我称他们为专员，他们花了四年时间才制订出最简单的计划：网格。[6]155条街道与11条主要街道成直角相交。已经沿着古老的小道布局的曼哈顿下城，未列入规划。百老汇［荷兰语的布罗德韦格（Brede Weg）］也获准保留原貌。

莫里斯是这三个人中最有故事的人。他是一位"开国元勋"（他的口头禅是"我们人民"），有传闻说他从已婚情人的窗口跳下，失去了小腿（实际上是在一次马车的交通事故后截肢的。但他日记中记录了另一件事，描述了他出任驻法国公使在巴黎生活时，在卢浮宫，他如何在大庭广众之下让一位有夫之妇坐在膝上，"在即将被两扇门和一扇窗户相隔的人发现的时候，他还在冒风险地表演这个动作"。[7]）他的日记还详细记录了他的健康状况[8]（通常很差）和他的钓鱼探险，但几乎没有提到他在彻底改变家乡街道布局方面所做的工作。在一个阴冷潮湿的日子里，莫里斯批准了这个计划的最终版本，他只是简单地写了几句："进城里出公差，讨论布局曼哈顿的计划，与卢瑟福先生共进晚餐，并讨论那些地图——非常不舒服（因为痛风而导致）。"[9]

委员们确实解释了采用网格的真实理由。他们写道，他们

"不得不记住","一座城市将主要由人类居住区组成,直边直角的房屋是最便宜的建筑,也是最方便居住的"。巴黎圣母院是例证,现在尝试将帝国大厦纳入这个逻辑之中,这个逻辑的确成立。

但曼哈顿并不是一张白纸。委员会的报告没有提到海狸水坝或古老的溪流,也没有提到勒纳佩语中的Mannahatta可能是"多山之岛"的意思。报告根本没有提到地形,绵延数英里的河流和沙滩,成百上千的山丘和几十个池塘——网格对此根本不在乎。克莱门特·摩尔拥有现在被称为切尔西的全部区域,他不赞成这项计划,因为这项计划直接从第九大道穿过他的房产。"这些人,"他对委员们说,"连罗马的七座山都敢推倒。"[10]

反对者并不只有他一个人。诗人埃德加·爱伦·坡在他租来的农舍里写道,"这些宏伟的地方注定要灭亡,"[11]毫不奇怪,他的语气非常沮丧,"大约30年后,每一个高贵的悬崖都将成为一个码头,整个岛屿将被砖砌的建筑物所亵渎,这些建筑正面用褐石建成,显得自命不凡。"曼哈顿的大部分地区仍然是农田。(在独立战争期间,乔治·华盛顿骑马穿过玉米地,在42街和第五大道的拐角处集结军队对抗英国人。)[12]然而,委员们的计划里几乎没有任何绿地,并解释说"那些拥抱曼哈顿岛的巨大海洋胳膊"意味着纽约人不需要那么多公园来呼吸新鲜空气。土地实在太贵了。(中央公园在19世纪50年代才被列入计划。)

20岁的测量员约翰·兰德尔[13]被雇来为网格立桩,他经常因非法闯入而被捕(专员们不在的时候,一位前市长不得不把他保释出来),他立起的桩子被愤怒的居民拔起来。他在森林里用斧头开路,[14]与狗搏斗,人们向他扔卷心菜和洋葱,大家都想把他赶出自己的土地。西村的一位农民起诉他毁坏了"5000棵甜菜、5000堆马铃薯、5000根胡萝卜、500棵石竹、2万株草莓",[15]以及500棵令人垂涎的郁金香。兰德尔也是一个深受启蒙运动影响的人,[16]他相信可以强迫自然风景服从自己的路线。

但你能在不破坏大量土豆的情况下创造出世界上最伟大的城市吗?纽约将会是个大城市。正如一位纽约人所写:"无论谁希望看到城市的创造过程——田野变成街道和空地,丑陋的悬崖变成庄严的豪宅,整排整排的建筑物取代牧场,都可能在这里得到满足。"[17]许多人得到的不只是满足。几年后,兰德尔会沾沾自喜地写道,那些试图阻碍他工作的人最终会"因此而致富"。[18]新网格布局下的地块呈直角,且大小均匀,易于买卖。经济学家特雷弗·奥格雷迪估计,1835年至1845年间,新计划使得网格上的土地价值增加了约20%。[19]

对许多纽约人来说,仅仅是经济潜力就足以证明网格的合理性。正如波林·迈尔所述,纽约最初是荷兰西印度公司的一个据点,其唯一目的就是赚钱。的确,荷兰殖民者与英国清教徒不同,他们更喜欢自己的祖国。荷兰人鼓励来自世界各地的移民来此定居,[20]正是因为他们不想自己动手。这些早期的纽约人痴迷于积累财富。约翰·夏普牧师在1713年写道:"这座城市的地理位置十分便利,适合进行贸易活动,人们的才智也很容易被商品所吸引,因此,除了写作和算术,他们通常不为孩子们寻求其他的教育。"他还说,必须"强迫他们接受这些基础以外的教育,不管他们是否寻求这种教育,即使他们不同意也必须这样做"。[21]

距离纽约最近的对手是波士顿。如果把波士顿比喻为一个书呆子,那么纽约就是帅气的运动健将。清教徒在到达波士顿后,没几年就建立了哈佛，虽然纽约有人居住的时间早于波士顿，但纽约甚至还需要70年才有了自己的印刷厂。波士顿人约翰·亚当斯欣赏纽约的优雅；正如迈尔在访问纽约时所描述的那样，他在回信中"满怀喜爱地清点"[22]了主人的早餐桌——一个"丰盛的盘子、一个很大的银咖啡壶、一个很大的银茶壶、用料最好的餐巾纸"，但他不喜欢纽约人，"他们说话声音很大，语速很快，所有人都是如此"，他暴躁地说，"如果他们问你一个问题，你还没来得及说出三个字来回答，他们又会扑上来，滔滔不绝地说个不停。"亚当斯的家乡大部分仍然保留着蜿蜒的街道布局，但拥有强大网络规划的纽约很快就会超越它。

在布置好网格之后，委员们又迈出了不寻常的一步。他们没有给大街小巷命名，而是给它们编号。计划中的街道从第1街到第155街，从第一大道到第十二大道。在延伸至曼哈顿下城（在东村我的旧公寓附近）东边的岛屿上的大道用A至D的字母编号，后来这个地区因此得到了"字母城"的绰号。

用数字给街道编号是美国特有的现象。今天，美国每一个人口超过50万的城市都有数字街道名称（大多数也有以字母编号的街道）。[23]第二大街是美国最常见的街道名称（一些城镇使用"主街"而不是"第一街"），美国最常见的十个街道名称中，有七个是以数字进行编号的。

但正如地理学家贾尼·沃尔蒂纳霍所描述的，在欧洲，街道标志上很少出现数字。[24]在1931年的马德里，[25]也就是现在所谓的第二西班牙共和国时期，有人明智地建议使用数字来标识街道，以避免在街道改名的问题上发生冲突。市议会断然否定了这一想法，解释说有编号的街道并不符合"以城市和村庄命名"来荣耀市民的"传统西班牙精神"。即使在今天,在整个欧洲,有关街道命名的指示也常常包括禁止使用数字的规定。沃尔蒂纳霍指出,爱沙尼亚已经制定法律禁止使用数字。[26]

纽约的专员们砍伐了农田,填平了河流,对其进行数字编号。但欧洲城市在很大程度上抵制它们。为什么会这样呢?

1668年,威廉·佩恩24岁的时候,他被扔进了伦敦塔。佩恩加入了教友会,也就是众所周知的贵格会。该宗教在英国实际上是非法的。佩恩自己成为贵格会教徒后不久,就写了《沙土地基动摇》一书,有人认为这本书质疑了基督的神性。为此,他被关押进伦敦塔。

在壁垒森严的伦敦塔里,他孤独度日(沃尔特·罗利爵士在塔楼里待了12年多,但至少带上了他的妻子)。在他狭小的房间里,佩恩只见过他的父亲和一位主教,两人都恳求他改变主意。"但是,正如我告诉他的,"佩恩后来写道,"这座塔是世界上说服我的最糟糕的论据;因为无论谁错了,那些为宗教而使用武力的人永远不会是正确的。"他没有写撤回声明的文章,而是写了一篇教友会的开创性文章《没有十字架,就没有王冠》,引用了几十位作者的原话。[27]伦敦塔的管理者很同情他,"我发誓,佩恩先生,我为你感到难过,你是一个聪明的绅士,全世界都应该认可你,也确实应该认可你,你有丰富的财产,为什么要与普通的民众交往而使自己不快乐呢?"[28]

这是个好问题。佩恩对贵格会教义的皈依令人困惑。他的父亲是一位富有而受人尊敬的海军上将,是一位亲自把查理二世从流放地带回来的骑士。然而,他的小儿子却皈依了贵格会,一种建立在拒绝社会等级制度基础上的宗教。(最初该宗教称为"光明之子",他们采用了诋毁他们的人给他们起的绰号"贵格会",诋毁他们的人看到他们在祈祷的时候晃动身子,所以叫他们"摇晃者"。[1]) 贵格会相信,上帝会单独出现在每个人的面前,不需要像牧师或国王这样的中间人。贵格会教徒也坚持朴素的着装——威廉·佩恩公然蔑视这一原则,在因为天花失去所有头发后,他带上了小型假发。贵格会教徒对包括国王在内的所有人都使用"你",这些称呼在17世纪只在亲密的朋友之间才会使用。

在17世纪的英国,贵格会成员冒着生命危险践行着他们的信仰。年轻的佩恩在国王面前不肯摘下帽子,[29]于是国王把自己的帽子摘下来,并风趣地告诉佩恩:"这个地方的习俗是,每次只能有一个人不戴帽子。"国王的意思很清楚,但佩恩仍然不肯摘下帽子。

佩恩在伦敦塔度过了7个月零12天的孤独日子。[30]获释后不久又被关进伦敦一所监狱。后来,他去了爱尔兰管理父亲的土地。回到伦敦后,他发现格雷斯彻奇街的贵格会会堂被封了。于是他便在街上传道。据一名警官估计,有四五百人聚集在佩恩和他的贵格会会友威廉·米德周围。警官无法接近他们,因为"人们不断踢我和我下属的腿"。[31]最终,佩恩和米德被捕。

在审判中,法官命令陪审团给他们定罪,但陪审团拒绝了。法官随后将整个陪审团关了一段时间,并"不准他们吃肉、喝酒、生火和抽烟"。[32]当陪审团第四次做出同样的无罪判决时,法官离开了法官席,但在此之前,他表达了对贵格会教徒的厌恶

---

1 贵格会是"摇晃者"(Quakers)的音译。

之情,称他们是"惹是生非和没有人性的一类人"。法官还宣布,"直到现在,我也不明白,在忍受宗教裁判所的审判之时,西班牙的政策为什么如此谨慎","当然,在英国没有像西班牙宗教法庭那样的机构之前,我们的日子是永远不会好过的"。[33]但最终,法官不得不接受他们的判决,这个案件成为奠定陪审团权力的范本,即陪审团有权做出自己的决定,无论对被告不利的证据是什么。

如果佩恩支付了拒绝在法庭上脱帽的额外罚款,他很快就会被释放(戴帽子这件事会让佩恩一辈子屡屡陷入麻烦。)[34]虽然他父亲病重,但佩恩出于原则拒绝付款,还恳求父亲不要代他付款。但最终罚款还是付清了,佩恩在父亲去世前9天回到了家。

佩恩的父亲在他皈依时曾殴打过他,但多年来他儿子的热情融化了他的抗拒。后来,佩恩的父亲对他说:"在这个世界上,不要让任何东西诱使你昧着良心。"除了土地和金钱,佩恩还继承了父亲借给国王的约1.6万英镑的贷款。佩恩没有要求偿还债务(这可能根本不起作用,因为国王已经破产了),而是通过谈判获得了一份完全不同的奖励:一片美国的土地。这是一个双赢的局面[35]:国王可以免除自己的债务,威廉·佩恩也可以带着国王讨厌的贵格会朋友一起去往那块土地。佩恩拥有45000平方英里的美国土地,除了国王本人,他当时是英国最大的私人土地所有者。

在36岁时,佩恩可以重新开始。他曾因"不符合常规的观点"被赶出牛津,他形容牛津是一个如同"地狱般黑暗和放荡"[36]的地方,为此他被父亲鞭打。他坐着一辆颠簸的马车,有时一走就是24小时,走遍了整个欧洲,[37]用好几种语言布道,把一些贵格会教徒从监狱里救出来，还把另一些人从困境中拯救出来。他写过书籍和小册子来介绍错综复杂的教义，曾六次入狱。但他将不再设法拯救英格兰的贵格会。相反，他会让他们离开。佩恩上将曾在他的儿子威廉皈依后把他赶出家门，但却在他的遗嘱中为贵格会教徒提供了救赎。

佩恩开始在美洲进行他的"神圣实验"。他想用拉丁语中的"森林"（Sylvania）一词来称呼他的森林茂密的殖民地为"西尔瓦尼亚"，但国王不顾他的反对，坚持在这个名字上加上"佩恩"——以纪念佩恩的父亲。"费城"是希腊语中的"兄弟之爱"（brotherly love），它将是宾夕法尼亚州的旗舰定居点。佩恩任命同为贵格会教徒的鳏夫托马斯·霍尔姆为他的测量员。[38]霍尔姆和他的4个孩子长途跋涉来到新殖民地。1682年，佩恩指示霍尔姆规划新城。佩恩的设计选择是：网格。他写道："一定要把城镇的轮廓固定下来，这样以后的街道就会统一起来，直到乡间边界的水边。"[39]他想象出一种纵横交错的街道的几何图案，从而形成长方形的街区，"让房子尽量排成一排，或者排成一排"。[40]当时的曼哈顿仍然是一个村庄，距离它后来的网格布局还有一百多年。

佩恩不能命名属于他自己的殖民地，但他能够命名街道。尽管霍尔姆似乎想以人们（包括他自己）的名字命名一些街道，但佩恩认为这个想法太不谦虚，于是拒绝了这个想法。他的另一个想法可能是受到贵格会实践的启发。[41]贵格会拒绝使用公历中大多数月份的名称，因为它们起源于异教，例如，贵格会不用January（1月）、February（2月）这样的表达方式，而是用First Month（第一月）、Second Month（第二月）这样的表达方式。（以拉丁数字命名的9月到12月还可以。)一周中的日子也是如此，例如，主日学校就是"第一日学校"。在这种情况下，佩恩规定南北走向的街道用数字来命名——第二街、第三街、第四街——与合理的直线网格相匹配。

因此，美国最早的城市规划者之一威廉·佩恩也将数字编号街道引入了美国的城市。他以"自然生长在乡村的东西"来命名十字街，开创了另一种以树名命名街道的时尚，比如樱桃街和栗树街。可怜的霍尔姆想以自己的名字命名的街道变成了桑树街。[42]

然而，佩恩似乎算不上是网格城市的发明者。城市规划学教授彼得·马尔库塞介绍说，罗马军营经常使用封闭的网格，[43]四周是围墙和防御工事。[马尔库塞不是网格的粉丝；他指出，网格的名字来源于"网格铁"（gridiron），那是一种中世纪的酷刑装置，用于将烈士架在燃烧的煤炭上。]巴基斯坦的一座古城莫亨乔·达罗有一个网格布局，希腊的米利图斯市也是如此。马尔库塞指出，网格也被用于美洲的西班牙定居点和非洲的法国人城市，它提供了"一种统一的布局，可以很容易地在征服的国家建立起来，并将其强加给远方的殖民地"。但在北美，是佩恩出于不同的、更和平的原因，将网格作为一种城市规划工具加以推广开来。

现在我们快速推进到1784年，当时托马斯·杰斐逊已经起草了《独立宣言》，他面临着另一个似乎不可能完成的任务，那就是如何处理西部所有的未开发土地，这些土地现在已正式成为美国的土地。新政府土地富足，但资金匮乏。卖地就意味着需要

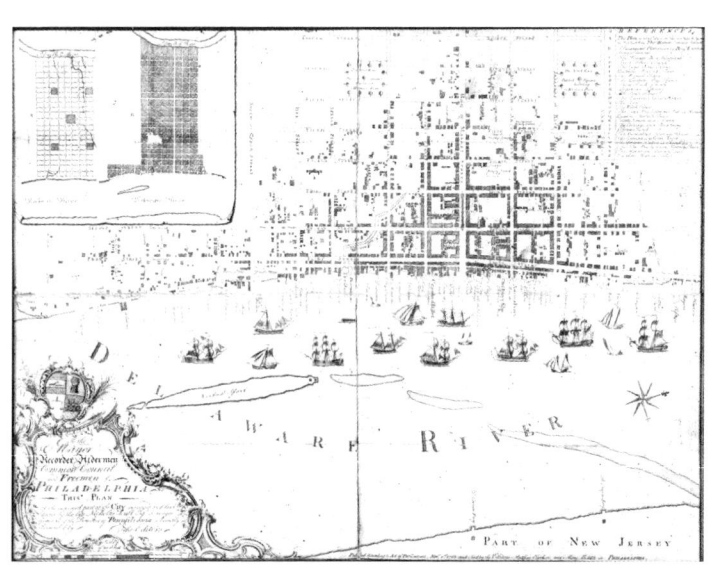

早期费城地图

测量土地，并把它分成整齐的小块，以此可以更加容易地从远程进行土地描述及买卖。

为此，杰斐逊也转向了网格。美国新的平原、湖泊、山脉和沙漠都将以大致相同的方式进行测量绘制地图。（当然，这些土地并不是真正的新土地：政府将在下个世纪的大部分时间里把美洲原住民赶出方格所在的区域。）1785年的《土地条例》受杰斐逊思想的启发，指示测量人员画出南北方向的直线，将领土划分为36平方英里的城镇。地块被编号，对速度和效率的需要意味着街道也经常被编号。

正如历史学家弗农·卡斯滕森所描述的那样，测量人员雄心勃勃地奔赴全国各地，[44]"在地球凹凸不平的表面"，以精确的方格形式记录了数百万英亩的土地——不知为何，有些人勤勉地履行了他们的职责，而其他人，无论是因为无能，缺乏适当的工具，还是醉酒，画出的都是弯弯曲曲的线条。据报道，其中一人用绳子测量了一个马车轮子的长度，然后停在一辆马车上，数着轮子的转动圈数。但在很大程度上，这片土地被布置成整齐的地块，呈直角相交。卡斯滕森写道："这些直线分布在草原、山麓、山脉、沼泽和沙漠，甚至一些浅水湖泊上。"[45]"就像蜜蜂、蚂蚁或其他组织良好的社会一样，美国人一旦确定了矩形测量的方式，他们就一直坚持这一想法。"最终，调查人员的足迹覆盖了美国大陆公共领域约69%的土地。

就像在曼哈顿一样，网格化工程把西部的土地变成了可以轻松交易的贸易筹码。但是，仔细研究过这些土地调查的卡斯滕森，发现了网格化工程具有更崇高的目的。他写道："没有人会知道，在整个19世纪，矩形调查的直线对公共和平的贡献有多大。"[46]在这个国家的一些地方,地图就像是"碎布缝成的被单",比如田纳西州和肯塔基州,那里土地边界的争端导致了几代人之间的凶残宿怨。但网格化的土地并没有成为被仇视的对象,"那些整齐的调查线使这个多种族的国家能够更好地划分地区。正如罗伯特·弗罗斯特曾经告诉过我们的:篱笆筑得牢,邻居处得好。他可能在告诉我们,明确的测量线有助于和平解决土地问题。"

每个城市的网格大小和形状都各不相同。一些是长方形的地块(曼哈顿),一些是正方形的地块(休斯顿),一些地块很大(盐湖城的是660×660英尺,灵感来自摩门教创始人的想法,地块应该足够大,适合城市农业),而另一些则地块很小(波特兰,俄勒冈州的只有200×200英尺)。这片被分割的地块,常常与街道相连,反映了美国作为一个有序、务实和新国家的形象。由于网格使导航变得容易,大陆迎来了众多的新移民。在纽约,人们可能会觉得很自在,很愿意称自己为纽约人,因为他们不必像可憎的游客那样站在角落里盯着地图看。

一个欧洲国家很难用这种方式重塑自己的面貌。迈克尔·吉尔摩详细记录了美国对直线的痴迷,他讲述了德国移民沃尔夫冈·兰格维什到达美国之后的故事。[47]作为一名飞行员,兰格维什从空中观察了这个国家的"数学格子型图案"。吉尔摩写道:"对兰格维什来说,风景就像一张写有美国身份基本原则的图表。"没有围墙,没有城堡,没有象征国家宗教的大教堂。这与旧世界正好相反,兰格维什总结了他从天空中看到的城市,是旧世界的对面,是一幅"社会契约理念图",网格是"为独立的人设计的"。

在某种意义上，这是致敬佩恩的恰当之词，佩恩是一个具有激进和独立信仰的人，在他的新城市里彻底拒绝了欧洲传统。所以更具讽刺意味的是，佩恩可能是从英国人那里得到了网格的想法。

1666年9月2日晚上，伟大的日记体作家塞缪尔·佩皮斯正在睡觉，仆人简叫醒了他和他的妻子，告诉他们一场大火正在逼近。佩皮斯回到床上。当他再次醒来时，他走到伦敦塔，并爬得很高。"在那儿，我确实看到桥头的房子都着火了，在桥的这一边和另一边都燃起了熊熊大火。"佩皮斯描述说，鸽子"在窗户和阳台上盘旋，直到翅膀燃烧掉下来"。[48]大火从布丁巷的一家面包店开始，贯穿了整个伦敦，最终烧毁了约六分之五的城市。

佩皮斯曾是海军管理人员，他与威廉·佩恩的父亲佩恩上将既是同事，也是邻居。（火灾发生的第二天晚上，佩皮斯和佩恩一起在花园里挖了一个洞，把他们的酒和佩皮斯的"帕尔马干酪"埋在那里，以防火烧。）但总的来说，佩皮斯似乎不太喜欢这位上将。1666年4月5日，就在火灾发生之前，佩皮斯在日记中写道："去了办公室，那里的W·佩恩爵士的虚伪和无礼会让人发疯。"（佩皮斯也认识年轻的威廉·佩恩，他的日记中也出现过几次佩恩的名字。例如，1667年12月，佩皮斯简要地提到，这位海军上将的儿子从爱尔兰回来，"成了贵格会教徒，这是一件让人感到忧伤的事情。"）

大火并没有摧毁佩皮斯和佩恩的房屋，但在大火熄灭时，它已经烧毁了87座教堂、13000栋房屋、400条街道和伦敦的标志性建筑，[49]如圣保罗大教堂、纽盖特监狱（年轻的佩恩曾被关押在那里）和欧洲最大的公共厕所之一。数千名火灾难民在公园

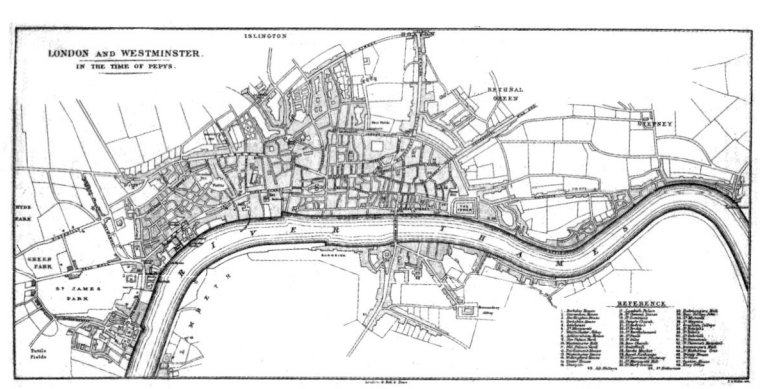

佩皮斯眼中大火之前的伦敦

扎营。

国王查尔斯二世宣布，他希望再度崛起的伦敦成为一个更加美丽的城市。建筑师和设计师竞相提交他们的计划，几乎所有重建伦敦的计划都包含了某种形式的网格布局。博学多才的罗伯特·胡克曾制造过望远镜，帮助发现了光波理论，提出过进化论，并认为重力"遵循平方反比定律"，很快他在简历中增加了一份新工作，即担任伦敦的总勘测师。他提出了一个与纽约没有太大区别的简单网格布局，制图师理查德·纽科特建议在网格中间设立一些开放的广场，每个广场中间都有教堂。克里斯托弗·雷恩后来重建了52座在火灾中被毁的教堂，其中包括圣保罗大教堂，他将使伦敦看起来像是一座大陆式城市，有着长长的大道和华丽的广场。但即使是他的计划，其中也包括一部分网格设计。

瓦伦丁·奈特是一名有点无赖的船长，他曾试图烧毁一家客栈，当他寡居的女房东扑灭大火时，他竟然用手枪向她射击[50]，他也设计了一座网格结构相当简单的城市。但奈特建议，国王可以对计划中包括的运河旅游收费。这是个好主意，但是任何关于国王可能从这场悲剧中获利的建议都激怒了伦敦人。奈特被关进了监狱。

归根结底，伦敦实在是太古老了。人们只是想重建，而且想按照他们记忆中的城市快速地重建。在老城区的基础上，已经在建造临时建筑。也没有钱补偿土地所有者——他们中的许多人不得不把土地让给新的道路——来重新设计街景。尽管有些街道会被拓宽或拉直，新的建筑物现在需要用砖或石头建造，但火灾前后的伦敦并没有太大的不同。

大火后的伦敦

查尔斯·辛德是伦敦火灾之后规划展览的策展人之一,他告诉《卫报》,他欣赏雷恩直截了当、实用的设计,"但就我个人而言,很高兴他的计划没有成功。我认为在这样的规模上进行总体规划实质上还是不符合英国的风格。我倒是挺喜欢伦敦几个世纪来发展的杂乱无章、零零碎碎的特点。"[51]然而,至少对欧洲殖民者来说,美国是一片空白。

威廉·佩恩可能听说过重塑伦敦的计划。佩恩曾亲眼目睹了大火造成的破坏,并且跟佩皮斯一样,知道正是拥挤的房屋和混乱的街道助长了火势。费城不会重蹈伦敦的覆辙。它会有一个网格布局。

许多评论家称网格既丑陋又简易,既没有巴黎林荫道的美丽,也没有伦敦蜿蜒小巷的魅力。但设计从来就不应该着眼于漂亮。杰拉德·科佩尔在他的书籍中记录了曼哈顿网格的形成,书中提到了1900年《纽约先驱报》的一篇文章,作者询问了5个人,怎样才能让纽约变得更加美丽。有人建议种树,或建喷泉。其中一个纽约人是丹麦出生的尼尔斯·格隆,"在我来到这个国家之前,在我来到这里的所有时间里,"他说,"我从来没有想过纽约应该是美丽的。"[52]他期望纽约是强大而宏伟的,但不需要美丽。

的确,鉴于纽约的民主精神,格隆并不认为纽约会变得如此美丽。"只有在私人权利和人身自由遭到践踏或正在被践踏的地方,巴黎才有魅力。只有在暴民统治的地方,或者国王统治的地方,在一个时期绝对不尊重富人的财产,在另一个时期绝对不尊重穷人的权利,才能实现巴黎的美丽。"曼哈顿充满活力,令人敬畏,甚至用凯文·林奇的话来说是"形象鲜明",但在传统意义上它并不美丽。那种美的本质要求权力的高度集中，而这正是美国极力抵制的。

佩恩可能已经同意这样的观点：他的新城市要建立在一个极端理性的平台上，当时只有在欧洲以外才有可能。而他的"神圣实验"，通过用小册子和公路旅行在英格兰、荷兰和德国进行宣传，已经成功地招募了成千上万的新美国人。正如理查德·邓恩所描述的，仅在1682年至1683年间，佩恩的广告就吸引了50艘满载移民的船只驶入特拉华河。[53]费城接纳了所有宗教的信奉者，不仅仅是贵格会教徒。1750年，德国移民戈特利布·米特尔伯格写下了他在宾夕法尼亚州发现的一份名单："路德教、改革派、天主教徒、门诺派或再洗礼会教徒、赫恩亨特或摩拉维亚兄弟、虔诚派、安息日浸信会教徒、德美浸礼会教徒、长老会教徒、新生派、共济会、分离主义者、自由思考者、犹太人、穆斯林、异教徒，黑人和印第安人。"[54]但也提到："那里的成百上千个没有信仰的灵魂，他们甚至不想受洗。"

在宾西法尼亚的早期，佩恩建立了一种宽容的、美国式的民主制度，允许"在法律所管辖的范围，人民有权选择他们的政府（不管是何种框架的政府），而这些法律是人民参与制定的"。[55]（可惜"人民"不包括奴隶和妇女；佩恩自己也是奴隶主，贵格会教义直到1770年代才正式否认奴隶制，当时贵格会成为美国最热心的废奴主义者之一。）据大家所说，佩恩与当地的土著的德拉瓦人进行了公平合理的土地谈判，谈判采取了贵格会所提倡的和平方式，而在谈判的过程中，并没有在费城设防来抵挡进攻。他在给原住民的"国王们"的信中写道，他"非常清楚世界上这些地方的人们对你所表现出的太多的不友善和不公正",但他自己"不是我们众所周知的那种人"。[56]他在信的结尾简单地写道:"我是你亲爱的朋友。"

佩恩似乎在美国过着幸福的生活,但他被迫返回英国管理儿子的债务,调查法国对殖民地的威胁,并寻找欺骗他的财务经理。和许多有远见的人一样,佩恩身无分文,体弱多病,脾气暴躁,他试图卖掉宾夕法尼亚州来偿还债务,但没有成功。

尽管如此,佩恩的思想影响了托马斯·杰斐逊,他把佩恩称为"世界上最伟大的立法者,无论是在古代还是现在,他都是第一个在和平、理性和权利等纯粹而不庞杂原则的基础上建立政府的人"。[57]1776年,杰斐逊在费城租了一套房子,就在那里,在他卧室外的一间小书房里,他在自己设计的一张便携式书桌上起草了《独立宣言》。他原来的房子被拆掉了,但1975年,它在费城市中心附近的同一地点重建,并更名为"宣言之家"。

你会在第七街找到它的前门。

Must Streets Be Named?
Korea and Japan

7 | 韩国和日本:
街道必须命名吗?

"这座城市的街道没有名字。"[1]法国文学理论家罗兰·巴特这样描述他在东京的时光。1966年春,巴特应邀到日本讲学,主题是"叙事的结构分析"。[2]这次讲学只是去东京的借口,他五十多岁,已经在法国成名,法国也许是世界上唯一一个文学理论家可以出名的国家。正如一位评论员所解释的那样,他到日本旅行,"至少在一段时间内,减轻了自己身为法国人的巨大责任"。[3]

东京与巴黎的大相径庭使巴特兴奋不已。他写道:"生活在一个不懂语言的国家,大胆地生活在旅游线路之外,无拘无束地生活,是最危险的冒险。"[4]如果"我不得不构思一个新的《鲁滨逊漂流记》,我不会把鲁滨逊放在一个荒岛上,而是要放在一个有1200万人口的城市里,在那里,他既不懂得当地的语言,也不能阅读当地的文字:我认为,这将是笛福故事的现代版本。"[5]

成为鲁滨逊·克鲁索,甚至只是迷失在异国的城市,在我听来都很悲惨。但巴特是一位符号学家,这意味着他在一切事物中寻找意义。(如果有人指责你对事物的解读过多,那么你自己可能就是符号学家。)在日本这样的地方,一切似乎都是那么不同,巴特完全摆脱了以往理解能力的束缚。亚当·沙茨在《纽约书评》上写道:"没有什么比他不懂的语言的'叽里咕噜声'更让他高兴的了。""语言终于从意义中解放出来,从他称之为'黏性'的指称属性中解放出来,并转化为纯粹的声音。"[6]回到法国,巴特对日本产生了想家的感觉。几年后,他写了一本书,叫做

《路标帝国》,其中的某些部分描述了他在东京街头旅行的经历。

今天,在巴特第一次日本之行50多年后,东京也许没有什么比缺乏街道名称更能激怒西方游客了。(只有少数主要街道被命名)东京没有给街道命名,而是对街区进行编号。街道只是街区之间的空间。[7]东京的建筑在很大程度上不是按地理顺序编号,而是按建造的时间编号的。

街道名称的缺失,使得导航变得困难,即使对来自日本国内的人来说也是如此。为了帮助人们找到自己的路,东京到处都是"警察岗亭",那是非常小型的建筑,配备了熟悉这一地区的警察,还有详细的地图和厚厚的目录。传真机在日本经久不衰,尽管它在其他地方已经消失很久了,部分原因是——为了,而且绝对必要——发送地图。巴特自己写道,有时他会让出租车司机去一个红色的大电话亭打电话给主人问路。智能手机地图给东京的出行方式带来了革命性的变化。

但手绘地图是巴特在日本时期的乐趣之一。他说:"看别人写字总是令人愉快的,更何况看别人画画。"[8]"每次有人这样给我指路,我都会记住谈话者的姿势,他们把铅笔倒过来,用另一端的橡皮,擦掉多画出来的弯弯曲曲的大路以及高架桥的路口。"

哈佛大学日本历史教授大卫·豪厄尔通过电子邮件向我解释道,在日本历史上,街道从来没有被命名过。17世纪的城市社区被分割成矩形街区,拥有该街区财产的人对其治理负有一定责任。该街区成为城市管理和地理的关键单元,一组街区常常共用一个名字。大多数社区都有一家商店,新来的人可以在那里问路。武士们住在一个有围墙且面积较大的院落里,只需要通过询问就能很容易地找到这些位置,或者使用市面上流传的众多地图中的一张就能找到。

豪厄尔告诉我:"人们似乎觉得没必要将不变的标识符固定在地块或结构上。""我想是因为这些街区很小,很容易找到东西。"地块编号是在后来被加上的,在这个过程中,一个街区又被细分为了几个街区。日本人似乎从来没有理由改变这种做法。

这种历史性的解释使我懂得了日本的地址系统是如何形成的,但我仍然想知道,为什么日本人一开始就认为街区是一种组织空间的有效方式。如今居住在日本的城市设计教授巴里·谢尔顿发现了一条不同寻常的线索:他在战后英国的一个小城市作为小学生的学习经历。谢尔顿在诺丁汉长大,读书的时候,他的老师给他一叠画了线条的纸,教他写字母表。他说,我们的目标是沿着直线,整齐地书写字母,有时"甚至有额外的线条用于写小写字母的头部和尾巴",[9]这也是我在美国学习拼写的方式,也是我五岁的孩子今天的学习方式。

但是当谢尔顿发现他的妻子百代子是如何学会写字的时候,他感到很惊讶。百代子来自日本,她的书写纸和我、和谢尔顿记忆中的纸完全不一样。日语有三种不同的文字,但大部分书面日语使用汉字,即从汉语中借来的汉字。汉字是表形文字——每个字符代表一个词或意义。尽管汉字的形状可能为理解它的含义提供了线索,但大多数情况下,汉字的写法只需记住;它们不能"通过发音拼写出来"。

汉字不是写在线条的纸张上的。相反,百代子告诉巴里,在日本,他们的写字纸张没有线条,只有几十个方块区域。(这种纸张被称为"原稿用纸",至今仍在日本学校使用)每一个汉字都是独立的;每一个汉字都完全可以独立理解,不像英文字母,除非把它们排成一行,从左到右读组成单词,否则没有意义。(英语单词也必须有适当的间距——"red one"与"redone"完全不同。)即使用英语读所有的大写字母也很累人,而读几个垂直书写的单词是很痛苦的。但日语可以通过多种方式轻松阅读。巴特指出,羽毛笔只可以"朝一个方向书写",但日本毛笔可以随心所欲地朝任何方向书写。

谢尔顿是一位城市设计专家,他开始将书写系统的差异与西方人和日本人看待城市的方式联系起来。谢尔顿认为,那些学会用英语写作的人,都受过看线条的训练。所以西方人把注意力集中在街道——线条——坚持给它们命名。但在日本,正如一位评论员所言,街道本身"在日本的城市规划中似乎意义太小,无法保证名字所赋予的意义"。[10]谢尔顿的理论认为,日本人关注的是区域或街区。

谢尔顿后来在一本比较烧脑的书籍《向日本城市学习》中写道:"我将回忆起当时的一段经历,这段经历让我大吃一惊,但却提供了一些持久的启发。"[11]"一位日本老人给我画了一张地图,上面显示了他在复杂地形上分散的、形状和大小各异的土地。他先画了一些分散的地块(住宅地块首先从他明显的个人参照点开始绘制),然后他开始通过道路和小径将它们连接起来。"在他看来,这些建筑与它们所在的街道没有联系。"我能说的是,"谢尔顿补充道,"我从来没有见过一个西方人能够画一幅这样的地图,他们总是先画出街道和道路——线条。"[12]

这些差异也可能解释了为什么西方人并不总是能够欣赏东京城市景观的美丽。当谢尔顿第一次来到东京时,他对东京感到"困惑、恼怒,甚至害怕"。东京之所以让他迷失方向,是因为它的设计与西方迥然不同。谢尔顿不是唯一注意到这一点的人，游客们长期以来一直感叹，东京似乎是没有计划的，没有主要的公园、广场或景致。住在东京的记者彼得·波波姆曾表示，东京看起来像是一个"毫无秩序的混凝土丛林"。[13]

波波姆接着说，如果只在这种视野下观看东京，那就无法看到这座城市的全貌。人们在纽约和巴黎等城市习惯的那种综合性规划，是日本人所没有的概念。波波姆解释说，这种整合是"日本人并不期待的一种美"，相反，日本人"迷恋城市中特定的建筑和空间，迷恋它们展示出来的沉着、风度、机智或魅力，但是他们每次可能迷恋不同的建筑和空间。"[14] 在这座城市中行走成为一种完全不同的体验。巴特深情地写道，在东京，你"不能通过书本和地址来导航，而是通过走路、视力、习惯、经验来确定自己的方向"，只有记住了这些，你才能重复同样的旅程。"第一次造访一个地方"，他写道，"就意味着开始描绘它，不是书写，而是必须建立起对这个地方的独特描绘方式。"[15]

谢尔顿关于书写方式对我们影响的理论不仅仅是推测。例如，神经科学家已经证明，阅读英语和日语可以激活大脑的不同部位。[16] 研究人员早就发现，有诵读困难的双语学生能够很好地阅读日语和汉语等基于字符的语言，但他们却不能阅读最基本的英语。[17] 更有趣的是，似乎我们不只是用大脑的不同部分来阅读不同的语言；我们所读的语言也可能影响我们的思维方式。

认知科学家莱拉·博格迪特斯基决定对这个想法进行测试。在澳大利亚北部偏远的波姆普拉奥社区，土著社区说的语言缺少"左"和"右"的字眼，相反，他们用罗盘点来描述空间。[18] 有人可能会说："你东南边的那条腿上有只蚂蚁。""把杯子移到西北偏北一点。""让他们的注意力以这种方式训练,"博格迪特斯基写道:"使他们有能力完成一度被认为超出人类能力的航海壮举。"她曾经要求社区里的一个5岁女孩指向北方,她立即准确地做到了。博格迪特斯基要求会议室里的联盟学者[19]也这样做,但他们做不到。大多数人甚至拒绝尝试。

在另一项研究中,[20]博格迪特斯基和她的合作者爱丽丝·加比把一组图片分配给不同的研究对象,一旦按正确的顺序对这些图片进行排列,就可以讲述一个故事——例如,一个人正在变老,或者一个香蕉被吃掉——让他们把打乱的图片整理好。就像受试者用自己的语言读写一样,讲英语的人把图片从左到右排列;另一方面,讲希伯来语的人会按照时间顺序从右到左来组织图片。但是波姆普拉奥人把它们按照从东到西的模式排列,这种模式根据它们所面对的方向而改变。例如,如果他们朝南,他们就把牌从左到右排序。但如果他们朝北,排序就从右到左。所以,谢尔顿的理论把语言和我们思考空间的方式联系起来,这很有道理。

日本不是唯一使用块状街区作为地址编制基本单位的国家。[21] 2011年之前,韩国有一套类似日本的系统,一些街道,特别是主要街道都有名字,但其他街道的地址系统都是围绕街区组织的。这套系统制度很可能是从日本引进的,从1910年到1945年日本在"二战"中战败这一段时期,日本一直将朝鲜作为"保护国"统治。

在日本统治的几十年里,朝鲜文化受到了破坏。麦肯齐是一位在日本占领期间居住在朝鲜的记者,他记下了与一位有影响力的日本官员的谈话。这位官员预测,"朝鲜人民将被日本同化",

"他们会说我们的语言,采取我们的生活方式,成为我们不可分割的一部分……我们要教导他们学习我们的语言,建立我们的制度,使他们与我们合而为一。"[22]

日本人尤其反对使用被称为朝鲜谚文的朝鲜语书写系统。有人说,朝鲜谚文是15世纪的一位皇帝世宗大王发明的。[23]在朝鲜谚文发明之前,朝鲜的书面语使用中国字,朝鲜人称之为朝文汉字。但世宗认识到,这种契合是很尴尬的,他在1443年写道:"我们国家的说话语音与中国的不同,在书写上并不具有融合性,""因此,无知的农民中有许多人,当他们有话想说时,最终无法表达他们的意思。考虑到这一点,我新创作了28个字母,只希望大家都能轻松地学习,方便大家在日常生活中使用。"[24]他转而进行文字研究,伴随着他几乎失明的代价,奇迹出现了。

有语言学家称谚文为世界上最伟大的字母表,朝鲜和韩国都有各自的节日来庆祝它的诞生。它特别容易阅读,世宗在信中写道:"智者可以在早晨结束前认识他们,愚者可以在十天内学会他们。"字母表是拼音的,每个字母对应一个声音。世宗写道:现在一切都可以写了,甚至包括"风之声,鹤之声,家禽的咯咯声和狗的吠声。"[25]更令人惊奇的是,字母的形状看起来像它们发出的声音。例如,字母c对应于英文字母d——并且它在发出声音时能够模拟舌头的位置。谚文在日本占领期间基本上被禁止,但在现代韩国,书写几乎完全是用朝鲜谚文完成的。

但问题是:韩国人的观察方式是像日本人那样的方块,还是像说英语的人那样的线条?虽然朝鲜谚语和英语一样是字母表,但它的"字母"是按块组织在一起形成音节的,音节块连接在一起形成单词。"猫"的字符如下所示:ㄱ ㅗ ㅇ ㅏ ㅇ ㅇ ㅣ。但是把

它们放在一个区域里，它们看起来是这样的：고양이。孩子们也学着在方框里写字。

所以韩国人有一个类似英语的的字母表，但是他们像日语一样写方块字。这能用来解释他们的街道地址吗？66年来，韩国一直保留着日本的街区寻址系统。尽管如此，考虑到这个地址系统是殖民时期形成的，2011年，政府宣布改变韩国的地址也就不足为奇了，韩国开始采用更为西式的街道命名和房屋编号方法。政府大力推广新的地址系统，向那些通过在线系统转换街道地址的人发放蓝牙耳机。如果人们改用新系统，电视购物公司就会提供10美元的礼券，忠清北道省给有孩子的家庭发放刻有新街道地址的手镯。

但每一个和我闲谈的韩国人都说，他们并没有真正使用它们。出租车司机和邮递员一样把新地址转换回旧系统。当然，这种不情愿可能是暂时的，在下一代人成长之前的最后一段时间，他们不知道其他解决街道问题的方法。或者这可能是一个迹象，表明韩国人仍在通过街区来阅读他们的城市。

谢尔顿的理论适用于解释日本汉字与地名编制系统之间的关系，但它在解释朝鲜谚文与韩国地名编制系统之间的关系就没有这么高的契合度。所以我决定寻找其他的解释：为什么韩国人没有接受他们家的新地址。在这个过程中，我发现了一个韩语单词："全球化"（segyehwa）。

"几个月前，"韩国社会学家申基旭在一篇文章中写道，"斯坦福大学一年级的学生来我这里寻求帮助，以完成他在韩国的一个学术项目。"[26] 申以为这个学生是韩裔美国人——他的英语和韩语都很好——但当得知他在韩国长大时，申感到很惊讶。更令人惊讶的是，这个学生在该国最不发达的地区之一上学。申对此很感兴趣，决定自己去学校看看。结果发现，答案在于韩国明泽领导学院（KMLA），它立志成为韩国的伊顿公学，几乎每门课都用英语授课，孩子们也在课外讲英语。（周末可以休息。）

雄心勃勃的韩国学校会推广英语，这是有道理的；英语在韩国被视为成功者的语言，这有其合理之处。但该校也以平等的方式强调韩国的民族认同，学校的课程包括传统音乐、体育和儒家伦理。申老师写道，早上6点，所有的学生都要"聚集在一座韩国传统建筑前，向老师深鞠一躬，这也被认为是儿子每天早晚都要向父母践行的仪式，以显示自己的孝心"。[27]所有的学生都必须学习传统乐器——女孩要学伽倻琴，男孩要学大岑。该校校长写道，要成为全球领袖，学生必须"首先知道自己是谁，继承了什么，这是我们的骄傲和民族尊严之源"。[28]

申基旭将此视为一个例证，反映出"当今（韩国）很容易发现的更大趋势——民族主义和全球化这两种看似矛盾的力量的奇妙结合"。长期以来，韩国在经济和文化上都是向内看，而不是向外看。但是在1994年，韩国三十年来第一位平民领袖金泳三向韩国介绍了全球化的概念。

今天，韩国是一个全球强国，积极寻求与西方接触。然而，尽管推动了全球化，韩国文化总体上仍带有强烈的民族主义色彩。与此同时，韩国一直在向外看，韩国的儒教庆典电影艺术也在这个过程中蓬勃发展。韩国政府呼吁人们举办庆祝泡菜、人参和武术的节日。（即使是美国进口的嘻哈音乐和快餐，也与韩国文化融为一体。这一点很明显，你可以在麦当劳点一份加辣椒酱的双层布尔戈吉猪肉汉堡。)

金泳三总统曾经说过:"全球化必须以韩国化为基础,没有对我们自己的文化和传统的良好理解,我们就不能成为全球公民。对于全球化的正确理解应该是,要以自己独特的文化和传统价值观走向世界。"[29] 在这种理解中,全球化实际上促进了而不是削弱了韩国的民族认同。

这种对全球化的理解也有助于解读韩国明泽领导学院。据报道,该学院的学生们每周一早上都会用韩语背诵:"英语只是韩语介绍先进文化的一种方式,使韩国成为世界上最先进的国家之一的一种工具。因此,英语本身从来就不是学习的目的。"[30] 然而,每天,他们走上宿舍楼梯,每个台阶上都印着几个单词,连起来的意思就是:"三个月不足以提高你的英语水平。浪费时间说韩语是你能做的最愚蠢的事。"[31]

学校的做法有助于解释新的街道地址系统吗?为韩国街道选择的新街道名称,似乎根本没有试图反映韩国文化。居住在韩国的英国人迈克尔·布林写道:如果我们被邀请参加这个庞大的命名项目,它本可以激励整个国家。"仅首尔就有 14000 条街道需要名字,"你可以想象当地社区会选择用当地一位著名人士的名字来命名一条街道,或者用另一条街道尽头的寺庙来为其命名。但是,这些社区都没有这么做,因为那会让官僚们恼怒不已。"[32]

相反,那些官僚们想出了一个简单、合理但却是极为乏味的方法来命名街道。有 500 条大路被命名,[33] 其余的则被编号。一家报纸报道了金贤中在仁川找朋友时迷路的经过,因为所有的街道上都有像"红宝石"品牌这样的英国珠宝名字,这令她感到非常困惑,"街名让我觉得这是个珠宝区,但这只是一个普通的社区,"她说,"名字显得毫无意义。"市政府官员说,他们选择这些珠宝的名字是为了展现"国际"风采。[34]

也许这么多新的街道名称听起来像是具有国际性,因为它们根本不是为当地人所准备的。我已经了解到,韩国的大多数人自己一直在使用旧的地址系统。目前,新的街道名称已经为国内人士和国外人士创造了平行的系统。从外面看,韩国让自己显得更西化。但韩国人自己可能也很重视这些古老的传统。至少就目前而言,他们是以街区为单位,而不是以线条为单位来解读他们的城市。

我一直在思索谢尔顿关于日语书写方式的理论。我以前从未见过汉字的书写,所以我决定在伦敦市中心的伊藤日本学校上书法课。班上还有另外两个学生。一个是伦敦人,20多岁时曾经在东京旅行,并因此迷上了东京,现在可以用简单的日语和老师开玩笑;另一个是绘画艺术家。我是唯一真正的初学者。

在整洁的日本报纸上,我们用毛笔和厚厚的黑色墨水,练习我们今天要写的字:花。这些笔画看起来很简单,但实际上很复杂,手臂的动作似乎和手腕的动作一样多。有时我写完一个字符后,我的线条写得不够长,所以我又拿起笔把它们加长。这是错误的,"太有趣了,太有趣了!"我的老师智子的眼光越过我的肩膀看到了我笨拙的尝试,忍不住哈哈大笑。是的,她确认道,每个字符都必须是方形的,且需要保持在字面的中间,所以我尽可能地尝试把我的花字写在中间。

智子念不出我的名字戴尔德丽。我不能怪她。这是一个老式的爱尔兰名字,打破了英语的拼写规则。"这是什么意思?"她问我。我告诉她,这并没有什么意义,这只是一个古老的神话故事中一个女人的名字。"你的名字是什么意思?"我问她。"漂亮的朋友,"她笑着说。我俩决定,她取出我名字里的一段字母,按照读音写出对应的日文,以便让我在家练习。

下课时,当我们把墨笔洗干净,用报纸把剩下的墨水吸干时,我给智子讲述了谢尔顿关于日本街道地址的理论。她的英语不太流利,但我想她听得懂。然后我问她哪个城市更容易导航:伦敦还是东京?

"伦敦,"她告诉我,并使劲点头。当然,是伦敦。

P 政治
OLITICS

8 | 伊朗：
为什么街道名称会随着革命运动而改变？

也许佩德拉姆·莫阿莱米安[1]的母亲本来想要一个女孩。佩德拉姆的哥哥正变成一个狂野的少年,她不确定自己能不能应付另一个像他一样的男孩。但佩德拉姆是一个害羞、安静的孩子,他会消失几个小时,默默地骑着父亲送给他的红色赛车穿过德黑兰的街道。佩德拉姆的家庭很富裕,他告诉我,他的父亲可能是伊朗最大的童装制造商,但他喜欢看到德黑兰其他人的生活。

佩德拉姆听说鲍比·桑兹1981年死于北爱尔兰的一次绝食抗议中,当时他所有的消息来源都是街头兴致十足的闲谈。佩德拉姆告诉我,在伊朗革命后的最初几年,在伊朗国王沙哈逃到埃及后,所有人都在谈论政治,地点或者是在家里,或者是在出售书籍和小册子的小亭子里。当时伊朗人的话题没有电影,没有音乐,只有政治。"我们了解每一个人,世界上所有的革命者",他和他的朋友们支持共产党或社会主义者的状态,就像其他国家的孩子为足球队欢呼一样。他哥哥向他询问世界各国外交部长的名字。

佩德拉姆年仅8岁时,一位老师就带他参加了一个政治集会。佩德拉姆上钩了。后来,他和一些十三四岁的朋友们一起出去玩,他们到一个高档社区,在一个朋友家的车棚底下踢足球,谈论政治。他们在当地的街道上乱涂口号或分发传单,有时因此被殴打,但很多时候他们只是聊天。然而佩德拉姆告诉我,在鲍比·桑兹死后,他们决定要做更多的事情,来报复英国人,因为英国人囚禁了绝食者——而英国大使馆就在这条街上。

男孩们首先想到的是他们可以爬到大使馆的顶端,用爱尔兰国旗代替英国国旗。但是,正如佩德拉姆所说,即使德黑兰有卖爱尔兰国旗的地方,他们一群孩子也找不到。他们试着制作一面绿色、白色和橙色条纹的旗帜,但看起来太像伊朗国旗了,他们不想传递错误的信息。然后他们想挂上一面写着"爱尔兰共和军"的白旗——代表着桑兹的爱尔兰共和军——但在无风的日子里,这面白旗看起来就像一块悲伤、肮脏的布。他说,最令人不安的是,他们听到大使馆围墙另一边的狗吠声。他们不喜欢那些狗的声音。

于是他们想出了一项新策略:男孩们骑着自行车飞奔到五金店,买了强力的粉末胶合剂和白色纸板。佩德拉姆告诉我,他一直擅长绘制图形。他和朋友小心翼翼地用记号笔画出了一个新的路标,上面是波斯语的街名,下面是英语写的街名。经过练习,他能够完美地模仿这些标志。佩德拉姆和他的朋友们把胶水和水混合在一起,把他们的新牌子贴在老街道名"温斯顿·丘吉尔街"的上面。他说,几天后当他再次来到这个地点时,其他人也用同样的方式将新路牌贴在了丘吉尔街的其他旧招牌上。他能看出有人试图把它们剥掉——新路牌少了一个角——但胶水太浓了。

佩德拉姆说,几个月后,他听到一个女人搭乘出租车时说,"带我去鲍比·桑兹街",他知道他们赢了。他说,不久之后,这个城市很快就正式宣布了鲍比·桑兹街的名字。英国人为了避免每次提供大使馆的地址时都不得不提到他们的革命敌人,在另一条街上开了一个新的入口。

为什么是鲍比·桑兹？桑兹几乎从未离开过北爱尔兰的六个郡，他似乎不太可能成为伊朗人的英雄。他是爱尔兰共和军的一员，当时该组织从事反对英国政府的武装斗争。虽然北爱尔兰的交战派系通常被称为"新教徒"和"天主教徒"，但这场冲突与基督教神学的精髓几乎没有关系。相反，这是一场关于国家和民族认同的斗争。1921年爱尔兰独立战争结束时，与英国签订的和平条约要求爱尔兰北部的六个郡留在大不列颠及北爱尔兰联合王国。生活在北爱尔兰的新教徒通常希望留在英国。但在很大程度上，天主教徒和鲍比·桑兹一样，他们并不想这样，而且他们经常面临羞辱性的歧视。爱尔兰共和军的目的是通过武力使爱尔兰统一，把北爱尔兰的六个郡从联合王国撤走并移交给爱尔兰共和国。

20世纪70年代初，当针对英国统治的暴力事件爆发时，英国人将爱尔兰共和军成员关押在朗克什拘留中心，他们可以穿自己的衣服，但在事实上被当成战俘对待。这一特殊类别状态在1976年被撤销，囚犯开始被当作普通罪犯对待。作为报复，朗克什监狱——现在正式改名为迷宫监狱——的囚犯们，只穿着裹在裸体上的薄毯子。"如果他们想让我穿囚服，"带头的基兰·纽金特说，"他们就得把囚服钉在我背上。"[2] 其他人也加入了他的抗议行列。作为惩罚，狱警们从抗议者的房间里搬走了家具，给他们提供的饮食是不含牛奶的茶、像水一样淡而无味的汤和没有黄油的面包。

他们被禁止锻炼身体，不准家人探视，除非他们穿上囚服。囚犯在一天的大部分时间里都被囚禁在牢房里。当监狱拒绝在他们的牢房里提供淋浴时，他们开始了一场"肮脏抗议"，把粪便涂在墙上。他们打碎窗户，睡在布满蛆虫的海绵床垫上。冬天，他们站在《圣经》上，不让脚接触冰冷的地板。与此同时，爱尔兰共和军发动了一场暗杀监狱工作人员的运动，杀害了18名警官，其中几位刚刚成家。

1981年3月，鲍比·桑兹开始绝食。桑兹裹着一条薄薄的毯子，拒绝每天摆在他面前的三餐食物：土豆、鱼、一勺豌豆、两片面包和黄油、一杯茶。他把自己写的诗歌和部分日记偷偷运出去，他写道："我渴望棕色的全麦面包、黄油、荷兰奶酪和蜂蜜。"[3]"哈！！绝食不会伤害我，因为我认为'食物不会让人永生'，我安慰自己，我会在天堂得到很好的食物（如果我配得上的话）。"一个月后，一名议员去世，他是一个酒吧的老板，代表北爱尔兰西部一个农村为主的选区，他的席位空缺。鲍比·桑兹在监狱里参加了填补空缺的选举，并赢得了52%的选票。那时，桑兹的器官正在衰竭，双眼已经失明了，绝食抗议已经进行了40天。

在他绝食的第66天，桑兹在一张水床上去世，这张床是为了保护他脆弱的骨头而安排的，上面还铺着羊皮床单，临终时他的母亲罗莎琳一直在床边陪伴着他。桑兹去世时年仅27岁。带着扩音器的人在贝尔法斯特的街道上播报这一消息。强硬的英国首相玛格丽特·撒切尔态度坚定，说："桑兹先生是一个被定罪的罪犯，""他选择了自杀，这是他的组织没有给许多受害者的选择。"[4]

在伊朗，桑兹之死具有神话色彩。许多伊朗人和桑兹一样憎恨英国人。在20世纪20年代，英国帮助第一个国王——一个独裁者——掌权。1953年，英国和美国中央情报局联手策划了一场政变，推翻了民选的新总理穆罕默德·莫萨德。莫萨德发起了对英伊石油公司的国家接管行动,该公司现在被称为BP——英国石油公司。

伊朗人永远不会原谅英国人。伊朗有史以来最受欢迎的小说是伊拉吉·佩泽思克拉德所写的《我的叔叔拿破仑》,书中主人公认为英国人想要毁灭他。一些伊朗人声称希特勒是英国的"傀儡",德国对伦敦的闪电战是英国情报部门策划的,甚至伊朗伊斯兰教神职人员的崛起也被归咎于英国。伊朗革命后有一个众所周知的笑话:"当你撩起毛拉[1]的胡子时,上面写着'英国制造'"。佩德拉姆告诉我,任何时候出了差错——火车晚点、汽车抛锚——你都会听到一句标准的口头禅:都怪英国人。

鲍比·桑兹——一位诗人,一位烈士,英国人的死敌——完美地契合了伊朗的故事。据报道,一位伊朗大使曾与桑兹一家交换过礼物。一家报纸报道说,在德黑兰机场的护照检查处,来到伊朗的爱尔兰游客面对的是非同寻常的微笑、举起的拳头和这样的问候:"鲍比·桑兹,不吃饭。欢迎来到伊朗!"[5]今天,德黑兰有一家名为鲍比·桑兹的汉堡酒吧,它用一张带着孩子气、脸颊上有着酒窝的桑兹照片向顾客致意。

佩德拉姆现在住在多伦多,我们谈话时他正在为一场暴风雪做准备。他通过短信给我发了一张他小时候在伊朗的照片,照片已经褪色,照片上是一张严肃的脸,长着招风耳,他的母亲试图通过长出的头发来掩盖他的耳朵。1981年,伊朗国王倒台后那段令人兴奋的公开辩论突然结束。[6]当时,流亡15年后回到伊朗领导革命的霍梅尼开始镇压他的左派对手,革命法庭每周判处数

---

1 指伊斯兰教的神职人员。

百人死刑。在埃文监狱，人们被吊死在巨大的起重机上，然后埋葬在没有标记的坟墓里。佩德拉姆数了一下，他在学校的朋友有几十人被杀。他自己被捕出狱后，他的父母把他一个人送到加拿大，那时他才16岁，自此他再也没有回到鲍比·桑兹街。

佩德拉姆的故事为街道命名的下一章打开了一扇门。早期的街道名称通常是描述性的——教堂街、市场路、墓地巷。鲍比·桑兹不仅是一个街道名称，也是一座纪念碑。现代街道名称的作用不仅仅是描述，还有纪念意义。为了理解原因所在，我不得不回到一场截然不同的革命，这场革命发生在18世纪的法国。

1794年，一位名叫亨利·格雷戈里的年轻神职人员[7]在科伦比街16号的房间里，开始撰写一篇关于街道名称的论文。格雷戈里是一位不同寻常的神父。刚被任命不久，他就被召到一所监狱，为一位84岁的老人主持最后的仪式，这位老人因自己晾晒一点盐做成稀汤以逃避沉重的盐税而获罪。格雷戈里从未忘记君主制对穷人的不公正，他在成为一名热忱革命者的同时，仍然是一名忠实的神父——在公开敌视天主教会的革命时期，这是一项艰巨的任务。但是，正如他的传记作者艾莉莎·斯宾沃尔所描述的，他认为革命的自由、平等和博爱的原则完全符合福音书。

格雷戈里倡导宗教宽容、犹太人的权利和男性的普选权。后来，他加入了法国黑人之友协会，并在这之后写了一本激烈的反奴隶制的书，驳斥了人们认为非洲人低人一等的观点。这本书包括对具有黑人血统的杰出人物的研究。[8]托马斯·杰斐逊在巴黎时拒绝加入该协会。（后来，杰斐逊说，受到格雷戈里称赞的非裔美国人取得任何成就的唯一原因是他们有白人血统。）[9]

但在1794年，格雷戈里致力于拯救法国，推翻君主制只是这个目标的一部分。革命者试图完全按照启蒙运动的理想来重塑法国，他们改变了历法、度量衡制度，甚至连他们穿的衣服也改变了。亚历克西·德·托克维尔以记录美国早期生活而闻名，他研究了革命前起草的人民需求清单。

"当我收集了所有个人的愿望时，"他写道，"我产生了一种恐惧感，我意识到他们的要求是全面和系统地废除国内所有的法律和现行的惯例。我一眼就看出，这里的问题在于：它是世界上有史以来最广泛和最危险的革命之一。"[10]

革命者的思想是新的，但那时巴黎已经很旧了。宫殿、教堂和街道都散发着君主制的恶臭。正如普丽希拉·帕克赫斯特·弗格森撰写的非凡著作《革命的巴黎》所述，一些革命者建议把巴黎夷为平地，掸掉手中的灰尘，重新开始。但他们没有拆毁巴黎，而是决定将其重新调整。通过这种调整，巴黎也会拥有崭新的面貌。弗格森写道："他们的精力并不是针对事物本身，而是针对那些事物被构思、感知和使用的方式。"[11] 她描述说，他们没有摧毁这些宏伟的宫殿，而是把它们改造成公共建筑。

对于那些无法转换的东西，革命者可以对其重新命名，重新命名的对象也包括他们自己。在大革命之前，法国的名字主要受制于天主教，这意味着他们只能使用《圣经》上或者圣人的名字。[12]（和多数情况一样，贵族可以凭借出身逃避这些，取一些时髦的名字。）但是在1792年9月，就在法国国民大会一致投票废除君主制的一天之后，法国人民获得了一项新的权利[13]：给自己的孩子——给自己改名字的权利——任何他们想要的名字都可以。许多人选择了具有革命色彩的新名字，如弗莱德·奥兰治·雷普莱坎("共和国的橙色花")、卢修斯·普莱布－埃加尔("卢修斯·大众－平等")和西蒙·拉利伯特·奥拉莫尔("西蒙·不自由毋宁死"),孩子们被命名为拉洛伊(法律)和莱森(理性)。正是这种创造力促使拿破仑在1803年提出了一个限制性的名字列表,人们只能依据这个列表给自己的孩子起名字。[该名单于1993年被取消,[14]尽管法国法院仍然拒绝了以下的名字,如乔伊欧(祝你好运)、纳特拉(巧克力酱)、斯卓贝利(草莓)和MJ—迈克尔·杰克逊的缩写。]

自然而然,对创新命名的革命热情延伸到了街道上。这令人惊讶吗?给某物起名就是要对它行使权力;这就是为什么上帝让亚当给伊甸园里的所有动物都起名的原因(后来也给了夏娃这个权力,但造成了问题)。在革命后不久,一些街道就重新命名了。例如,伏尔泰去世时所在的那条街就是以他的名字命名的,"公主街"则成了"正义街"。

但是,这些零碎的变化并不能满足那些开明的革命者,他们希望采用更加严格且开明的方法。正如知识分子普约克斯所抱怨的那样,巴黎现有的街道名称是一种大杂烩(Salmagundi),(我不得不查阅一下这个词的意思:它就像法国版的切碎的沙拉,里面有熟肉、海鲜、蔬菜、水果、叶子、坚果和鲜花,还有油、醋和香料调味。)那么,怎么能让它们更像一份"清炖肉汤"呢?

弗格森生动地描述了普约克斯[15]如何想要把每条街都变成一堂地理课——街道以城镇命名,让人以为街道的大小与城镇的大小一样。(一些共和人士创造性地建议用保皇派作家的名字重新命名下水道。)有一位名叫希多安·查莫罗的人想用一种形容美德的词汇来给全国的每条街命名,比如"慷慨街"和"同情路"。"这样,人们的嘴上就永远有了美德,心里也很快就有了道德。"[16]

规划新街道名称的任务交给了格雷戈里。他研究了世界各地的街道名称,从宾夕法尼亚州到中国。(他对贵格会"甚至在街道上也打上了他们高贵品格的印记"[17]印象深刻。)在他写给公共指导委员会的长达17页的报告中,他提出了两个选择新名字的标准。[18]第一,名字应该简短悦耳;第二,"每一个名字都应该是一种思想的载体,或者更确切地说,是一种让公民想起他们的美德和责任的情感的载体。"他写道,"从革命广场到宪法大道,再到幸福街,这难道不是很自然的吗?"[19]

格雷戈里的建议巧妙地综合了不同的革命哲学。这场革命提倡平等和理性,但它也寻求再生,即国家可以是纯洁的,可以摆脱腐败的影响。正如维多利亚·汤普森所描述的那样,街景可以向人灌输一种"革命教义"。[20]

但是革命者重塑街道名称的努力从未成功过。把乌托邦形象强加于巴黎这样一个如此多样化的城市是不可能的,巴黎的街道名称得以保留,保持了街名大杂烩的状态。街名只是成为"政治风向标",随着政治和政权更迭而改变。弗格森写道:"革命所设想的新城市,没有诞生。"[21]

尽管如此,法国大革命还是引发了一种趋势,即通过对街道重新命名来炫耀一种新的意识形态。在世界各地,革命政府上台伊始就着手改变街道名称。墨西哥城有超过500条街道以农民革命领袖埃米利亚诺·萨帕塔的名字命名。[22]在克罗地亚,武科瓦尔的主要街道[23]在20世纪已经改名6次,国号每改变一次,街名就更换一次。最近,波兰和乌克兰通过了法律,要求对其街景"去共产主义化"。在俄罗斯，仅以列宁的名字命名的主要街道就有4000多条，[24]加起来一共长达5363英里，正如吉迪恩·利奇菲尔德指出的，比从莫斯科到明尼阿波利斯的距离还长。

西班牙的一部法律要求改变所有以法西斯命名的街道，其城市也以罗莎·帕克斯和弗里达·卡洛等女性的名字来命名街道。最近，苏丹前民主运动的抗议者将街道名称改为在反抗独裁者奥马尔·巴希尔的暴动中丧生的人。一位主要的抗议者穆罕默德·汉南说："我们正在用新的街道名称和新的思维方式建设一个新的苏丹。"[25]

美国自己的革命也把名字和意识形态联系在一起。给予都城名字的乔治·华盛顿（不过，显然，他总是称它为联邦城），选择了皮埃尔·恩凡特来设计这座城市。[26]恩凡特出生在巴黎，曾在法国学习艺术和建筑，但和他成千上万同胞一样，曾志愿加入美国革命军队。他的新首都计划融合了美国和欧洲城市的理想：华盛顿将有一个美国的网格，但也有欧洲的大道、环岛和广场。街景将充满象征意义——例如，国会大厦坐落在小山上，而不是设在白宫。这一点与英国不同，美国总统不是国王。

然后是街道名称。华盛顿特区的街道名称极其理性，[27]由东向西的街道采用编号，由北向南的街道采用字母（A、B、C）。（在W街之后，模式再次从头开始，但每个名称现在都是双音节——Adams亚当斯、Bryant布莱恩特等，到头了，就用三音节的街道名称如Allison艾里森、Buchanan布坎南等从头开始。）打破网格的对角线大道是以美国各州的名字来命名的（当时有15个州），最长的大道是以美国当时最大的三个州来命名的——马萨诸塞州、宾夕法尼亚州和弗吉尼亚州。现在美国每个州在华盛顿特区都有一个相对应的街道名。

美国革命者把他们的新首都建在一个干涸的河岸上，至少就革命者而言，这是一个完全空白和完全沉默的空间。因此，他们成功地实现了政治和空间的结合，而这正是法国想要却未能实现的效果。因此，出生于法国的、这座城市的建筑师皮埃尔·恩凡特更愿意称自己为彼得，[28]这是很恰当的。[1]

丹尼·莫里森是鲍比·桑兹的密友，我去贝尔法斯特西部他的家中看望他。20世纪80年代初，作为爱尔兰共和军政治派别新芬党的宣传部主任，他被英国认为是少数能够结束爱尔兰共和军武装斗争的人之一。他读书的时候在屠宰店和酒吧打工，但很快开始对爱尔兰共和军政治发生兴趣，并自造发射器帮助设立自由贝尔法斯特电台。不久，他就把父母的房子当作武器仓库。[29]有一次，他的父亲——也叫丹尼——被当成他被抓了起来。

他姐姐借给他钱，让他买了第一台打字机，用来写短篇小说。但很快，他成为了《共和党新闻》的编辑。后来他被关押进朗克什监狱，因绑架罪服刑8年，这一判决之后被推翻。今天，莫里森因鼓励爱尔兰共和军从纯粹的暴力斗争转向利用政治手段削弱英国而广为人知。1981年，在新芬党年度会议上，他心血来潮地站起来，向代表们讲话。"这里有谁，"他问道，"这里有谁真的相信，我们能够通过投票箱赢得战争？但是如果我们可以凭借一手握着的选票，另一手握着的'阿玛利特'枪来在爱尔兰掌

---

1 此处的彼得应为教会历史上的彼得，很多人认为他是奠基教会的基石。

权,又有谁会反对呢?"("阿玛利特"枪为爱尔兰共和军所装备的枪支)

对于莫里森的想法,人们的第一反应是充满敌意的:据说爱尔兰共和军参谋长马丁·麦吉尼斯曾说:"这他妈从何说起?"[30]但爱尔兰共和军后来采取了莫里森演讲中提出的政治策略,最终将麦吉尼斯推上了北爱尔兰首席副部长的位置。

莫里森现在是一名全职作家,不再是爱尔兰共和军成员。贝尔法斯特不再是他从小长大的那个城市。在爱尔兰内乱时期,贝尔法斯特到处都是军队检查站和汽车炸弹屏障。这座城市的欧罗巴酒店曾经是欧洲遭到轰炸次数最多的酒店。但爱尔兰共和军在1997年放下武器,全力支持《北爱和平协议》。欧罗巴现在有一个熙熙攘攘的钢琴酒吧和酒廊,那是一家提供南瓜沙拉和烤鲟鱼的餐厅,还有大西洋东岸最好的淋浴设施。从它的前门,你可以乘坐一辆上面有"麻烦"[1]字样的黑色出租车,参观仍然在天主教社区街道两旁的鲍比·桑兹画像。

已经60多岁的莫里森在家门口迎接我,他穿着拖鞋,嘴角微微上翘,笑容非常和蔼。他的家是红砖砌成的,前面台阶上到处都是花盆。格子图案的沙发上摆着绣花枕头,桌子上摆满了家人的照片,壁炉旁的书架上堆满了硬皮书。我没想到前爱尔兰共和军士兵的家会如此舒适。在厨房里,他给我端上浓茶和涂有厚厚巧克力的玛莎饼干。当我们走进前厅谈话时,他的两只猫——阿提库斯和艾利尔——一直跟着我们。

莫里森可能和其他人一样了解鲍比·桑兹,是莫里森领导了

---

1 指代爱尔兰内乱。

让桑兹参加选举的运动。他告诉我，他最后一次看到桑兹活着是在1980年12月。因为桑兹不肯洗漱，所以他的长发油腻，胡子也是乱蓬蓬的。在那次探访桑兹之后，莫里森被禁止进入监狱，而他再次见到桑兹时，后者已经躺在棺材里了。

我们开着莫里森的两厢车驱车经过绿树成荫的街道、天主教学校、酒吧和街角商店，一直开到米尔敦公墓。来自科克的游客认出了莫里森，他经常戴着一顶黑色软呢帽，他们有力地握着他的手。在墓地里，桑兹的名字被简单地列在其他几名在绝食抗议中丧生的人的旁边，这几个人的墓碑上都写着"志愿者"。莫里森指着他曾在另一场爱尔兰共和军葬礼上站着的地方，说道："当时一名亲英的民兵迈克尔·斯通用手榴弹和枪支袭击了送葬者，3人丧生，几十人被子弹和墓碑的碎块打伤。"

2008年，莫里森听说时任英国外交大臣的杰克·斯特劳计划要求伊朗政府更改鲍比·桑兹街的名称。[31]（正是在莫里森的一本书中，我第一次读到了本章开始所讲述的佩德拉姆的故事。）莫里森发起了请愿反对这一改变，很快就得到了数千人的签名。大多数给伊朗的信件阅读起来都像肖恩·克林顿所写的这样："那么，你打算让一些英国人来告诉你，你的街道应该叫什么名字吗？如果是这样的话，为什么不把伊朗国旗拿下来，换上英国国旗呢。鲍比·桑兹是个英雄！！！"其他人则试图采用一种更符合文化色彩的语调，比如约翰·克拉克的这句话："看在真主的分上，保留鲍比·桑兹的名字吧。"[32]

另一名请愿者解释说，他"最近在巴黎圣丹尼斯区看到了一个路牌：鲍比·桑兹街。当你在国外看到这样的名称，感觉真是太好了"。所以我去查证了一下他的观察是否正确。事实上，法国有5条街道以桑兹命名,世界各地也有其他几条街道使用桑兹的名字,从而使得桑兹永垂不朽。然而,尽管爱尔兰请愿者对德黑兰的鲍比·桑兹街被要求改名非常愤怒,但在爱尔兰却没有一条街道名称用来纪念桑兹,无论在北部还是在南部,都是如此。

我知道原因何在。我的丈夫保罗,来自北爱尔兰中部的库克斯顿,距离鲍比·桑兹当选议员的选区边缘大约6英里。(我的婆婆和丹尼·莫里森来自同一个工薪阶层天主教社区;她的母亲和桑兹一样,葬在米尔敦公墓里。)保罗学校的校长是一位名叫丹尼斯·福尔的神父,被爱尔兰共和军视为"有威胁的丹尼斯",因为他能够说服后来绝食者的家人相信,抗议是在徒然浪费生命。库克斯顿大约有一万人,有一条绿树成荫的大街,一个兴旺的周六集市,还有五家肉店。保罗的父母在他出生后把他从医院带回家,来到他祖父拥有的一家肉店的楼上,那里的窗户被爱尔兰共和军的炸弹震碎了20多次。

今天,北爱尔兰基本上是和平的——尽管这种和平不能绝对保证——但新教徒和天主教徒中的大部分仍然是分居状态。"和平墙"[33]大约有三英里长,它仍然是贝尔法斯特的新教徒社区和天主教社区之间的分隔标志,今天存在的这些墙比1998年《北爱和平协议》时还多。在北爱尔兰,大约90%的孩子仍然按照宗教的划分去不同的学校。

当你写了很多关于街道名称的文章时,编辑们倾向于用U2乐队的歌曲《没有名字的街道》来作为题目。这首歌的灵感部分来自北爱尔兰,写歌词的爱尔兰人博诺对一家杂志说:"有人曾告诉我一个有趣的故事,在贝尔法斯特,人们居住的街道不仅可以告诉我他们的宗教信仰,还可以告诉我他们赚了多少钱——严格来说是看他住在街道的哪一边,因为越往山上走,房子就越贵。"[34]在我丈夫的家乡,这基本上是真实的情况。在一个住宅区,街道用英式的名字向皇室致敬,比如公主大道和温莎街,街道上常常从头到尾都是红、白、蓝三色的彩旗。天主教的住宅区域往往有爱尔兰人的名字,如拉辛和拉斯贝格,爱尔兰国旗在电线杆上飘扬。

然而,在库克斯敦和爱尔兰的任何其他城镇,无论是北部还是南部,都没有鲍比·桑兹街。他所主张的统一爱尔兰的原则是北爱尔兰大多数天主教徒都同意的,但大多数天主教徒从未接受他和爱尔兰共和军使用的暴力手段。双方有近三千人在"内乱"中丧生,更多的人受伤。在绝食抗议的高峰期,29岁的人口普查员乔安妮·马瑟斯在家门口被枪杀,因为一些爱尔兰共和军成员认为人口普查是监视他们的工具。连因为其甜美的名字和长着酒窝的脸而被形容为隔壁男孩缩影的鲍比·桑兹,也曾因试图炸毁一家家具店而入狱,而且在进行炸毁之前,他曾将这家店的员工们赶到地下室。

但是,不难理解为什么鲍比·桑兹是一个浪漫的偶像。一个如此平凡的人愿意为了心中的自由而饿死,这令人震惊。(爱尔兰共和军九名士兵在他死后不久也死于绝食,这更令人难以置信。)因此,作为局外人,我能理解人们为什么那么容易钦佩鲍比·桑兹与英国人的斗争,特别是在一个英国人时常视剥削为己任的世界里,但在国内,他的英雄气概并不总是显而易见。

毕竟,鲍比·桑兹曾竞选过政治职位,他会对和平解决冲突感到满意吗?丹尼·莫里森曾告诉过我,有一些绝食者幸存下来,后来接受了《北爱和平协议》。但桑兹曾写道:"在爱尔兰成为一个主权、独立的社会主义共和国之前,在实现国家的解放之前,我不会罢手。"[35]桑兹的姐姐伯纳黛特早就说过,桑兹不会对这一妥协感到满意。(他家的一位朋友对一家报纸说,"你说鲍比什么都可以,但他绝不是一只鸽子。"[36])

鲍比·桑兹没有得到安息,他的革命没有实现其主要目标;至少在我写作本书的时候,爱尔兰北部六个郡仍然在大不列颠及北爱尔兰联合王国之内。爱尔兰没有鲍比·桑兹街,因为今天的爱尔兰不是鲍比·桑兹的。

What Do Nazi Street
Names Tell Us About
Vergangenheitsbewältıgung?

Berlin

 柏林：

关于反思过去，
纳粹的街道名称告诉了我们什么信息？

苏珊·希勒注意到的第一条犹太人街道位于柏林。2002年，她以一名艺术家的身份住在德国，[1]当时她发现自己在米特区徘徊，不断地查地图和看路标，以寻找目的地。她偶然抬头一看，发现自己无意中走到了名为"尤登堡街"的街道——即犹太街，甚至都不是犹太人的风格——简直直白得可怕。1 希勒心里五味杂陈。回到公寓后，她和丈夫开始搜索德国每个城镇、村庄和城市的地图。他们发现犹太人路、犹太人小路和犹太人市场分散在全国各地。很快，她写下了一份303条名为"犹太人"的街道的名单，她决定要去看看其中的每一条街道。

苏珊·希勒那时已经60多岁了，腰板挺直，衣着优雅，好奇时喜欢扬起眉毛。她说话带着一种长期生活在英国文人中的美国妇女的口音——想一想嗓音更粗的凯瑟琳·赫本。希勒曾接受过人类学专业的培训，在伯利兹、墨西哥和危地马拉进行过田野考察，但在一次讲座中观看非洲雕塑的幻灯片时，她突然意识到艺术在本质上是非理性和神秘的。在那一刻，她决定"放弃真实性，去追求幻想"。[2]

2002年，当希勒发现柏林的犹太人街道时，她已经是伦敦的一位成功的概念派艺术家，她20多岁就搬到了伦敦。"J街项目"2成为她的下一个艺术作品。几年来，她和丈夫走访了德国每一条

1　真正的犹太人街多数以犹太人的名字来命名，如莎拉街、大卫街，而不会叫犹太人街。

2　J是犹太人Jew的首字母。

名为"犹太人"的街道,他们有时旅行一周,有时两周,冒险去游客通常不去的地方。希勒询问专家,一些犹太人的街道是否是战后新增加的。"当然不是,"他们告诉她。为了纪念犹太人而起的新街道名字会让人听起来更舒服一些,比如安妮-弗兰克街。而"犹太人街"通常都是古老的、描述性的名称——教堂街是教堂所在的地方,"犹太人街"是犹太人居住的地方。在纳粹时代,它们改过名,战后又再度被改变,以示尊重。

令她惊讶的是,许多犹太人街都在乡下。不知为何,人们更容易想象犹太人生活在熙熙攘攘的城市,所以德国犹太人过着平淡生活,这一点令人震惊。这些街道标志记录了德国犹太人的生活和迁移轨迹。有些街道就在小镇中心,犹太人在那里开商店。还有些比较偏僻,位于城市的最后一条街或火车上的最后一站,那时的犹太人不能住在镇中心附近。当地一位历史学家描述了一个犹太教堂是如何坐落在现在的停车场上的。在另一个地方,一位居民间接地告诉她"有钱人以前住在这里"。[3]在一个城镇,一位老妇人解释说,一所犹太学校曾经位于犹太人街上,但后来这条街以河上的一座桥命名。希勒思考着"后来"这个词略去的所有信息。

后来成为西德领导人的维利·勃兰特还记得纳粹在他家乡掌权的那一天。他在回忆录中写道:"1933年3月20日,在吕贝克,大批人被收押在所谓的保护性拘留所。不久之后,就开始重新命名街道了。"[4]

几个月后,1933年12月17日,法兰克福一位妇女给当地的报纸《法兰克福人民报》写了一封信,"请帮我一个大忙,看看能否利用你们的影响力来改变我们街道的名字，现在街道用的是犹太人雅各布·希夫的名字。"[5]这个女人和她的大多数邻居一起加入了纳粹党，"当旗帜升起时，"她接着说，"纳粹的标志在每家房子的上方飘扬，但'雅各布·希夫'这个名字总是给人心窝猛戳一记。"

市议会对此表示同情，但出生在法兰克福的希夫是一位非常富有的美国私人银行家，他为自己的出生地捐了很多钱。如果他为此要回捐赠呢？最终，希夫的犹太身份特征超过了他的捐款；希夫街很快就改成了穆姆斯特拉街，后者是该市的前市长。

到1933年，德国几乎每个城镇都有一条街道以希特勒的名字命名。（2004年，谷歌意外地将柏林托尼区夏洛滕堡的西奥多·豪斯广场的名称显示为"二战"时的旧名称：阿道夫·希特勒广场。）[6]随着犹太人街道名称的改变，犹太人可以自由旅行的地图也随之改变。1933年9月，《犹太日报》的报道说："罗森堡市最近将其主要广场更名为希特勒广场，并且规定任何犹太人都不得踏入带有希特勒神圣名称的广场。"[7]到1938年，第三帝国剥夺了犹太人的公民权，要求他们向国家登记所有资产，并将犹太人与任何"雅利安人"保持浪漫关系的行为定为犯罪。犹太人不得不把中间名改成以色列或萨拉。他们不能去海滩、电影院或音乐会。商店拒绝向犹太人出售食物，在集中营出现之前很久就有挨饿的犹太人家庭。

同年，街道取名为"犹太人"被正式定为非法，以作曲家古斯塔夫·马勒名字命名的街道输给了巴赫。法兰克福报纸的第一个犹太出版商利奥波德·索尼曼，他的名字从地图上被抹去。一条以1922年遇刺身亡的第一任犹太外交部长沃尔特·拉瑟诺命名的街道归《犹太人问题手册》作者西奥多·弗里奇所有，该手册也被称为"反犹太主义问答"。

汉堡市列出了一份具有马克思主义或犹太色彩的街道名单，上面共有1613条街道。委员会宣布，"如果希望在这一地点也建立一个赫尔曼—戈林街，需要首先对哈勒斯特拉街和每一个地铁站进行更名"。[8]尼古拉斯·哈勒是第一个出身犹太家庭而入选汉堡参议院的人，虽然他已经接受了基督教的洗礼，但也无济于事。一家报纸刊登了一张照片，照片上一位穿着粗布工作服的老人正在摘下哈勒街的牌子。[9]

汉堡的纳粹市长试图保留发现电磁波的物理学家"半犹太人"海因里希·赫兹的街道名字，但是没有例外。"立即更改所有犹太人的街道名称，并在1938年11月1日之前将确认的改名报告给我。"[10]帝国部长在回答市长的请求时简短地命令道。以物理学家的名义命名的能量单位——赫兹——仍然保持不变，但现在的路牌上写着莱比锡街。犹太人从德国消失后，他们的名字也从路牌上消失了。

从某种意义上说，街道名称是完美的宣传工具。说出地址不需要任何思考，更妙的是，它能起到宣传作用，每次你指路、写信或申请任何东西时，你都不得不使用它们。国家可以直接把这些词汇放进你的嘴里。纳粹最清楚这一点。希特勒的《我的奋斗》留给世人的教训是，人们既健忘，同时又易受影响。约瑟夫·戈培尔是希特勒的手下，负责让纳粹的信息挥之不去，他写道："一个有天赋的宣传者的任务是，接受许多人的想法，并以一种从受过教育的人到普通人都能接受的方式来表达它。"[11]如果一个简单的信息在恰当的语境中反复出现，就有可能像蠕虫一样慢慢钻进你的头脑，渗透到你的脑海中，让你永远沉浸其中。还有什么比街道名称更简单的信息呢？

英国国家档案馆的办公地点位于伦敦西部泰晤士河边缘，是一座宏伟的玻璃和石头建筑，在那里，一名办事员拿出几份战后驻德英军档案，非常厚重，封面上用红笔潦草地写着"去纳粹化"。在朴素的塑料贴面桌子上打开档案，我读到了一摞摞来自奥地利各地军事总部的文件，上面写着"街道名称情况"。我找到一份写在发黄信纸上的备忘录，上面解释了英国军队是如何用街道原来的名字取代纳粹街道名称的。除了阿道夫·希特勒街这一名称，大多数他们所取代的纳粹街名听起来像是从德国教科书中摘取的普通名字：汉斯·兰兹、迈克尔·迪特里希。但我很快就注意到了这些新街道所占据的城镇的名字：犹登堡。

今天，古城犹登堡的人口不到一万人，我给犹登堡的档案馆发了邮件，想了解更多信息。档案管理员迈克尔·席斯特尔回复我说，这个小镇的确是以犹太人的名字命名的。犹登堡的字面意思是"犹太人城堡"，这个名字是沿袭11世纪它还是一个集镇时期的名称。在15世纪被驱逐之前，犹太人像就被印在了这座城市的市徽上面。奥地利被德国吞并后，要求改名的信件纷至沓来。例如，一位市政管理员写信给希特勒，要求"我的元首"将他所在的小镇——"永远是纳粹思想的忠实卫士"——从现在的街名中解放出来。

席斯特尔从他的档案里给我寄了一些其他的信件，下面是一个示例：

布尔诺，1938 年 3 月 25 日

亲爱的先生！[12]

众所周知，最伟大也最公正的德国人、你的元首阿道夫·希特勒，憎恨一切与犹太人有关或听起来像犹太人的东西。最重要的是，你们这座令人尊敬的城市有一个令人厌恶的名字叫犹登堡。我敦促阁下尽快召开市议会，并向贵市所有著名和权威的领导人提交议案，将原来的犹登堡市改名为阿道夫堡。

此致

敬礼

保罗·安德烈亚斯·米勒，

布尔诺市克鲁加斯街 23 号

另外一封。

1938 年 4 月 4 日，埃森

致犹登堡市长：

满怀对"大德意志帝国"创建的喜悦，我正试图在地图集的基础上了解你们的地区——现在，我发现有个城市名叫"犹登堡"，令我感到非常不舒服……改名将有助于驱逐一切让人想起犹太人和压迫者的东西；另一方面，新的名字"希特勒堡"可以永远提醒人们，希特勒在 1938 年 3 月 12 日至 13 日的奥地利是受到欢迎的。

"希特勒万岁！"

雨果·莫茨

最终，由于这个名字历史悠久，市民们并不想改变它，他们表示战后会重新考虑名称问题。但他们确实把该镇的标志——一个戴着尖顶帽子的犹太人的头像——从市徽上拿掉了。

纳粹虽然没有改变犹登堡城镇本身的名字，但确实改变了它的街道名称。席斯特尔告诉我，我找到的新街道名称是为了纪念一些纳粹分子的，他们在德国吞并奥地利之前试图对奥地利议会发动政变。德国人将此称之为"美丽的牺牲"，并将其美化为一个民族神话。戈培尔写道，一个真正的纳粹党人必须把理想放在首位，"在做决定时要首先衡量人类所能提供的最有价值的东西，即使为此冒着生命危险。"[13]排在首位的是霍斯特·韦斯尔，[14]他是希特勒冲锋队的领导人，1930年被共产党杀死，他的名字很快开始在德国婴儿的出生证明和街道标志上出现。韦斯尔是在柏林的犹太人街长大的。[15]

但在希特勒在防空掩体中吞下氰化物胶囊后不到一个月，由美、英、法、苏四国组成的新联合政府就开始统治德国。他们发现有很多事情要做：近5万栋建筑被夷为平地，仅在柏林，就有53000名儿童失踪或成为孤儿，[16]其他人死于肺结核和佝偻病、糙皮病和脓疱病。[17]在1945年7月的一次痢疾爆发中，每100个新生儿中就有66个死亡。[18]大约1/3的柏林妇女被强奸（仅在德国就有15万至20万婴儿是这样诞生的），[19]传播斑疹伤寒、梅毒和淋病。尽管战后德国的人口比以前少了，但战后每天的死亡人数是战争期间的四倍。[20]

然而，1945年5月24日柏林新市长召开的第一次会议的第一项议程就是关于街道的名字。[21]德国共产党对每一个街道名称都进行了梳理，并建议对柏林大约10000个街道名称中的1795

个进行改名。[22]理论上,每个人都认为需要新名字。但是,他们关于街道命名的理念的差异,预示着即将分裂柏林的隔离墙的修建。

1949年12月,约瑟夫·斯大林年满70岁,东柏林政府想到了一件特别的礼物。正如毛兹·阿扎里亚胡生动记录的那样,[23]22日一大早,法兰克福大道的路牌被撤掉,成千上万的人来到街上,到处充满了节日的气氛。骑着摩托车的男人们适时地揭开了新的街道标识,[24]工人们举着火炬,在柏林警察管弦乐团演奏德国和俄罗斯民歌、德意志民主共和国国歌——的声音中行进。阿扎里亚胡写道,烟花辉映着一幅巨大的斯大林画像。[25]东德作家库尔特·巴特尔为此写了一首诗:"我们该怎么感谢斯大林?/我们用他的名字给这条街命名。"[26]

此时,东德和西德已经完全分裂。在西德,一些明显的纳粹名字被删除,一些反纳粹积极分子的名字也被纪念。但在大多数情况下,西方只是厌倦了去纳粹化,纳粹时期的街名又得以恢复。战后西柏林的街道常常听起来好像战争从未发生过。

但苏联在东部的势力不仅对去纳粹化感兴趣,他们还要求革命。街道名称是展示东德决定对于新世界秩序看法的一种方式。苏占区用街道名称纪念激进的反纳粹分子,如汉斯·斯科尔和索菲·斯科尔,这对兄妹因为分发反纳粹传单被盖世太保斩首。但改名很快变得更加激进,艺术家、左派哲学家、革命者、共产主义烈士都成了东德街道的名字。后来,在1961年修建的柏林墙沿线遇害的斯塔西(秘密警察)、警察和守墙的卫兵的名字也被用来给街道命名。[27]

但是，统一后这些名字会怎么样呢？[28] 1989年，柏林墙刚刚倒塌，围绕是否用科特·尼德基什内尔的名字命名的斗争就开始了。尼德基什内尔是德国一个信奉社会主义的家庭养育的女儿。她曾经学习过缝纫，但在纳粹崛起之前，她越来越多地参与共产主义活动，散发传单，发表激进的演讲。被捕后，她被驱逐出德国，逃到莫斯科，在那里她用德语广播进行反对纳粹的宣传。1941年，她在波兰上空跳伞，在去柏林的途中被纳粹抓住。她的护照原本应该是一个完美的复制品，但却少了一张最近发行的纳粹图章。她被逮捕、折磨和审问，被送到拉文斯布鲁克集中营，在那里被党卫军开枪打死。

统一后柏林市政府的新议会被安置在前普鲁士议会大楼里——位于东柏林的尼德基什内尔街。在西德执政的基督教民主党坚决主张改名。参议院议长认为，如果尼德基什内尔在纳粹中幸存下来，她现在将是一个共产主义者，按照这个逻辑，她将反抗他们试图建立的民主制度。最后，基督教民主党人在他们的信头上用"普鲁士议会街"作为地址，而左派信件上的地址仍然是"尼德基什内尔街"。[29]

在德国各地，人们写信给市政府，要求将东部地区的街道名称恢复到战前的名称。多年来，许多东德人支持改名。一位居民写道："一个人的回信地址如果是列宁大道，哪怕它位于柏林以外，也仍被永远视为东柏林人——谁想要这样呢？"[30] 但其他人，有时甚至是成千上万的人走上街头，抗议官员们正在抹杀东德人的身份。到1991年，柏林参议院提议将几十条街道重新命名，[31] 这些街道都是为了纪念共产主义者、西班牙内战战士、诗人、小说家或抵抗运动成员而命名的。

这一切究竟是因为什么呢？汉娜·贝伦德是一位犹太教授，在逃离纳粹统治后回到东德，她在1996年给一位朋友的信中写道："我们没有新地址。柏林参议院认为，应将原地名阿图尔·贝克尔（年轻的反法西斯分子，在西班牙被杀害）改为赫尔·冯·克尼普兰德（'德国秩序'组织中的一名骑士，'德国秩序'是中世纪的一个强盗团伙，曾'骑马向东'并'征服'斯拉夫人的土地。）"[32]用来取代共产党色彩街名的新名字常常显得故意挑衅[33]——位于德累斯顿的卡尔·马克思广场被更名为宫殿广场，弗里德里希·恩格斯街被更名为国王街。正如一位人类学家所说，东德和西德的合并并不是一次融合，而是一次"企业兼并"。[34]

克里斯蒂娜·威尔克是一位法律教授，在柏林墙倒塌时还是个孩子，她在一次休假期间搬到了柏林，走过她母亲从小玩耍过的东柏林街道。但当她和母亲谈论地点、地铁站和街道时，克里斯蒂娜必须把她现在遇到的名字和她母亲熟悉的街道旧名字匹配起来。丹齐格街？托斯特拉街？

克里斯蒂娜还发现，她和她的发型师都是在同一个城市长大的，但她不认识发型师就读的学校的新名字，理发师也不知道学校在东德时期的老名字。克里斯蒂娜写道，他们无法在家乡的名字之间进行新旧转换，这让他们"无法交流"。"我们不能谈论没有共同名字的地方。谈到东德的城市、学校和街道，你必须在老、新和非常老的名字之间进行转换。"[35]没有一本街道名称词典能弥合这一鸿沟。

1951年，前东德德累斯顿的一个广场以朱利叶斯·富契克的名字命名，富契克是一名记者，也是被纳粹绞死的反纳粹抵抗运动的共产主义领导人。在一个集中营里,他用167张纸条写了他的回忆录,[36]这些纸条是同情他的警卫偷偷带出去的。他在给读者的信中写道:"你们这些在这一时期活过的人,不要忘记,那些与纳粹战斗的人并不是无名的英雄。他们也有名字、面孔、渴望和信仰。他们中最微不足道的人遭受的痛苦,不亚于名字被保留下来的重要人物的痛苦。"

历史学家帕特里夏·布罗德斯基曾写道:"注意,1991年,德累斯顿的富契克广场被重新命名为斯特拉伯格广场。"[37]

概念艺术家似乎被柏林的街道标志所吸引。1993年,雷娜塔·斯蒂赫和弗里德·施诺克在柏林一个前犹太区的灯柱上悬挂了80个招牌,[38]每个牌子上面都写着一条纳粹法律:"犹太人和波兰人不允许买糖果。""犹太人不得拥有收音机或电唱机。""犹太人不得使用电话或地铁。""犹太人不得再养宠物。""犹太人不得获得学位。"斯蒂赫和施诺克故意在每个标志上的某处写上"犹太人"一词,以刺激那些甚至不敢说这个词的人。在德国,正在悬挂标志牌的工人抱怨说,这项工程没有必要,直到有人突然打开窗户喊出"Haut ab, Judenschweine!"("走开,犹太猪!")[39]

斯蒂赫和施诺克意识到,附近有一个街道,在战前曾经以一个犹太男子乔治·哈伯兰的名字命名。他们很奇怪,这怎么可能呢?他们仿制了一个哈伯兰街的标志,放在哈伯兰住的房子外面。

这一举措引发了长达五年的关于哈伯兰街名字的政治辩论。据斯蒂赫说,绿党不喜欢哈伯兰,他是一个投资者,按理说配不上这个荣誉,他们这样告诉《纽约书评》:

斯蒂赫:"在对他一无所知的情况下,他们说他是个坏蛋,说'我们不能用投资者的名字来命名'。五年后,他们终于同意将街的一半改名为哈伯兰街,另一半仍然叫特鲁克特林格街。"[40]

施诺克:"这就是德国的解决方案。"

1938年,纳粹将柏林斯潘道社区附近的一条犹太人街改名为金克尔街,以19世纪一位革命家的名字命名。在一个恢复原名犹太人街的仪式中,右翼抗议者嘲笑着喊道,"犹太人出来","一切都怪你们犹太人"。[41]这是在2002年,也就是苏珊·希勒抵达柏林的同一年。

在希勒死于胰腺癌前一年左右,即2019年,她给我寄来了她制作的关于犹太人街道的时长为67分钟的电影,还有她在世界各地艺术博物馆拍摄的街道照片。影片长达一个小时,令人着迷,尽管片中除了时钟滴答作响之外几乎没有对话,除了老人拄着拐杖行走和卡车鸣笛经过路标,也没有其他动作。在希勒的电影中,在犹太人大街上,现代生活一如既往地继续。人们在跑腿办事,工人的小货车滑行而过,一个男人的帽子被风吹掉,孩子们到处闲逛。最让人痛心的是 Judenpfade(犹太人的小路)或 Judenwege(犹太人的小巷),它们是类似于汉塞尔和格丽塔尔踏出来的林间小路,当时犹太人不允许穿过这座城市,必须绕城而行。每当犹太人小巷(Judengasse)的路牌出现时,我都吓了一跳——尽管那时我已经知道 gasse 在德语中的意思是一条狭窄的街道。但是,正如希勒指出的,这些迹象令人不安,但把它们拿下来会更令人不安。

希勒的大部分作品都是关于鬼魂的。她在伦敦泰特英国艺术馆的一个展品中，讲述了一些有着濒死体验者的怪异故事。（她说："如果我们不觉得那很有趣，那我们就是很无聊的人。"）[42] J街项目也是一个关于鬼魂的故事。犹太人的日常生活在街上继续，尽管犹太人长期被剥夺了日常生活，甚至最终是生命本身。"当我完成了我的旅程，"她写道，"在我看来，这数百个标志似乎组成了一个合唱团，一遍又一遍地用力呼喊着那些永远消失的事物的名字。"[43]

柏林是世界历史上最动荡的城市之一，在不到一个世纪的时间里，经历了从普鲁士时期到魏玛时代，从纳粹时期到冷战。正如德克·韦尔海恩所说，街道名称"既是柏林试图搞清其身份的努力本身，也是它的一种隐喻"。[44]最近的抗议活动促使该市更改了市内阿非利卡尼区街道的名称，也就是"非洲区"的名称。在第一次世界大战之前的几年里，这里曾计划建一个动物和人种动物园（但从未开放）。这些名字是为了纪念在德国殖民地参与奴役、强奸和折磨非洲人的男子。2018年，德国政府决定将名称改为反对德国人的非洲解放活动家的名字。

我读到的关于德国街道名称的书越多，我就越会碰到这个词，这个词提醒我为什么在学校里不学这个德语词汇，这个词汇就是：反思过去（Vergangenheitsbewältigung）。它由两个概念组成——"过去"和"达成协议或应对的过程"。[45]这是一个非常德国化的词，经常被用来形容这个国家对其纳粹历史和冷战期间德国分裂的反思。但它的意义是普遍的。我们都需要面对过去，纪念它，与它斗争，对它做点什么。采取的措施中经常涉及到街道名称。

"反思过去"这个词给我的印象最深的不是这个词的存在，而是它将"梳理过去的过程"这个意思植入了这个词本身。过去的事能被完全梳理出来吗？它似乎在问，有一天会停止反思过去吗？

R 种族
ACE

Why Can't Americans
Stop Arguing About
Confederate Street Names?

Hollywood, Florida

10 | **佛罗里达州的好莱坞：**
为什么美国人不能停止
关于南部联盟街道名称的争论？

本杰明·伊斯雷尔是一位正统的非裔美国犹太人,两年半以来,他坚持参加了佛罗里达州好莱坞市议会讨论街道名称的每一次会议。(他纠正我说,是除了他因肺癌治疗而"卧病在床"期间之外召开的每次会议。)在纽约毒品泛滥的可怕年代里,伊斯雷尔在哈莱姆区的阿姆斯特丹大道上长大。他的父亲是犹太人,为了摆脱宗教迫害而逃离了埃塞俄比亚。最终,他的父亲乘坐一艘商船来到了纽约,并遇到了伊斯雷尔的母亲。

他的母亲靠当女佣来养活全家。放学后,伊斯雷尔不得不清理他家大楼的门厅,因为一些瘾君子把这里当成了厕所。尽管如此,他还是喜欢曼哈顿,但当他的支气管炎恶化时,他的叔叔带他去佛罗里达度了一周的假。在那里,他可以顺畅地呼吸,以后再也没有离开过那里。不久,他在好莱坞定居下来,这是一个位于劳德代尔堡和迈阿密之间的中型城市。伊斯雷尔学习木工,并找到一所离犹太教堂很近的房子,他可以在安息日步行到教堂。

好莱坞现在成了他的家。在每一次市政委员会会议上,伊斯雷尔都表达了同样的观点,当时他圆顶小帽下的头发都已经变得灰白了。该镇的一些街道名称不得不改变,特别是三个名字:李街,以罗伯特·E.李的名字命名;福雷斯特街,以内森·贝德福德·福雷斯特的名字命名;胡德街,以约翰·贝尔·胡德的名字命名。这三条街道都穿过好莱坞历史悠久的黑人区利比里亚。市政委员会每次给伊斯雷尔三分钟的发言时间,他充满激情的演讲常常夹在其他居民的演讲之间,他们的演讲或者抱怨交通缓慢,或者抱怨爱彼迎[1]的规则。

佛罗里达州的好莱坞与其说是建立起来的,不如说是发明出来的。约瑟夫·杨是一位开发商,[1]他和父亲在育空河地区淘金,却一无所获,但他在加利福尼亚发现,房地产几乎和挖金矿一样赚钱。正如他的传记作家琼·米克尔森所描述的,1920年1月,38岁的杨来到迈阿密北部一片荒芜的土地,从而寻找到了另一块宝藏。这片土地夹在两个农村城镇之间,[2]长满了棕榈树和短叶松树,还有部分地区是沼泽地,乍看起来并没有什么升值的希望。

但这并不重要。杨根据乔治-尤金·奥斯曼对巴黎的重新设计,为新城市制订了详尽的规划,这一点并非虚假,因为这里同巴黎一样拥有宽阔的街道、环岛和林荫大道,以及足够容纳游艇的深湖。(杨称,他没有按照加州城市的命名规律来命名好莱坞;他只是喜欢这个名字。)在短短五年时间里,这个小镇就有了一个火车站、一个乡村俱乐部、一家百货商店和一个制冰厂。

那是20世纪20年代,美国是世界上最富有的国家。美国人有丰厚的养老金、带薪假期和新汽车。佛罗里达气候炎热,但全国其他地区却异常寒冷。1920年,一场连续72小时的暴风雪袭击了纽约,积雪将近18英寸。陆军化学战部队的士兵使用火焰喷射器融化冰雪。同一年,波士顿全市降雪近74英寸。[3]

为了寻找天堂,美国人涌向佛罗里达,经常开着现在随处可见但在当时非常引人注目的新车。投机者往往在投入任何资金之

---

1 爱彼迎(Airbnb),为美国房屋短租服务公司。

前就能够将地块转卖。《迈阿密先驱报》是全国发行量最大的报纸，[4]上面全是征地广告。佛罗里达州三分之二的房地产是通过邮寄信件卖给那些甚至从未去过那里的人的。[5]尽管如此，约瑟夫·杨还是包租了21辆从波士顿和纽约到好莱坞的巴士，乘客"无需承担购买的义务"。[6]

杨不是出生在南方的人，从各方面来说他也不是种族主义者。但是当三K党在1915年之后死灰复燃时，它最强大、最暴力的分支却是在佛罗里达。1920年总统大选的那天，就在杨为修建好莱坞买下这块土地几个月后，位于佛罗里达州奥科伊的三K党成员谋杀了近60名非裔美国人。奥科伊幸存的黑人社区藏在沼泽地里，当时，朱利叶斯·佩里被吊死在一根电线杆上，"这是我们对试图投票的黑鬼所做的"。1890年至1920年，佛罗里达人至少对161名黑人动用了私刑[7]——私刑率是阿拉巴马州的三倍，是密西西比州、乔治亚州和路易斯安那州的两倍。佛罗里达州宪法剥夺了黑人的选举权，禁止白人教师教黑人学生。

《吉姆·克劳法》还禁止黑人和白人毗邻而居。所以在1923年，杨为黑人居民建立了一个独立的城镇，他称之为利比里亚，是一个黑人可以自己管理的城市。在城市规划中，利比里亚有40个方形街区，有林荫大道、一个大型圆形公园和一家旅馆。杨把土地捐给学校和教堂。他以亚特兰大、罗利和夏洛特等黑人人口比例较高的城市命名街道，并以非裔美国诗人保罗·劳伦斯·邓巴命名了邓巴公园。[8]

但杨对利比里亚的设想从未实现。1926年一场飓风摧毁了好莱坞，他的钱花光了。[9]黑人居民住在不合标准的房子里，经常住在拥挤的帐篷里。不久之后，杨选择的街道名称在整个城市神秘地被改变了。在利比里亚，有三条街道曾经用黑人社区比较活跃的城市命名——路易斯维尔街、麦肯街和萨凡纳街——但被改成了为保持蓄奴制而进行战斗的南部联盟将军的名字。

本杰明·伊斯雷尔告诉我，一条以内森·贝德福德·福雷斯特命名的街道最让他烦恼。他也把自己的想法告诉了委员们，有时委员们支持他的想法，有时他能感受到他们的傲慢。有人告诉他，也许他们可以从福雷斯特（Forrest）那里拿走一个字母 r，让它成为"福斯特街（森林街，Forest）"。

"为什么不从背后捅我一刀，再把刀抽出来一点点呢？"伊斯雷尔质问对方。

内森·贝德福德·福雷斯特是名奴隶贩子。他在孟菲斯市中心的一个"黑鬼市场"里卖出了成千上万的黑奴，[10] 经常宣传他的"商品"是"直接从刚果运来的"，一家报纸描述了他鞭打一个奴隶的情形，这个奴隶挨打时被四个男人扯着四肢。[11] 另一次，福雷斯特用"浸过盐水的皮条"[12] 鞭打一个裸体女人。内战开始时，福雷斯特作为一名士兵入伍；战争结束时，他已经成为一名将军。根据历史学家查尔斯·罗伊斯特的说法，"他在一些重大战役中是次要角色，在次要战役中则是主要角色"。[13]

他最臭名昭著的胜利之一是在枕头堡，为了获得补给，福雷斯特决定攻击这里的联邦驻军。驻守堡垒的联邦军队包括大量非裔美国士兵，有些人曾是福雷斯特的奴隶。福雷斯特和他的三千军队对黑人进行特别猛烈的袭击，拒绝接受他们投降的请求。

"这场屠杀太可怕了，"一名南方军的中士写道，"场面无法用语言描述，那些可怜的受了骗的黑人会跑到我们的士兵面前，跪下来，举起双臂，大声求饶，但他们却被命令站起来，然后被枪杀。"[14]一名黑人士兵向一名追击他的南部联盟士兵求饶。士兵则回答说："该死的，你在和你的主人战斗。"随后举枪向他射击。一家南方报纸证实，"白人得到了些许怜悯，但对黑人却毫无怜悯之心。"[15]福雷斯特自己写道，这条河被鲜血染红了200米，"希望这些事实能向北方人民证明，黑人士兵对付不了南方人，我们仍然坚守阵地。"[16]最后，联邦军队中69%的白人士兵得以生还，相比之下，黑人士兵的存活率只有35%。而且，幸存的黑人士兵们又被俘虏为奴隶。[17]

不出所料，战争的失败并没有改变福雷斯特对黑人的看法，他很快成为三K党的第一个大法师。1871年，福雷斯特在国会中为三K党辩护说，黑人"粗鲁无礼"，[18]女士们"被玷污"，三K党只是为了"保护弱者"[19]而成立的。正如迈克尔·牛顿所描述的，[20]在离开听证会的路上，一名记者拦住了福雷斯特。"大法师眨了眨眼睛，说'我像个绅士一样撒谎'。"正如牛顿所解释的那样，内战后黑人希望在新学校、自强团体和公民组织中积极地展现自己，但这种希望很快就破灭了。[21]

这些历史都不是什么遥远的秘密，也不存在什么争议。伊斯雷尔告诉我，这就是福雷斯特街特别让他感到困扰的原因。我不得不认同伊斯雷尔的观点，我不明白为什么现代美国会有人想纪念福雷斯特。

然后我想起了谢尔比·富特。

就像我这一代人中的许多人一样，我是在肯·伯恩斯1990年拍摄的纪录片《内战》中第一次了解到内森·贝德福德·福雷斯特。我五年级的时候，每晚看九集纪录片是我的家庭作业。这个系列通过老照片、演员朗读的信件和采访历史学家讲述了内战的故事。在一些特别辛酸的场景后播放的那首萦绕心头的小提琴曲《再见，阿育王》也许成为了第一首从纪录片的配乐中产生的令人难以忘怀的歌曲。（这首歌实际上是1982年由来自布朗克斯的犹太男子杰伊·恩加尔创作的夏令营的告别歌曲）[22]该节目大受欢迎，吸引了4000多万观众，创下了美国公共广播电视公司（PBS）有史以来最高的收视率。

在纪录片中接受采访的首席专家中，没有人比谢尔比·富特更突出。富特在成为历史学家之前是一位小说家，花了20年时间写下了他长达三卷本的《内战》。他就是我祖母所说的"一个人物"：他喝威士忌，用蘸水笔写字，[23]抱怨自己再也找不到吸墨的用具了。在这部纪录片中，他常常会停下来，不看镜头，仿佛在把脑海中的事情翻个底朝天。他描绘事件时候的声音正如他的一篇讣告（富特于2005年去世）所说，是"一种醇厚的密西西比口音"——像在啜饮威士忌般的密西西比口音（人们经常把他的口音与食物进行类比：一位评论员将其描述为"玉米棒上的糖浆"，另一位评论员将其描述为"像茱萸蜜汁一样厚实甜美"。）富特在纪录片中出现了89次。

富特把内森·贝德福德·福雷斯特的肖像挂在墙上，并声称"福雷斯特是历史上最有魅力的男人之一"。[24]在纪录片中，他描述了福雷斯特是如何"在战争中射杀了30匹马"，"在肉搏战中杀死了31人"的。在他的叙述中，福雷斯特几乎成了一位富有同情心的人物。在一次采访中，富特描述了福雷斯特16岁那年父亲去世后是如何抚养6个兄弟姐妹的。"他成了奴隶贩子，"[25]富特说，"因为这是一种赚钱的方式，可以养活所有家人，让他们变得富有。"伯恩斯的镜头经常停留在福雷斯特的照片上，照片上的福雷斯特是一个英俊的男人，头发浓密，目光冷峻。

富特并不是第一个吹捧福雷斯特的人。战后，人们开始把成为三K党领袖的福雷斯特视为南方伟大的英雄之一，一个他们可以毫无羞耻感地敬仰的人。在孟菲斯，一座20英尺高的福雷斯特塑像拔地而起，他的尸体被挖掘出来，与塑像一起放在一个以他名字命名的公园里。全国各地为南方内战老兵树立了数千座纪念碑，这是纪念所谓"失败的事业"的一部分，内战被当成"失败的事业"，俨然绝不是为了保持奴隶制而战。（哪怕南部联盟宪法直接保护奴隶制，哪怕南部联盟副总统曾说奴隶制"是最近导致分裂和现在导致革命的直接原因"。[26]）据历史学家詹姆斯·洛文说，在该州，对福雷斯特的纪念物比包括来自田纳西州的总统安德鲁·杰克逊在内的任何历史人物都多。

街道名称也是一种纪念碑，在南方，有一千多条街道以南部联盟领导人的名字命名，但这种情况不仅仅局限于南方。[27]在布鲁克林，一个军事基地的街道是以杰克逊将军和李将军的名字命名的。俄亥俄州是一个联邦州，有三条以联邦将军命名的街道；宾夕法尼亚州是另一个联邦州，有两条这样的街道。阿拉斯加州的一个地区，位于白令海沿岸，该地区95%为阿拉斯加原住民，直到最近还以南部最大的奴隶主之一韦德·汉普顿的名字命名，[28]他是南部联盟骑兵队的一名中尉，后来成为南卡罗来纳州州长。所以这不仅仅是战败者在纪念他们的英雄。美国似乎想纪念南部联盟，尽管南部联盟曾为毁灭美国而战斗。为什么会这样呢？

1913年7月，在南部联盟投降近50年后，来自48个州的50000多名退伍军人来到宾夕法尼亚州的葛底斯堡，目的是参加一个聚会。葛底斯堡战役是联邦胜利的转折点，也是战争的转折点，超过40000人在战斗中丧生。为了给重返此地的退伍军人提供住房和餐饮，当地建立了一个280英亩的营地，2170名厨师制作了68.8万份饭菜，使用了130048磅面粉，500盏电灯排列在近50英里的战场遗址上。[29]

正如历史学家大卫·布莱特生动讲述的那样，那是来自一场血腥冲突中双方士兵的集会，人们沉浸在和解的语言中。人们寻找在战斗中向他们开枪的士兵，一个前联邦士兵和一个前南部联盟士兵去了当地的一家五金店，买了一把斧头，直接埋在地里。这次重逢非但没有引发争议，反而把内战描绘成加强美国力量的事件。

再重复一遍，这不仅仅是一个来自南方腹地的故事。[30]布莱特指出，在团聚之时，《华盛顿邮报》写道，在某种程度上，奴隶制是一种"道德原则"，"应该由北方来承担引进奴隶制的责任"。《旧金山观察报》宣称："我们知道，这是一场不得不打的伟大战争，这场战争打得很好，它是一场必要的、有益的、辉煌的牺牲，通过这种牺牲可以将所有的种族团结起来。"《纽约时报》聘请南部联盟一位将军的遗孀海伦·朗斯特里特，来报道从前的敌人在重聚时的浪漫对话。

这个宏大的和解故事遗漏了内战中的关键角色：以前的奴隶。尽管黑人也一直到葛底斯堡参加他们自己的团聚活动，但在那里，他们的存在几乎不被容忍，他们的旅行在报纸上遭到猛烈抨击。（报纸批评这些黑人游客，称他们的庆祝活动是"一幕集体恣意寻欢的场景"，使用的是"葛底斯堡年度狂欢"之类的标题）[31]没有证据表明有黑人士兵参加了1913年的团聚。正如布莱特所指出的，就在威尔逊总统在葛底斯堡聚会上发表讲话的一个星期后，他就下令为在财政部工作的黑人和白人分别提供卫生间。

南北双方对内战的记忆并不总是那么一致。在内战结束后的重建时期，许多北方人怀着对昔日对手可预见的敌意，看不起曾经的反叛者，他们常常对非裔美国人的未来感到乐观。但正如历史学家妮娜·西尔伯所写的那样，当"北方白人日益向老兵重聚带来的种族压力低头时"时，[32]情况发生了变化。北方人开始"忽视美国奴隶制的历史，开始把南方黑人看作是奇怪并陌生的外来人口"，同时对南方人眼中的英雄气概采取更加温和的态度。这些态度的转变使得北方人接受《吉姆·克劳法》为他们的法律之一。

大卫·布莱特在一次谈论他著作的采访中进行了雄辩的论证："在美国，我们以种族正义为代价，实现了国家和解，实现了与美国内战后几十年历史的和解，其代价则是由从前的奴隶承担。"[33]产生于南方的吉姆·克劳制度，最终得到了北方的共谋，他补充道，"它是南北战争后美国人赖以重新组合的各种方式中的重要组成部分。"

这并不是说北方和南方把黑人的苦难排除在内战的叙事之外；相反，他们把这种痛苦作为后续政策的基础。

在好莱坞市政委员会的会议上，伊斯雷尔关于福雷斯特和街道名称的观点从未改变，但他想出了不同的表达方式。有时他谈论内战，有时他大声朗读葛底斯堡演说。他告诉他们，李、福雷斯特和胡德是如何想摧毁那些委员们宣誓效忠的政府的。在其他时候，他怒斥将黑人社区的街道以联盟将军的名字重新命名是"残酷的笑话"。

但许多人似乎仍然感到困惑，为什么现在会有人想要改名。一位拥有李街公寓大楼的居民站在大楼的一块招牌前，对记者说，"这段历史发生在200年前，[34]到底哪里出了问题呢？"

20世纪20年代，法国哲学家和社会学家莫里斯·哈尔布瓦克斯提出历史已经死亡的观点，"专有名词、日期、概括一长串细节的公式、偶尔的奇闻轶事或引语，"他写道，"就像大多数墓碑上的铭文一样简短、笼统、意义模糊。历史就像一个拥挤的墓地，必须不断地为新墓碑腾出空间。"[35]但是记忆——记忆还活着。更重要的是，它是社会性的。哈尔布瓦克斯写道，记忆并不存在于"只有我一个人才能进去的个人头脑里的角落"。"在我的一生中，"（他在布痕瓦尔德被杀害使他的生命戛然而止），"我的国家社会像一个演出了许多事件的剧院，我说'记得'这些事件，但我知道我只是从报纸上，或者从那些直接参与者的证词中了解到这些事情。这些事件占据了国家记忆的一个位置，但我本人没有亲眼目睹。"从这些观念出发，他创造了"集体记忆"的概念，那是一种塑造了群体认同的共享性记忆。

皮埃尔·诺拉曾写过大量关于法国集体记忆的文章，[36]他认为，在19世纪之前，我们不需要物体来记忆过去，记忆在当地文化、习惯和习俗中根深蒂固。但是，20世纪的巨大变化似乎加速了历史的发展，随着记忆越来越远离日常生活，我们开始强烈地渴望不仅在脑海中，而且在纪念碑和街道名称等特定的事物和地方保留记忆。我们希望我们的生活是可预见的，可预见性要求在现实和过去之间建立一种"叙述性的联系",[37]使我们确信一切都是应该有的样子。我们把记忆腌干，将它们制作成公园里的青铜雕塑，将它们制作成路标，试图迫使我们未来的社会更像我们过去的社会。

因此，缅怀过去只是另一种对现在许愿的方式。问题在于我们并不总是有相同的记忆。并不是每个人都有平等的机会将他们群体的记忆铭记在风景中。正如小说家米兰·昆德拉所说："人们想成为未来主人的唯一原因，就是为了改变过去。他们正在争取进入实验室，在那里，照片被修改，传记和历史被重写。"[38]内战纪念碑的增长曾经出现过两次高峰：[39]第一次出现在20世纪初，当时歧视黑人的《吉姆·克劳法》正在制定当中；第二次是20世纪50年代和60年代，当时该法律遭遇到了挑战。历史学家詹姆斯·格罗斯曼曾说："这些雕像是给白人至上地位披上合法性的外衣。""你为什么要求1948年的巴尔的摩竖立一尊罗伯特·E.李或斯通维尔·杰克逊的雕像？"[40]在三K党的巅峰时期，好莱坞的街道名称很可能发生了变化。

但记忆是可以改变的。大和解的神话已经出现了裂痕，并随之开始瓦解。2015年，迪兰·罗夫在查尔斯顿教堂杀害了9名非裔美国教区居民，目的是挑起种族战争。(教堂位于卡尔霍恩街，以南部联盟的伟大英雄约翰·C.卡尔霍恩的名字命名，约翰·C.卡尔霍恩是一个相信奴隶制是"积极的好事"[41]的人）一系列引人注目的警察杀害非裔美国人的事件帮助推动了"黑人的生命也很重要"的运动。唐纳德·特朗普的当选进一步推动了这一进程。

南部联盟英雄纪念碑的存在,以实物的方式证明了这场"失败的事业"的荒谬性,以及人们对根深蒂固的系统性种族主义的日益警觉。新奥尔良市市长米奇·兰德里欧拆除了新奥尔良所有的南部联盟纪念物,他解释说,这些纪念物"是为了庆祝一个虚构的、被净化了的南方联盟:忽略了死亡,忽略了奴役,以及它所代表的恐怖"。数十个城市宣布也将移除他们的雕像。[42] 2017年,福雷斯特在其家乡孟菲斯的雕像被拆除;他的公园后来被重新命名为"健康科学公园",以管理它的机构的名字命名。

在好莱坞,市政委员会很快对本杰明·伊斯雷尔的论点产生了浓厚的兴趣。在一个关于街道名称的特别研讨会上,有人提出谁来支付这些改变费用的问题。从技术上讲,每次改名要花费2000美元。劳丽·舍克特在好莱坞长大,现在经营着一家小旅馆,她举手说她会支付费用。(舍克特与维权人士琳达·安德森一道,最终将向这座城市支付超过2万美元的与街道改名相关的费用,包括制作新路牌的费用)。

当委员会就改名进行辩论时,数百名支持者聚集在外面。抗议者则向人群挥舞南部联盟的旗帜,高喊"特朗普!特朗普!特朗普!"佛罗里达州众议员谢夫林·琼斯说,他被告知"回到我来的地方去",他被称为黑鬼或"猴子"。[43] 一名白人至上主义者因手持旗杆冲向人群而被捕。"你是地球上的癌症,"[44] 他对一名抗议者喊道,"所有的犹太人都是!"

但南部联盟街道名称的捍卫者很少使用明显的种族主义言论。内战记忆的遗产远比这复杂得多。在街道改名听证会的直播中,我看到支持和反对改名的居民们辩论了几个小时。许多人认为这些名字是种族主义的;其他人只是把它们看作一个中立的事实，一种实体的历史教训。(福雷斯特·阿甘的母亲显然要归为这个阵营；影片中的角色以内森·贝德福德·福雷斯特的名字命名，这一点很奇怪，这是为了提醒他，"有时候我们都会做一些毫无意义的事情。")一些人认为应该让流落街头的人也进行投票。另一组人则抱怨说，要花时间更改他们账单和身份证上的地址——即使更改地址所需的时间比排队在会上发言所需的时间要短。

对另外一些人来说，把内战的历史保留在这些路标上是一种坚守传统的方式，他们认为这是浪漫主义的一部分——是他们集体记忆的一部分，他们认为这是一种他们可以钦佩的遗产，同时并不妨碍抵制奴隶制的罪恶。这让我想起了谢尔比·富特在孟菲斯舒适的书房中接受的一次采访。采访结束时，主持人念了一段听众对他"可爱的声音"的提问。

"人们总是谈论我的南方口音，"[45]富特笑着告诉他，"这一切都是因为我们在成长过程中有过所谓的有色人种看护。我们从黑人那里得到这个，这就是它的全部来源……在我21岁的时候，我意识到我吃过的每一口食物，背上的每一块布料，接受的每个小时的教育，都来自于黑人的劳动。"他的保姆内莉·劳埃德对他的意义，比他母亲或叔叔阿姨们的总和还要大。"这就是我全部的黑人体验……这就是变量所在，我是在一个黑人社区长大的，"他继续说道，"他们没有控制社区，但是他们创造了它。"

我认为这是崇拜内森·贝德福德·福雷斯特的人发出的有力声明。不知为何，富特既可以尊重为自己的一切需要而辛勤劳动的黑人，也可以尊敬企图奴役和谋杀黑人祖先的人。他能够在脑海中调和这两种想法，这似乎是对内战记忆争论的一种隐喻，这种隐喻反映在好莱坞居民为街道名称辩护的演讲中。

一位在好莱坞市政委员会会议上发言的妇女说:"我们必须关心我们的孩子,告诉孩子我们的历史。教会他们如何原谅,如何去爱,如何去同情,如何表现出同理心。撕下胡德和李的名字,这不会改变什么。它不会改变本质。"[46]

她说得对。改变名字本身肯定不会改变本质,但这可能预示着记忆的改变。在 2018 年,新的路标被竖起:解放街、自由街和希望街。

当我阅读关于南部联盟街道名称的资料时,我偶然发现一篇文章,[47] 是关于一名 17 岁女孩的文章,她就读于北卡罗来纳州我家乡小镇的东教堂山高中。她在"照片墙"[1] 上发布了一张自己和另一名学生挥舞南部联盟旗帜的照片,标题写着"南方将崛起"。他们和老师一起去了一趟南北战争的战场,上了一节历史课,刚刚重温了"皮克特冲锋"的情形,那是一场注定要失败的南部联盟对北方士兵的进攻,是内战结束的开端。学生贴出照片后,一位评论者写道"已经买了我的第一个奴隶"。针对同学和家长的批评,挥舞国旗的学生发出了一个道歉声明,但听起来更像是"失败的事业"的论调:"我很自豪能成为我所在州的一员,我很抱歉我的照片太无礼了,但我觉得这很合适,因为我是在纪念那些为保护家园和家庭而战斗的英雄。"

我记得自己每年的内战之旅。20 多年前,我在教堂山上高中读书的时候就自己去过一次,我也重演了皮克特在葛底斯堡的冲

---

1 Instagram,一款图片分享社交应用平台。

锋。(带我们的是另外一位老师。)我们一共去了三天，校车行驶在坑坑洼洼的公路上和高速公路上。我记得有个学生挥舞着南部联盟旗帜，有时还把它贴在车窗上，当时我们正沿着通往战场的小路颠簸前行。我觉得老师并不知道这种情形，但我还是什么也没说。在我的记忆中，我是那次旅行中唯一的非裔美国人。

当我和好莱坞市政委员会的凯文·比德曼交谈时，我想起了这次旅行。我们的交谈发生在委员会就街道名称变更投票前不久。比德曼委员告诉我，他决定到李街、胡德街和福雷斯特街走一走，试图为街道名称的改变争取更多支持。一个白人家庭告诉他，他们不想改名，他们的邻居是一位黑人，也不想让街道改名。他们的邻居就在街对面，他们叫他过来谈谈。这位黑人告诉比德曼他做了两份工作，没有时间更改身份证和账单上的地址。

但是，当比德曼告别离开后，那个黑人邻居又回来找他，并紧紧地握住了他的手，"谢谢你在这里所做的一切，"他告诉比德曼，他只是不想惹邻居们生气。

我想，这就是多年前我在学校的内战参观之旅时所做的：不跟邻座闹事。当时，这似乎是唯一能做的事情。

St. Louis

What Do Martin Luther
King Jr. Streets Reveal
About Race in America?

11 | 圣路易斯：

马丁·路德·金的街道
揭示了美国哪些种族信息？

1957年4月,马丁·路德·金前往圣路易斯发表演讲。他度过了忙碌的一年:蒙哥马利的公车抵制运动取得了巨大的成功,最高法院已正式宣布公交车种族隔离是违宪的。同年3月,金和他的妻子长途旅行到加纳,庆祝加纳从英国独立。年仅28岁的金非常不情愿地成为民权运动的代言人。

8000人聚集在圣路易斯大学的篮球场基尔中心,听他演讲。"来到圣路易斯真好,"金开始了他的演讲,他祝贺这座城市在种族关系方面取得的进步。黑人白人可以一起坐在午餐台上吃饭。"南方腹地的城市当然有很多东西要向圣路易斯这样的城市学习,"他说,在圣路易斯,融合的过程"没有太多麻烦",甚至是"顺利和平地"发生的。

人群用他们自己的语言给金的演讲加上了标点符号,几乎他的每句话后都喊出"是""继续说"或"阿门"。

但他并没有轻易地让人群离去。金说,黑人社区需要领导人,他们应该能够"领导今天站在荒野之中,等待它开垦成为自由和正义的应许之地的人们"。

"是的,是的,是的!"观众回敬说。

"这是,"金对人群说,"当前时刻面临的挑战"。[1]

在出生后的头几年,梅尔文·怀特住在圣路易斯的马丁·路德·金路(以下简称为MLK)。在20世纪40年代,富兰克林和伊斯顿大街周围的社区——它们于1972年并入MLK——大部分都是德国和意大利工人，街道两旁布满了卖鲜花和蔬菜的露天摊位，[2]那里有成箱的鸡和鹅，还有鲱鱼和莳萝。但当梅尔文成长为小伙子的时候，MLK已经成为了非裔美国人社区的中心地带，黑人购物者挤满了新开张的彭尼百货公司，通勤者们在宽阔的林荫大道上乘坐有轨电车。

但那是很久以前的事情了。彭尼百货早已关门，现在用作仓库。一些生意看起来很稳定——卖酒的商店、街角小店、一家卖猪排和香蕉布丁等南方黑人传统食物的小饭馆——但这样的生意并不多。贩卖毒品和卖淫在角落和小巷里极为猖獗，这里本来曾是生意兴隆的老板们装卸货物的码头。今天，盗贼们在光天化日之下凿掉已经破旧的豪宅，偷走那里的红砖，盖在休斯敦和夏洛特的房子上。

有一天，梅尔文的生活发生了改变，那天他开车穿过圣路易斯的德尔玛大道，那里距离MLK大约1.5英里。在梅尔文的孩童时期，德尔玛和MLK并没有什么不同——事实上，只是另一条空旷的街道，白人已经逃离了。但那天开车去德尔玛大道，梅尔文似乎第一次看到了这一切。黑帮、毒贩和破窗户都不见了。街道两旁是繁忙的餐馆、热闹的音乐场所和一个三屏艺术厅电影院。德尔玛大道上的商店——一家运动鞋精品店，一家墨西哥-韩国时尚煎饼餐厅——现在迎合富裕游客和时尚潮人的口味。美国规划协会已经把德尔玛大道列为全国十佳街道之一。

梅尔文是非裔美国人，身材修长，相貌英俊，带着金属框眼镜，有一颗金色的门牙，他在德尔玛大道开车，但脑子里却一直想着MLK。随着德尔玛大道的繁荣，他意识到，MLK已经彻底失败了。梅尔文是一名夜班邮递员,他的同事不敢在MLK上投递邮件。他很了解克里斯·洛克的老笑话:如果你发现自己在一条以马丁·路德·金命名的街道上,快跑!但梅尔文之前并没有真正想过这对MLK的遗产意味着什么。梅尔文突然想到,一条以这样一个男人命名的街道,看起来应该更像德尔玛大道,而不应该成为一个笑话。

在邮局的工作给了梅尔文很好的生活——在这个社区,政府部门的工作是受人尊敬的黄金标准。但在凌晨分拣邮件时,他担心这份工作会让他变得麻木。他和表兄巴里经常谈论,可能有什么事情在等待他们去做,一些比现在的工作更伟大的事情。当梅尔文想到这些事情的时候,有时他甚至无法入睡。

突然,就在德尔玛大道上,这件事情摆在他面前。"这对我冲击太大了,"他告诉我,我们开着一辆结实的本田车沿着德尔玛大道行进。我们经过一家出售自制的瓶装根汁汽水的餐厅,看到几个穿着瑜伽裤、推着婴儿车的女人。附近的居民说,在炎热的夏天,你会发现德尔玛大道的温度比MLK还要低10度,因为大道两旁都是枝繁叶茂的树木。

为什么MLK不能更像德尔玛大道?梅尔文扪心自问。除此之外,他还在思考,为什么他不能成为实现这一切的人呢?

你会发现大多数以南部联盟命名的街道和纪念马丁·路德·金的街道都在南方,这并非巧合,因为这个国家的大多数黑人仍然生活在南方。1968年马丁·路德·金去世后,黑人社区纷纷要求将街道改名为马丁·路德·金。(荷兰的哈勒姆只用了一周的时间就以他的名字命名了一条街道;西德的美因茨只用了三周的时间就出现了这样的一条街道。不过,在马丁·路德·金的出生地亚特兰大,有八年没有出现马丁·路德·金街道了。[3])美国有近900条街道是以马丁·路德·金的名字命名的。塞内加尔、以色列、赞比亚、南非、法国和澳大利亚也有叫马丁·路德·金的街道。

在美国,以马丁·路德·金命名街道的提议有时会引发种族战争。1993年,在佐治亚州的阿梅里克斯,一名白人消防官员说,他支持以金命名一条街道的一半,只要另一半可以以刺客詹姆斯·厄尔·雷的名字命名。在佛罗里达州迈阿密的戴德县,马丁·路德·金的路标被涂上了"罗伯特·E. 李将军"的字样。[4] 2002年,一名驾车者在明尼苏达州曼卡托市砍倒了新竖起的MLK街道招牌,同时高喊种族主义的口号。[5] 2005年,在印第安纳州的芒西,一名县政府雇员声称,那些支持街道名称的人"表现得像黑鬼一样"。[6]司法部不得不派出一名调解员在公民中进行了三个月的调解工作。

甚至我们认为进步的城市也爆发了冲突。奥斯汀的第一条马丁·路德·金街道诞生于1975年,当时历史上以黑人学生为主的休斯顿-蒂洛森大学的名誉校长西布鲁克[7]因心脏病突发去世,他曾热情地呼吁变革。艾玛·卢·林恩[8]是一位白人委员会成员,试图挽救西布鲁克的生命;一张她在讲台上实施心肺复苏术的照片被广泛刊登,这张照片给她带来了死亡威胁。1990年,在俄勒冈州波特兰市,5万人签署了一份请愿书,[9]反对以马丁·路德·金的名字命名一条街道。数十人在更名仪式现场外大喊大叫。一位法官宣布计划中的对街道名称的公开投票是非法的。

种族隔离意味着非裔美国人经常住在自己的社区，所以MLK的街道很快就与黑人社区联系起来。乔纳森·提洛夫是一名记者，他拍摄了美国以马丁·路德·金命名的900余条街道，并将他的书命名为《沿着马丁·路德·金街道：美国黑人的主要街道》。[10]拉蒙特·格里菲斯在罗利市中心的MLK大道上经营着一家理发店。他告诉记者："如果你刚到这个地区，想找到非裔美国人社区，你只需问一句：马丁·路德·金青年街在哪里？"[11]

梅尔文的非营利组织——"美国心爱的街道"——总部位于MLK大道上，这条街道从圣路易斯市中心的密西西比河边延伸到城市的西部边缘，全长超过7英里。我到达的时候，梅尔文的表兄巴里和他的新闻官安德烈（他儿时的朋友）打开了守卫大楼的厚厚的金属栅栏门。在里面，办公室看起来就像一间进行"黑人历史月"教育的学校教室，贴满了马丁·路德·金的各种姿势的——思考、游行、讲道、演讲——的黑白照片。房间里写着一句话："生活中最持久、最紧迫的问题是'你为别人做了什么？'"

墙上竖起了一幅专业绘制的横幅地图，这是梅尔文对MLK大道愿景的总体规划。"MLK代表材料、劳动力、知识，"他告诉我，边说边指向计划中的投影图像——新建筑，体育设施，人行道，公共艺术。在构思出类似德尔玛的愿景（他告诉我，这是一个愿景，而不是一个梦想，因为他能看到它）之后，梅尔文草拟了一份他对MLK的计划草案。他第一次参加了人们交换名片的社交活动。他想出了如何在城里的街道上以低廉的价格租到房产的办法。

梅尔文和巴里驱车前往全国各地的MLK街道——和一位住

在底特律的朋友一起，穿过印第安纳州的加里，前往芝加哥。每次梅尔文去某个地方——在迈阿密和一位女士度假，在费城参加婚礼——他都用手持式摄影机拍摄 MLK 街道的照片，并将这些晃动的图片发布在一个简单的网站上。

然后梅尔文开始在媒体上露面，在图像不清晰的社区电视上悄悄地传播 MLK 这个词。他一路攀升，最后到圣路易斯公共电台工作。很快，他知道人们围坐在一起，等待着别人叫他们帮忙。教授、部长、银行家和大学生都拨打了他出场时提供的手机号码。当梅尔文无法完成使他的非营利组织合法化所需要的一大堆文书工作时，他说服了圣路易斯最高建筑里的一家律师事务所免费帮他填写。起初，他选择了"联合愿景"这个名字，但人们一直在问他关于眼镜的事。[1] 最终，他把名称确定为"美国心爱的街道"，取自马丁·路德·金设想的"心爱的社区"，在这里上帝的创造物可以在爱与和平中共存。

为了在"心爱的街道"办公室对面的破烂地段上为他提议的"遗产公园"制订规划，梅尔文·科尔德不断给陌生人打电话，直到一位 80 岁的建筑师同意帮忙。建筑师去世后，梅尔文又打起了电话。这一次，第一个应答的人是德里克·劳尔。劳尔职业生涯的大部分时间都在为数百万美元的合同起草复杂的建议书；但对梅尔文，他是免费工作的。

连续 8 个月，"心爱的街道"组织都在拟建的遗产公园举办社区日活动，分发衣服、煎饼早餐，圣诞节的时候则分发玩具，一辆吉普车敞开的窗户里传出爵士灵歌的声音。华盛顿大学捐赠

---

1 vision 是愿景的意思，但也有"视力"的意思，人们以为他开的是眼镜店。

了食堂里的食物，志愿者们向过往车辆挥舞着用荧光墨水写的手写标语。梅尔文对"心爱的街道"组织所在建筑物的后端有宏伟的规划，现在它是一个巨大的阁楼式空间，墙上的油漆剥落下来，形成一英尺厚的堆积。就在我来的前一周，梅尔文告诉我有个人在房间里吸毒过量。水泥地被扫帚扫得干干净净；梅尔文解释说，他和几个朋友清除了多年的废弃物，扔掉了垃圾、针头和避孕套。

梅尔文正是在这里规划了一个大型室内水培有机农场，在那里蔬菜将在没有土壤的情况下生长。"我们要种莴苣、玉米、南瓜、胡萝卜和西红柿，"巴里告诉我，"随便你要什么，"他停顿了一下，"我不知道我们能不能种香蕉。我们能种香蕉吗？"

可以用不可思议来描述这个计划，但梅尔文是一个有说服力的人。仅在一个下午，劳尔就为这个项目提供了 2.5 万美元，帮助建造这个系统。华盛顿大学同意购买他们所能生产的每一棵莴苣，以帮助支付原本令人望而却步的电费。

梅尔文带我上了楼，去了他打算重新装修、用作员工宿舍的房间。用房地产经纪人的话来说，这栋建筑有"好骨架"——滑道门；高高的拱形门廊；高 12 英尺的天花板。擅自占用房屋的人刚刚搬走，窗户早已破碎，明亮的阳光洒进了房间。房间里堆满了垃圾——一张奇怪的松瘪的床垫，一束长长的卷发，一个孩子的紫色背包，墙上用喷漆写着一条信息："骗子们，要么更加努力，要么回家。"

尽管 MLK 已衰落，但仍然是黑人社区的重要街道，即使对那些很久以前搬到郊区的人也是如此。我离开圣路易斯几天后，迈克尔·布朗在弗格森被一名白人警察开枪打死，那里距离梅尔文长大的地方并不远。枪击事件引发了全国范围内的抗议活动,愤怒情绪帮助推动了"黑人的生命同样重要"运动的发展。迈克尔·布朗的葬礼在马丁·路德·金大道上一座黑人大教堂举行。送葬队伍正好经过梅尔文的办公室。

圣路易斯的故事与梅尔文自己的故事相仿。他母亲在大迁徙期间从田纳西州来到这座城市,当时数以百万计的非裔美国人从南部迁出。她得到了一份不错的公职工作,也是在邮局。和其他许多黑人移民一样,她住在城市里。但很快她就把三个儿子带到了郊区。当这家人20世纪70年代搬到圣路易斯市郊区时,他们的邻居大多是白人。但是随着白人的进一步迁移,黑人也跟着他们,只要他们的积蓄足够支撑这种迁移。短短几年,郊区和市中心一样,黑人也被隔离开来。梅尔文摇摇头,他告诉我白人是怎么全部搬走的,"我从小被称为黑鬼,长大后居住到了一个只有黑人的地方。"

梅尔文的家庭故事是圣路易斯大清除[1]故事的一部分,《衰落的轨迹》一书的作者科林·戈登把这场大清除称为"众所周知的悲剧"。[12] 1945年,密西西比州五个孩子的黑人父亲雪莱在圣路易斯的MLK大道上买了一栋简陋的砖房。邻里协会提出诉讼;一项关于房屋的公约禁止把房产出售给"白人血统不纯正的人、黑人或蒙古人种的人"。[13] 最高法院在1948年裁定这些公约违宪,但随着白人逃离,这条街道上的种族隔离更加严重。

圣路易斯仍然是美国种族隔离最严重的城市之一,戈登认

---

1 圣路易斯大清除,就是把黑人逐步从这个城市赶出去。

为，这是种族限制和城市政策失败的产物，这些政策把圣路易斯的黑人社区孤立和边缘化。报纸把非裔美国人的房产列入一个单独的部分——"有色"部分，这个城市的"有色"部分日益萎缩，几代人挤在一个家庭的房子里。1948年的一份房地产手册警告说，有一类买房者可能会引发经济衰退，包括："走私者""应召女郎"，以及"给孩子提供大学教育、认为自己有权和白人住在一起的有钱的有色人种"。[14]

作为社区经济引擎的医院被关闭。政府将非裔美国人排除在低息贷款之外，使黑人无法踏上成为有产阶级的阶梯。作为"城市更新"政策的一部分，黑人社区被拆毁。20世纪60年代，市议员山姆·摩尔还是个孩子的时候，他和17个兄弟姐妹搬到了一套三室的公寓里。他们在米尔克里克镇宽敞的房子被认为"有损市容"，后来他的选区覆盖了MLK的大部分地区。

在我写作本书的时候，位于圣路易斯郊区的拉杜，白人占87%，家庭收入中值为203250美元。[15]就在大约7英里外，MLK大道周围的区域中94%是黑人，该社区的收入中值约为27608美元。"这很讽刺，"地理学家德里克·奥尔德曼教授（他经常撰写关于MLK街道的文章）告诉我，"我们把这个时代最著名的民权领袖之一的名字贴在街道上，这些街道表达了继续民权运动的迫切需要。"

我关注梅尔文很多年了，经常给他打电话，看看他现在怎么样。事情往往没有按计划进行。公园建设进展缓慢，拖延困扰着他，就像他不能修理办公室的厕所一样。他把自己的几千美元投入到"心爱的街道"，并努力筹集更多的资金。他的手在分拣邮件时弄伤了,所以只好到邮局去领伤残补助。有一年的圣诞节期间,小偷们偷走了这栋建筑明亮的绿色遮阳篷和灯具。

但梅尔文是一个眼光长远的人,在他开始工作十年后仍然在坚持。他的真诚吸引了盟友。关于他的谈话常常以"嗯,我喜欢梅尔文"开头,他吸引了高层的注意。哈佛大学设计研究生院的一个班,由丹尼尔·多卡带领,飞往圣路易斯,为街道设计项目。梅尔文作为哈佛邀请的嘉宾来评价学生们作为期中考试和期末考试的设计方案。(其他的评论人士包括华盛顿特区的规划总监,以及一班不妥协的五年级学生。)之后,梅尔文在哈佛广场的一个黄色隔板房子里和学生们一起庆祝。他甚至不知道哈佛在波士顿附近。

2018年感恩节之前不久,在哈佛法学院的雷金纳德·刘易斯大楼,梅尔文站在一个阳光明媚房间里的讲台前。现在,他已经扩大了他的使命,并与其他城市合作,要把这个项目变成全国性的项目。布兰登·科斯比是他的新合作伙伴之一,经营着印第安纳波利斯的"弗兰纳之家",这是一个社区中心,沿着城市的MLK街道为以非裔美国人为主的社区服务。

在哈佛,科斯比在梅尔文演讲之后发言,他向观众讲述了"弗兰纳之家"一个城市农业项目的经营,该项目吸纳了那些像他所说的"被赶出、踢出学校或辍学"的孩子们。孩子们和供应商谈判合同,当他们完成了一笔买卖后,一个年轻人俯身在孩子的耳边低声说:"你知道吗,你刚刚做成了这笔交易,以比大麻还高的价格卖出了罗勒叶?"

"这也是我的想法。"科斯比低声回答说。

认识梅尔文越久，我越来越发现他的想法的宏大。他很早以前就意识到 MLK 街道的问题不仅仅是清洁。但即使在哈佛大学取得了成功，也很难看出梅尔文是如何坚持下去的。正如他的批评者所指出的，不管他做了多少次清理，送了多少玩具，从哈佛得到了多少帮助，圣路易斯的 MLK 街并没有变得更好。但也许可见的进展速度并不是他成功的唯一衡量标准。也许他的成功仅仅是因为对这个问题的关心。

我认为马丁·路德·金会喜欢梅尔文，后者是一个试图用自己的方式让世界变得更好的普通公民。金本人就是个普通人，是个不情愿的领导人。他年纪轻轻就被召唤参与这样的事业使他惊慌失措，他把自己的工作视为激励人们在自己的社区组织起来。金的奋斗不是孤独的——他是成千上万为改变而挣扎、受苦和奋斗的普通人中的一员。

但我想，金不会在乎他的街道是在下层阶级居住的地区。他支持穷人，他不会羞于把自己的名字和他为之献身的人民联系在一起。很难想象他会想用化学烧杯喝咖啡，或者在 12 种不同的通心粉和奶酪中挑来挑去，就像我在德尔玛看到的那样。内在的窘迫、绝望，在空地上踢起灰尘的孩子们，这些都会激励他采取行动。

圣路易斯的 MLK 的衰落是真实的，这也是 MLK 的街道成为某种城市黑人社区衰落象征的原因之一；这就是为什么这么多抗议的商人直截了当地说，这个名字"不利于商业"；这也是为什么克里斯·洛克的笑话很有趣。但是很难知道 MLK 街道的负面名声到底有多大。一些研究人员发现，居住在有 MLK 街道的社区和没有 MLK 街道的社区之间的真实财富存在差异。但另一项研究发现,从统计数据来看,MLK 街道的经济状况并不比美国其他主要街道差。在 MLK 街上,礼品店比保释担保人多,保险公司比酒店多。[16]

但是,背负这些名誉是否真的很重要呢?可能是因为 MLK 街道总是被认为是坏的,不管他们现在有多好,或者他们会变得多好。尽管许多 MLK 街道穿过商业区和大学城,穿过豪华的白人社区,或绕过政府总部的大楼,但这些都没有什么用。对许多人来说,以马丁·路德·金命名的街道只能是一条黑人居住的街道。对他们来说,黑人居住的街道永远是不好的街道,即使那里有公园,有精品店,有与他们的看法相反的证据,但这些不会让他们产生任何不同的感觉。

Who Belongs on South
Africa's Street Signs?

South Africa

12 | 南非：
谁的名字配放在路牌上？

"嗯，这非常戏剧化，"[1]弗兰妮·拉布金在2010年对一位口述历史学家说，"我其实是在监狱里出生的。我的父母当时是南非共产党和非国大（ANC，非洲人国民大会，简称非国大）的地下成员，他们被逮捕时，我妈妈正怀着我。"那是1976年秋天。60多年来，非国大一直在反对种族隔离，即反对南非把种族隔离合法化的政策。种族隔离迫使非洲黑人和"有色人种"进入保护区和城镇，限制他们只能进入最原始的学校，公然掠夺他们的土地，并在很大程度上限制他们只能从事卑微的职业。就在弗兰妮父母被捕前几个月，南非军队在约翰内斯堡郊外的索韦托镇打死打伤了数百名抗议学生。当拉布金一家被种族隔离法庭宣判时，他们举起紧握的拳头，该手势象征着黑人的力量。

在弗兰妮出生后，她的母亲苏珊·拉布金被关押在开普敦外的波尔斯莫尔最高安全监狱长达10天，随后被驱逐到英国。（弗兰妮是白人，她的母亲出生在英国。）几年后，他们离开莫桑比克，为流亡的非国大工作。弗兰妮的父亲在监狱服刑7年——检察官曾要求判处他死刑——在年仅37岁时死于安哥拉的非国大训练营。

1990年，当非国大领导人纳尔逊·曼德拉从弗兰妮出生的监狱获释时，30多岁的弗兰妮戴着一顶印有红星和切·格瓦拉头像的帽子飞回南非。她后来成为一名律师，并于2001年在种族隔离结束后的新南非宪法法院担任司法书记。宪法法院由黑人法官和白人法官共同组成，这些黑人法官曾经遭受过种族隔离的迫害，而白人法官尽管并不支持种族隔离，但也可能从中受过益。但令人惊讶的是，她并没有从他们的投票方式中发现什么规律。他们不像美国最高法院的法官那样，在政治立场上存在分歧。不知何故，法官们找到了弥合历史的方法，多年来，最高法院一致坚决主张废除死刑，一致维护同性恋者婚姻的权利。

但有一个案件动摇了弗兰妮对法院和谐精神的信念。她成为记者后写道："我不认为这些案件是不好的法律造成的，但我从未见过最高法院法官之间如此激烈的交锋。"[2]

毫不奇怪，这个案例是关于街道名称的。2007年，南非行政首都比勒陀利亚曾提议在市中心更改27个街道的名字。[3][关于城市本身名称的争论仍在继续：它是叫比勒陀利亚（Pretoria）还是叫茨瓦内（Tshwane），这仍然是一个悬而未决的问题，茨瓦内是大都市区的名字。] 在种族隔离制度下，许多街道的名字都是用南非荷兰语来命名的，或以在南非的阿非利卡人[1]的名字来命名，南非政府在很大程度上设计并实施了种族隔离制度。政府甚至根本没有费心给许多非白人地区的街道命名；即使在今天，全国仍有数千条街道没有名字。一位南非黑人选举官员告诉我，他在成长过程中经历过这样一件事，他有一位堂兄——其地址让他看起来非常"独特"。

许多提议的街道名称是为了纪念非国大斗争中的英雄，但自称为阿非利卡人"民权"组织的非洲论坛反对这些改变。"非洲论坛青年"的一些成员（不幸地被如此命名）用英语、南非荷兰语和塞索托语的旧街道名替换了一些新标识。茨瓦内市的发言人

---

1 以南非荷兰语为第一语言的南非人，常为荷兰裔。

布莱辛·马纳莱对新闻媒体说,他周一早上醒来,发现招牌上又出现了那个老名字。他说,这不过是"怀旧",是"种族主义的怀旧"。[4]

非洲论坛提起诉讼,要求阻止这座城市删除老的街道名称。其论点大体是,该市没有给居民发出改名的通知,居民没有机会对这些变化发表意见。还有一个技术性的问题,那就是这场争端到底是否属于宪法法院管辖。但此案涉及的不仅仅是技术问题,相反,它似乎在质疑阿非利卡人究竟在多大程度上是真正的南非人。

但在我谈到这个案子之前,我想谈谈另一个年轻的南非人莫戈昂。莫戈昂讲了两个故事,[5] 以此说明在种族隔离的南非长大的黑人孩子是什么样的感觉。有一次,他和祖父在一个叫科菲克拉尔的村庄里放牛放羊,警察把车停下来,要求他祖父出示身份证件,那是一种当地护照,控制像他祖父这样的黑人在南非境内的活动范围,人们常称之为"多帕斯"——"愚蠢的通行证"。他祖父的多帕斯在几公里外的家中,他恳求警察允许他去取。但警察却把他拖到最近的警察局,把小男孩留在了原地。他的祖父是他心目中的英雄,这位英雄的无助,使莫戈昂感到困惑,他一路哭着独自走回家。

第二个故事是关于莫戈昂的母亲,她在约翰内斯堡附近的佛罗里达做女佣。(他的父亲在矿上工作。)"她在斯托伯格家里做事,"他说,"他们有一个和我年龄相仿的儿子,名叫戈登。我羡慕戈登所拥有的一切,我的父母不断地提醒我,在某个阶段,我要成为戈登那样的人。"他很快补充说,他并不是想成为白人,他很高兴自己是黑人,但他想与戈登和他的父母达到"相同的人生层次"。[6]

但他达到了更高的层次。在听说了街名案后不久,我在电脑屏幕上看到了现任南非宪法法院首席法官的莫戈昂。法庭很不寻常,是一个充满和解精神的地方。这座曾经是臭名昭著的监狱所在地的建筑,现在以"树下正义"为主题,暗指智者在村庄调解纠纷的传统。监狱审判区的一个旧楼梯间仍然存在,过去监狱的砖头和新建筑的砖块混在一起。大法官的座位并不比旁听席高,虽然他们身后的窗户很高,但实际上窗户与外面的地面齐平。在法庭里,你会看到外面有源源不断的人从法官们的头顶走过。这意味着法官无时无刻都会被提醒:他们不能凌驾于法律之上。

最高法院首席法官莫戈昂身穿深绿色长袍,上面配有褶皱状的白色衣领,开始宣读对"街名"一案的判决。他的判决不同寻常地以种族隔离的基本历史作为开场白。"南非,"他在判决书中大声念道,"实际上是最后一个从这一制度中解放出来的非洲国家,这个制度丝毫没有发现一个种族群体无缘无故地被另一个种族群体进行制度化的压迫有任何问题,而这种压迫仅仅是基于他们的肤色、鼻子形状或头发质地。"[7]黑人被认为既懒惰又愚蠢,不出所料,没有任何城市、城镇、街道或机构用黑人的名字命名,以表达对黑人领袖、黑人传统和历史的认可。街道名称反映新的现实有错吗?对于非洲论坛反对这一决定的理由,他尖锐地写道:"极其脆弱。"

他的同事中有八位法官同意了,这八位法官都是黑人;两位大法官不同意,他们也是此案中仅有的两位白人法官。约翰·弗罗内曼法官在一个农场长大,家里雇佣的女人就像莫戈昂的母亲一样。(换句话说,他就是戈登。)艾德温·卡梅伦法官是一位改良主义活动家,是同性恋,艾滋病病毒感染者,因为他的父亲是"一个灾难性的酒鬼",[8]母亲无法养家,他被送进了孤儿院。但他只上过白人学校,最终获得了罗德奖学金。这两位大法官的童年也许和南非白人一样各不相同,但至少在这个案子中,他们的观点是一样的。

弗罗内曼法官写道,非洲论坛在挑战新名字时没有做错任何事。南非宪法保证所有少数民族都必须"感到被包容和受到保护","难道阿非利卡白人与南非白人不能享有1994年之前的文化权利,除非能够证明这种权利不是根植于压迫之中吗?"弗罗内曼法官问道。"必须怎么做才能证明这一点呢?难道所有以南非人或阿非利卡人为成员的组织现在必须证明,他们在我们压迫性的过去没有历史根源吗?谁来决定,以什么标准来决定?阿非利卡人现在难道成为了'宪法上的弃儿'吗?"[9]

几条街道的名字已经体现出种族隔离后南非的焦虑感。种族隔离前的南非看起来与今天的南非没有那么大的区别;事实上,从某些方面来看,南非是世界上最不平等的国家。白人只占全国人口的大约十分之一,却拥有全国90%的财富。[10] 80%的南非人(大部分是黑人)的净资产为零。[11]从地理上、经济上和情感上来说,种族隔离似乎从未结束过。

同时,阿非利卡人在南非是少数族群——只占人口总数的大约5%。尽管其中的许多人对他们的同胞犯下了难以言喻的罪行,但他们的祖先在"五月花号"登陆普利茅斯后仅30年后就来到南非。阿非利卡人仍然没有感到已在此生根,但大部分人没有离开的计划,尤其是他们无处可去。其他历史上的恶棍已经能够被同化,即使他们的罪行更加堕落。南部联盟的人再次成为美国人，纳粹重新成为德国人。问题是阿非利卡人是否可以完全成为南非人。

这一章内容本可以在1960年2月开始的，当时英国首相哈罗德·麦克米伦在开普敦发表演讲前呕吐了。(这是一个在第一次世界大战中大腿和骨盆受伤的人，他在战壕里躲了10个小时，服用吗啡，阅读埃斯库罗斯用希腊语写作的《被束缚的普罗米修斯》。)[12]麦克米伦在非洲进行了为期六周的盛大巡视。一百多年来，大英帝国一直支持欧洲在非洲的统治。但正如弗兰克·迈尔斯所描述的那样，现在帝国的要求太多了，殖民主义的罪恶更加突显。第二次世界大战后，英国放弃了对只有少数白人人口的非洲国家的统治，[13]如黄金海岸（加纳）和尼日利亚，在那里黑人和白人之间的冲突将最小化。但是对于罗得西亚（现津巴布韦）和南非这样由强大的少数白人进行统治的国家来说，英国仅支持白人统治。然而，情况很快就发生了改变。

议会黑暗的、木制地板的餐厅墙上贴满了庆祝南非独立的画作，[14]麦克米伦翻开面前的演讲稿，双手颤抖。他用他那抑扬顿挫的伊顿口音发表演说，一开始就赞叹这个国家的"农场和森林、山川、蓝天和广阔的地平线"，[15]但演讲很快就呈现出一种不祥的语气。

他说："变革之风正吹过这片大陆。""不管我们喜不喜欢，民族意识的增长是一个政治事实。我们都必须接受这一事实，我们的国家政策也必须考虑到这一点。"至于南非，"坦率地说，你们政治中的某些方面"使英国无法给予全力支持，而不"违背我们对自由人的政治命运所持的深刻信念"。英国不会接受种族隔离。

人们称这场演讲为"变革之风",但更适合它的名字也许是"帝国的终结"。

南非总理亨德里克·维尔沃尔德并没有事先收到麦克米伦演讲内容的告知,尽管他的秘书们拼命地要求麦克米伦事先提供一份演讲稿。这本是一个值得庆祝的时刻,[16]是联邦成立五十周年,国旗飘扬在全国各地。他站起来进行对麦克米伦的演讲进行了回应。

一开始,维尔沃尔德就一反常态地犯了错误,说话吐字不清,结结巴巴。他粗犷剪裁的服装和健壮的身材与麦克米伦形成了鲜明的对比,一位记者形容麦克米伦呈现出"爱德华七世式的瘦削,毫不经意地流露出优雅的气质"。[17]但维尔沃尔德很快做出了尖锐的、即兴的回答,"我们在南非遇到的问题已经够多了,不需要你过来发表如此重要的声明,并期待我用简短的几句话来感谢你。"然后,他开始捍卫种族隔离政策,但从不使用这个词本身。他说:"非洲国家独立的趋势,对所有人伸张正义的需要,不仅意味着对非洲黑人公正,也意味着对非洲白人的公正。"维尔沃尔德明确表示,他所说的"带来了文明"的白人将统治他们自己的土地,即"我们唯一的祖国";黑人可以统治他们自己的领土,就是白人为他们限定的居住的地方。

有人发来电报祝贺维尔沃尔德的挑衅回应。麦克米伦的讲话非但没有削弱种族隔离,反而似乎加强了种族隔离。在他演讲后大约一个月后,警察在夏普维尔镇杀害了69名和平抗议通行证法的非洲人。政府禁止所有抗议活动,并将泛非主义者大会和非洲国民大会等反种族隔离组织的行为定为犯罪。(联合国谴责这一杀戮。另一方面,密西西比州的立法机构赞扬南非政府"坚定不移地推行种族隔离政策,以及在面对压倒性的外部环境时,对传统的始终坚持"。[18])第二年,南非白人投票决定与英联邦断绝关系。维尔沃尔德机场、维尔沃尔德医院和维尔沃尔德学校,当然还有维尔沃尔德街道,遍布全国。

演讲当晚,麦克米伦在日记中写道:"我必须安慰那些具有英国血统的人;激励自由主义者;满足国内舆论——至少在表面上——要与控制这个广阔国家的奇怪的阿非利卡政治家骨干保持良好的关系。"[19]

这些奇怪的政客是谁?维尔沃尔德曾经是一个非常杰出的学生,后来成为了社会学和心理学的教授。在离开学术界投身新闻事业和后来投身政治之前,他曾在哈佛大学和耶鲁大学游历。[20]他的举止和外貌并不让人感到害怕。安东尼·桑普森在《生活》杂志上写道:"初次见到维尔沃尔德博士时,他看起来似乎是一个异常温柔的人。他个子很高,有着圆圆的脸,翘起的鼻子,灰色的眼珠。只有在休息的时候,你才能看到冷峻的嘴角和眼神里的疲惫。他用一种校长式的温和语气讲话,仿佛在安慰焦虑的学生,他带着天真无邪的微笑,似乎在说:'一切都那么简单。'"[21]

对于1966年被暗杀的维尔沃尔德来说,事情很简单。自从第一个欧洲人踏上非洲大陆,种族隔离就一直存在于南非,并迅速地写入了法律之中。先是担任原住民事务部长,后来担任总理的维尔沃尔德,很快就把他对种族隔离的看法写成了一系列带有奥威尔式名称和奥威尔式后果的法律。《班图教育法》将南非黑人限制在补习学校;《人口登记法》制定了按种族分类的全国居民名单;《班图建筑工人法》允许黑人接受建筑行业的培训,但禁止他们在白人地区工作;《禁止混合婚姻法》的要点是显而易见的。

（当时的内政部长指出，美国有30个州有同样的法律。）[22] 未来的总理马兰说，"我不使用'种族分离'（segregation）这个词，因为它被解释为用栅栏分开；而是使用'种族隔离'（apartheid），它会给各个种族机会，让他们在自己的基础上提升自己。"[23] 种族主义被重新包装成赋予权利。

许多阿非利卡人是在荷兰东印度公司时期来到南非的。在19世纪，英国人来了，并且像英国人经常做的那样，接管了这里。他们把阿非利卡人视为野蛮人，贬低他们的语言，剥夺了他们大部分的政治自主权。但从积极的方面看，英国人废除了奴隶制，这激起了阿非利卡人的不满。因此，那些穿着短外套、带着无边呢帽的先驱者——或"旅行者"——开着满载物品的牛车往里面走。1835年至1846年间，约有15000名阿非利卡人在"伟大的跋涉"中离开，他们与部落进行了血腥的战斗，他们遇到了——举几个例子，祖鲁人、巴索托人、茨瓦纳人和恩德贝勒人等。[24] 他们名义上废除了奴隶制，但却俘虏了他们所谓的"学徒"——有时，正如一位德国传教士所说，是"一整车的孩子"[25]——为他们劳动。

但是他们无法彻底远离英国人，尤其是发现丰富的钻石和黄金储备的地方。英国人和布尔人[1]之间进行了两场战争，英国人在与布尔人的游击战中败下阵来，但他们烧毁农田，屠杀牲畜，把妇女和儿童送进集中营（这个词可以说是这场战争创造出来的）。[26] 大约有26000布尔人死于集中营，其中大部分是儿童，还有成千上万的黑人和"有色人种"非洲人。负责集中营的基钦

---

1 阿非利卡人的语言中"农民"的意思，因此布尔人就是阿非利卡人。

纳勋爵称阿非利卡人是未开化的,是"披着一层薄薄白色外衣的野蛮人"。[27]

战争结束后,阿非利卡人被迫离开农场,进入城市,他们比英国白人穷得多,许多人因此陷入贫困。来自卡耐基委员会的研究人员开着一辆福特T型车游历了南部非洲,[28]并最终发表了一份五卷本的报告《南非的贫困白人问题》。该报告发表于1932年,建议政府在白人社区采取减轻贫困的措施——而这最终只会损害非洲黑人的利益。[29]一些人认为,被送到维尔沃尔德手中的委员会报告,成为了种族隔离制度的"蓝图"。[30]

战争巩固了阿非利卡人的核心意识形态:他们是幸存者,是被选中的民族。1948年,当阿非利卡人的政党国家党以微弱优势获胜时,它将阿非利卡人的优越性作为其生存宗旨的一部分。"就像巴勒斯坦的犹太人和巴基斯坦的穆斯林一样,"[31]阿非利卡人的辩护者皮特·西莉在1952年写道,"阿非利卡人为反抗英国统治获得自由而战,不是为了转而被另一个多数种族所压制。最终,我们将给予这个多数种族以自由,但绝不能给予他们控制我们的权力。"非洲黑人"不会得到更多的权利,如果那意味着剥夺我们生命中的权利"。

曼德拉认为,理解阿非利卡人对争取他们支持他的事业至关重要。他的一个狱友麦克·马哈拉杰告诉他,南非荷兰语是"该死的压迫者的语言"。[32]但曼德拉坚持让他们学习这门语言,并告诉他,"我们要打持久战,如果你不了解指挥敌军的将军,你就不要幻想去伏击敌人。"在监狱里,曼德拉通过函授课程学习南非荷兰语。一位友好的狱警批改了他关于"海滩上的一天"等主题的简单文章[33](曼德拉写的是他在罗本岛拖海草、把海草晾干制成肥料的监狱工作——这可能不是考官预想的那种文章）。最终，他通过了语言考试。

曼德拉曾经给一名记者讲过一个故事，[34]解释南非白人和阿非利卡人的区别，并说这是他的长辈传下来的故事。曼德拉说，如果一个黑人男子来到一个英国白人家庭的门口索要食物，家里的女主人可能会邀请他进来，然后给他一片薄得"太阳光可以透过的"烤面包片和一杯淡茶。但是如果他去了一个阿非利卡人的家，家里的女主人会因为他试图从前门进来而对他大喊大叫，告诉他在后门等她。她从不请他进屋，但她会递上厚厚的面包片，上面涂着花生酱和果酱，一壶热的甜咖啡和一袋剩菜，让他带回家给他的家人。

我喜欢这个故事，卡萨·诺曼在她探究阿非利卡人身份的书籍《血河之桥》中讲述了这个故事，它讲述了很多关于阿非利卡人的故事，也讲述了很多纳尔逊·曼德拉的故事。曼德拉并不认为阿非利卡人天生就坏，他知道他们只是害怕。正是这种恐惧感，这种不安全感，这种对种族主义近乎宗教化的虔诚，导致了种族隔离的产生，导致了数千人被杀害，以及他自己近27年的监禁。曼德拉获释后，问题仅仅在于阿非利卡人最终能否让黑人从前门进来。

当曼德拉在1994年就任总统时，他也用手捂着胸口唱着南非荷兰人的国歌。在他的就职演讲中，他穿着一套不同寻常的简朴的三件套蓝色西装，当南非人在跳舞，他谈到了南非这个"彩虹之国"。当全是白人队员的国家橄榄球队比赛时，大多数南非黑人都支持其对手球队。但当南非在自己的主场赢得世界杯时，曼德拉穿着国家队的印有跳羚球衣颁发了奖杯。跳羚是羚羊的一种，是阿非利卡人的象征。他和维尔沃尔德的遗孀在维尔沃尔德居住的白人小镇上共进晚餐，吃的是一种裹着黏稠酱汁的麻花形甜甜圈。他们很自然地用南非荷兰语交谈。

令人吃惊的是，在曼德拉的任期内，种族隔离时期的名字几乎没有改变。政府没有进行审判，而是建立了一个真相与和解委员会，提供机会让人认罪但不用接受惩罚，让人提供证词而不用担心遭到报复。曼德拉也反对将关押他的阿非利卡人有关的街道、机场和纪念碑重新命名。他对将维尔沃尔德大坝改名为诺贝尔奖得主、大坝负责人卢图利的名字持保留态度，[35]因为他意识到这是要把一名阿非利卡政治家的名字改成一位非国大成员的名字。1994年，曼德拉还告诉一家报纸，他对原名为维尔沃尔德大楼的议会大厦改名感到"不安"，部分原因在于维尔沃尔德的孙子及其妻子现在都是非国大成员。

"不管（年轻一代的维尔沃尔德人）多么不喜欢种族隔离，"他解释说，"那仍然是他们敬爱的祖父，我们不能麻木不仁，把他们单独挑出来。"[36]曼德拉补充说，确实会有一些改变，其中一些会"让社区的一部分人感到不安"，但在大多数情况下，他会谨慎处理名字的改变问题。大多数新政权想要通过重塑城市景观来达到抛弃过去的目的，以显示世界发生了多么巨大的变化，但曼德拉采取了相反的做法。保留旧的名字也许是一种策略，使革命看起来不那么剧烈，使和平不那么脆弱。

之后，继任总统职位的塔博·姆贝基推动了更多的改革。在真相与和解委员会内设立的南非地名委员会[37]已经更改了800多个地名。[其中有400多个名称的原名中含有诋毁黑人的词"卡非尔"(黑鬼)。] 全国各地的街道名称也开始发生变化,城市里经常一次改变几十个名字。仅德班一地就有 100 多条街道改名;不久之后,许多街道被喷漆或毁坏。[38]

即使是黑人和"有色人种"的南非人也不总是一致赞成这些改变。许多南非人抱怨新的街道名称严重偏向非国大及其英雄。因卡塔自由党(主要由祖鲁人组成)举行游行,抗议将曼戈苏图高速公路(以因卡塔自由党领袖的名字命名)改名为格里菲斯-姆森格高速公路,以纪念一名非国大激进分子。还有人质疑,为什么德班的道路应该以切·格瓦拉的名字命名,格瓦拉与南非没有任何联系。还有人抱怨以甘地命名的新街道"肮脏",[39]因为其正好位于该市的红灯区。

最具争议的问题是,非国大坚持要以安德鲁·宗多的名字来重新命名一条道路,宗多是一名十几岁的男孩,在一家购物中心引爆了一枚炸弹,导致五人死亡,其中包括一名幼儿。(宗多后来告诉法庭,他试图打电话发出警告,但邮局的所有电话都占线。)受害者家属听到安德鲁·宗多路的消息后都哭了。但对很多人来说,作为非国大成员的宗多是一名自由斗士,他用自己唯一知道的方式对暴行和警察的杀戮进行报复。

但与安德鲁·宗多路不同的是,茨瓦内(比勒陀利亚)提出的新街道名称并不是为了纪念特别具有争议性的人物。杰夫·马斯莫拉是一名教师和反种族隔离活动家,也是南非服刑时间最长的政治犯。约翰·海因斯是一名阿非利卡人牧师,他拒绝承认种族隔离是上帝意志的观点,公开支持异族通婚。他在比勒陀利亚的家中遭到暗杀,一颗子弹射穿了他的脖子,当时他正在和妻子及孙辈打牌。斯坦扎·博帕普是一名年轻的活动分子,在电击酷刑中被警察杀害，尸体被扔进一条满是鳄鱼的河里。[40]这条街道以他的名字命名，它以前的名称是——教堂街。

我打电话给非洲论坛的律师沃纳·曼，想弄清楚为什么那些以如此明显值得尊敬的南非人命名街道的事件会被送进宪法法院。曼是一个自豪的父亲，有一个刚出生的婴儿。我们很自然地聊起了睡眠。当我们开始谈论这个案子的时候，他首先告诉我他非常尊重宪法法院。尽管如此，他仍然强烈地认为南非荷兰语的街道名称应该保留下来。过了一段时间，我意识到我们不是在谈论这个案子，甚至不是在谈论街道的名字。所以我问他在南非做一个阿非利卡人有多难。

他停顿了一下，"现在有一种对阿非利卡人怀有敌意的氛围，"他告诉我，"仅仅因为我们为这个案子辩护，就有人用可怕而荒谬的话语来议论我们。"许多人不敢说自己是阿非利卡人。"我们是为在阳光下的一席之地而战，而不是为在阳光下的整个区域而战。""在我的朋友里，在我的圈子里，我没听说有人否认种族隔离是错误的。"他还说，如果他想在社会上拥有一个合法的位置，他就必须承认种族隔离是错误的。"我们要说的是，这并不是定义我们的唯一方式。并不是每一件发生在1994年以前的事情都是坏事。"

我喜欢和沃纳交谈，即使我并不总是同意他的观点。我认为他对法庭的尊重是真诚的——例如，他拒绝批评本案的任何一位法官。他最希望的情形是儿子能有地方说他的语言，可以为自己的遗产感到骄傲，同时能够承认过去的错误。尽管如此，我们深入的交流还是让我感到惊讶，因为南非许多人认为非洲论坛的种族主义根深蒂固。

似乎不是组织里面的每个人都承认种族隔离的罪恶。例如，在他们提交给法院的文件中，非洲论坛提到了"所谓的种族隔离"，引起了所有法官的愤怒。在最近一部由非洲论坛资助的纪录片中，有一位评论员说，把维尔沃尔德称为"种族隔离的缔造者"是"简单化的"——相反，他是一个"哲学家"，有着"他想实现的理想"。[41]非洲论坛的首席执行官卡利·克里尔曾辩称，虽然他觉得种族隔离是错误的，但种族隔离不是"反人类罪"。[42]

在法律教授艾尔米恩·杜·普莱西斯质疑非洲论坛关于南非白人农场主被谋杀类似于"种族清洗"的立场后，该组织副主席恩斯特·罗茨在视频网站YouTube上对她进行了长达31分钟的视频攻击，强烈辩称她误解了他们的立场。在视频的最后，罗茨引用了大屠杀幸存者维克多·克伦佩雷尔的话。罗茨说，克伦佩雷尔写道，如果大屠杀后形势逆转，他会"把所有的知识分子都吊死，教授们比其他人高三英尺；只要符合卫生条件，他们就会一直被悬挂在灯柱上"。[43]（罗茨没有给出这句话的上下文；克伦佩雷尔本人就是一名教授，他批评学者的首要原因在于他们与希特勒做交易。）罗茨当天凌晨在华盛顿特区拍摄了这段视频，当时他正在那里争取美国保守派政界人士的支持。（唐纳德·特朗普以非洲论坛的名义在推特上进行了转发。）

罗茨否认自己鼓吹暴力，但视频发布后，杜·普莱西斯收到了一连串的威胁，其中一个打电话的人说："你是下一个。"当我打电话给杜·普莱西斯时，我问她是不是阿非利卡人。我几乎能在电话里看到她在做鬼脸。"我也承认。"她笑着说。她痛恨农民遭受的可怕暴力和酷刑，但她认为，不应将他们的痛苦单独拿出来,将它们看成是与每天影响南非黑人的可怕暴力不同的东西。

谈到非洲论坛,普莱西斯告诉我,"他们很难接受他们没有掌权——如果我们现在放弃街道名称,接下来会发生什么?甚至关于农场谋杀的统计数据似乎也与其他事情有关。他们害怕靠边站。"她特别为自己的母语感到自豪。"我们怎么能记住并说出过去曾经发生的事情,"她问道,"又不显得好像是在庆祝我们的过去呢?"

1652年,堪比克里斯托弗·哥伦布的南非白人简·范·里贝克登陆了现在的开普敦。像哥伦布一样,他在此地与欧洲建立贸易联系,并恐吓他在那里找到的当地人。2008年,波切夫斯特罗姆市(或者称"波奇")决定以年轻的活动家、斗争英雄彼得·莫卡巴的名字重新命名简·范·里贝克街。与曼德拉不同,莫卡巴拒绝给白人提供一个简单的救赎机会。在种族隔离时期,莫卡巴提倡用更激进的、甚至采取暴力手段对抗白人统治,并以"杀死农民,杀死布尔人"的口号而被人们记住——在现今的南非被作为仇恨言论而禁止。

在重新命名后不久,波奇的彼得·莫卡巴街的新标志被喷成黑色,并被扔进了瓦尔河。人类学家安德烈·古德里奇和皮娅·庞巴迪拉[44]采访了一些阿非利卡居民,他们在私人房产上制作了自己的范·里贝克街道标志。"我对这些新街道唯一的不满就是,"一位居民说,"你应该了解,我不知道自己到底在哪儿。"另一个人解释说,小孩子现在迷路了,"父母必须去寻找那些孩子,直到深夜,只有极少数人能找到孩子。"

以下是古德里奇和庞巴迪拉报道的另一段对话的摘录:[45]

居民：虽然你已经在这个区域住了很长一段时间，但是现在面临的情况都是，无论你是走路还是骑自行车，一旦你离开之后再回来，就会迷路，甚至你不知道你应该去哪里。

记者：这是你自己的经历吗？

居民：是的。

记者：你在自己的家乡迷路了？

居民：是的。

研究人员写道，从字面上看，这些说法"相当令人难以置信"，人们在他们生活了一辈子的城镇里，并不是靠街道名称来导航的。他们通过感觉、路标和肌肉记忆来导航。换几个牌子怎么会让人在自己的家乡迷路（lost）呢？

但《牛津英语词典》对"lost"的第一个定义并不是关于导航的。[46] "lost"指的是"被毁灭或摧毁的东西；被毁灭的东西，特别是道德上或精神上被毁灭的东西；(灵魂) 被诅咒。"并不是阿非利卡人找不到回家的路；但也许他们的确找不到回家的路。他们"失去了自己的标记"，古德里奇和庞巴迪拉这样描述他们的研究对象，"丧失了他们的归属感和在世界上的位置。"波切夫斯特鲁姆市的白人居民担心，新一代的阿非利卡儿童在成长过程中"缺乏一种能够提供标记和归属感的象征性的秩序"。

但是南非黑人的迷失时间要长得多。在波切夫斯特鲁姆市，几乎所有的黑人都居住在小镇，而白人则居住在城市——这是一种非正式的隔离，与种族隔离的差别不大。不出所料，如今许多人认为南非的革命才刚刚开始。长期以来，曼德拉一直被奉为世界和平缔造者，但现在他却因为做出了过多的让步而受到批评。他拒绝的提案，如土地赔偿，现在被越来越多的人再次提出。

2018年，非国大通过一项决议，起草法律，允许白人无偿将土地转让给黑人。就在我写这篇文章的时候，南非议会正在考虑修改宪法，以允许这种情况发生。

但是，仅仅解决土地问题可能还不够。随着形势的恶化，紧张局势每年都在加剧。2019年8月，军队进入开普敦的一个社区，平息了7个月内导致近2000人死亡的帮派暴力事件。[47]暴乱的起因是两名白人农民将一名15岁的男孩莫斯乌韦从一辆移动的卡车上推下去，杀死了他（他被指控偷了向日葵。）[48]2018年，两名儿童在开普敦的坑式厕所溺亡，[49]这是数十万贫困黑人学生唯一的卫生设施。学生们带头举行了反对学费上涨的大规模示威活动，要求增加黑人教员，减少以欧洲为中心的课程，废除禁止扎辫子、梳小辫和留脏辫的着装规定。

哲学家亨利·勒菲夫布雷曾说过："如果一场革命不能创造出一个新的空间，就没有充分发挥它的潜力。"[50]如果曼德拉不想改变街道名称，是因为他不想让革命这个事实太明显——好吧，在这方面，他可能已经过犹不及了。

街名案之后，我开始关注南非宪法法院。很快又出现了另一个案例，让我想起了比勒陀利亚街道名称之争。南非宪法规定，每个南非人都应该用他们的首选语言授课，但前提是"合理可行"。南非自由州大学已经决定停止使用南非荷兰语教学。该大学认为，用南非荷兰语并行教学加剧了学生之间的种族紧张关系。

非洲论坛再次起诉。

雅各布·德拉米尼现在是普林斯顿大学的历史学教授，但他在南非的一个小镇长大。他写道，南非荷兰语"是令人不快的命令和侮辱性语言；是班图人教育所用的语言；这种语言曾导致孩子们在 1976 年走上街头抗议，因为他们被迫学习用南非荷兰语教授的从数学到科学的所有课程。这对阿非利卡人争取南非黑人支持的政治事业没有帮助，"他补充说，"他们希望黑人通过这种语言了解到，生活中有一些地位是他们无法超越的。"[51]

"说实话，"他写道，"黑人和阿非利卡人之间的关系比这要复杂得多。"[52]对许多黑人来说，南非荷兰语"比英语更容易脱口而出"，这是一种"时髦、爵士乐和城市黑人"的语言，是便于口语化表达的语言，是一种"老人们互相嘲弄的语言"："Jy's nog a laaite!"（"你还是个孩子！"）

南非荷兰语也是怀旧的语言。"有没有可能是这样的，"德拉米尼问道，"在用南非荷兰语表达我们对过去、对我们失去或可能失去的家园的深切渴望时，南非黑人正在迫使这种语言说出它的起源——在开普的厨房或奴隶区？""南非黑人可以使用南非荷兰语，同时拒绝接受那些声称南非荷兰语是白人语言的人的白人至上主义意识形态。"[53]然而，长期以来，作为南非黑人的德拉米尼一直否认自己会说南非荷兰语。

在宪法法院，南非自由州大学关于南非荷兰语的案件再次因种族问题而产生分歧。黑人法官驳回了非洲论坛的说法，指出该大学曾表示这种语言导致了种族隔离教室的产生。"这所大学实际上是在说，曼德拉总统最可怕的噩梦已经成为过去，"[54]莫戈昂法官说，"使用南非语无意中成为种族或文化分离和种族紧张局势的促进者。"继续使用南非荷兰语教学将"让白人至上的结果得不到纠正，而是让它继续存在下去并保持活力"。

由弗鲁内曼法官领头的三位白人大法官发表了少数派意见，表示不同意。他们不相信校园里的种族紧张关系和南非荷兰语的课堂之间存在联系，他们认为，法庭应该要求大学提供更多的证据，证明用南非荷兰语教学导致了歧视。

但少数人的观点不限于此。弗罗内曼法官用英语点评完案件的技术论据后，开始用南非荷兰语写作。现在他在自己的社区演讲，弗罗内曼告诉他们，多数人的意见反映了这样一种观点，即只要南非荷兰语似乎仍然"具有排他性和受到种族限制"，它就不能要求宪法提供"保障"。非洲论坛提交给法院的诉讼文件，没有提到不平等待遇或他人的语言权利，"只是使得阿非利卡人的讽刺根深蒂固，认为他们顽固不化，对他人的需要麻木不仁。"南非荷兰语也曾在解放斗争中被使用，如今使用南非荷兰语的棕色人种比白人多。南非荷兰语不是种族隔离的语言。

当伟大的南非历史学家赫尔曼·吉利奥梅向南非荷兰语作家简·拉比询问这门语言的未来时，拉比只说了一句"Allesverloren"——"完全迷失了"。

"南非荷兰语完全迷失了吗？"弗鲁内曼法官在他的反对意见中问道，"南非荷兰语就这样迷失了吗？"[55]

C 阶级和社会地位
LASS AND STATUS

How Much Is a
Street Name Worth?

Manhattan

13 | 曼哈顿：
一个街名值多少钱？

1997年，唐纳德·特朗普在曼哈顿上西区的哥伦布广场和中央公园西区附近新建了一栋大楼，并为此举行了一场正式的庆祝聚会。他告诉记者："这是美国建造的最成功的共管公寓大楼，你之前听我说过吗？"[1]他自己的公寓是一个9000平方英尺的玻璃盒子。（"从来没有人见过这么大的房间，这么高的天花板，这么多的玻璃。"）特朗普的离婚律师来参加派对，但与特朗普分居的玛拉·梅普尔斯待在家里。这座塔楼是建在一座旧办公楼的主体框架之上的，外表用青铜反射玻璃装饰。"它看起来很廉价。"[2]"这看起来是迈阿密海滩。""这真是太丑陋了。""你为什么不警告我们？"愤怒的纽约人问《纽约时报》的建筑评论家赫伯特·穆尚。穆尚自己称它是20世纪50年代的摩天大楼，[3]只不过"穿着80年代的金色花边派对礼服"。

推销大楼的广告是半真半假的大杂烩。特朗普实际上并不拥有整栋大楼，通用电气养老金信托基金才是它的真正拥有者。[4]特朗普说，这栋大楼有52层，[5]而它实际上只有44层；他发明了一种新的计算方法，即假设按照天花板的平均高度来算，大楼应该有多少层。额外的楼层实际上并不存在，这似乎无关紧要。此后，特朗普的计算方法在纽约的开发商中得到了普遍的应用。

再来看看地址。新大楼的地址不完全是个谎言，但它不是该市原来发布的地址。相反，特朗普的开发公司要求该市将大楼地址从哥伦布圆环15号改为中央公园西大道1号。[6]（哥伦布圆环当时只不过是一块被污染的交通枢纽。）该建筑的广告将其描述为"世界上最重要的新地址"。[7]

特朗普的这座大厦独家拥有"中央公园西大道1号"的时间并不长。几年后,时代华纳在特朗普的身后建造了一座塔楼,将其命名为中央公园1号,尽管它的地址实际上是哥伦布圆环25号。

特朗普的脸从橙色变成了红色,"我们在中央公园西大道上,"他告诉《纽约客》杂志,"我们的地址是中央公园西大道1号。他们不在中央公园,尽管他们宣称他们在中央公园。"[8]特朗普的建筑阻碍了他们的视线,使得他们看不到大公园。

特朗普在自己的大楼侧面打出了一面巨大的横幅,正对着对手的大楼。"你的视线不太好,是吗?我们有真正的中央公园景观和地址。最好的祝愿,唐纳德。"也许这是第一次也是唯一一次,《纽约客》刊登了这样一句话:"特朗普说得有道理。"

1987年,特朗普在他与人合著的《交易的艺术》一书中写道:"也许所有的房地产中最容易被误解的概念是,成功的关键在于位置、位置、位置。"[9] "通常那些不知道自己在说什么的人都会这么说,""你不需要最好的位置,只需要最好的交易。"就像你可以创造杠杆一样,你也可以通过促销和心理学来提升一个位置的价格。"

但这种房地产"心理学"并不是一个新概念。20世纪70年代,特朗普开始开发他的第一栋建筑时,纽约人已经大肆宣扬街名超过100年了。

19世纪70年代,曼哈顿上西区的房东们聚在一起谈论街道名称。[10] 西区到处都是贫民窟,或者说是"棚户区"。粗制滥造的木棚屋或泥棚是移民家庭居住的地方,[11] 他们在地上种菜,养山羊挤奶。男人们经常在附近劳作,女人们把垃圾分类,寻找可以出售的破布和贵重物品。房东们赶人的时候从来没有手无寸铁地来过，他们发现传统的驱逐方式并不总是成功的。据《纽约时报》报道，在其中一起案件中，"一名递送法院文件的法警在第81街游荡，他被抓住，一个装了一半牛奶的罐子像帽子一样扣在他的头上。"正如鲁本·罗斯-雷德伍德生动描述的那样，[12]住宅区的房东们聚集在一起，成立了西区协会，开始寻找不那么传统的武器，以吸引"更好的阶层"进入他们附近的贫民窟。

街道名称是使社区高档化的初始工具。科尔盖特告诉西区协会，"我们都知道，任何一个名字，无论好坏，一旦被固定在一个地方，就一定会被长久地联系在一起。"[13]"我们还应该记住，好名字的代价并不比坏名字高，而避免坏名字的唯一方法，就是预先得到好名字。"棚户区居民会离开那些街名上一直使用下层阶级街名的地方。"伦敦的见证人，"他说，"烂街、猪巷、蟹树街、孔雀街、鞋巷，还有其他同样荒谬的地方，它们的起源就是这样的，即使它们的社区变得贵族化，但它们的平庸名字仍然被留了下来。"

"猪猡巷"并不是一个奇怪的预言。以前被人们称为荷兰山的地方已经被改叫山羊山了。在纽约，每人平均有五头猪。查尔斯·狄更斯对在纽约街头游荡的"肥猪"数量之多感到震惊，[14]"这些猪是城市的拾荒者，"他赞赏地写道，"他们是丑陋的畜生，大部分都是瘦小的，背部是棕色，像古老的马鬃毛箱的的盖子，身上有不健康的黑色斑点。"

为了阻止这些令人讨厌的街道被冠上令人讨厌的街道名称，西区协会采取了行动。曼哈顿的街道和林荫道现在采用网格化布局，已经用数字来标识了。但是，房东们的目标并不是数字命名的平等，他们的目标恰恰与此相反。辛格缝纫机公司总裁爱德华·克拉克是当地一位主要的土地所有者，也是西区协会的成员，除了前瞻性地提倡开发合适的经济公寓、公寓和独户住宅，他还提议改变编号街道的名称。他认为"最新的州和地区的名字都选得很有品味"，并建议把现在的第八大道改名为蒙大拿路，第九大道改为怀俄明路，第十大道改为亚利桑那路，第十一大道改为爱达荷路。

不过，克拉克的同事们对他提出全部用美国式命名的建议充耳不闻。1880年，第十一大道被命名为西尾大道，这是伦敦一个历史悠久的时髦街区的名字。1883年，中央公园西大道成为第八大道的新名称。最后，在1890年，第九大道成为哥伦布大道，第十大道成为阿姆斯特丹大道。克拉克位于中央公园西大道和第72街交汇处的新的豪华公寓大楼被命名为达科他楼，喜爱西式命名的他没法不满意。

这是一种空洞的"梦幻之地"的政策。如果你想要一条时髦的街道，就得给它起个时髦的名字。中央公园西大道是一个昂贵的地址，这不是偶然的；这个名字是特意为了使其变得昂贵而选择的。

100多年后的2008年，胡子刮得干干净净的房地产开发商威廉·泽肯多夫和阿瑟·泽肯多夫兄弟修建的大楼竣工，地址位于距离特朗普家不远的中央公园西大道15号。泽肯多夫兄弟拆除了旧的五月花酒店，为他们的大楼腾出地方。据称，他们不得不为最后一位租户支付1700多万美元，买下他那间350平方英尺（约合32平方米）的房间，[15]该租户是一个单身汉，也是一位隐居者。投资得到了回报。中央公园西区15号高达54层，[16]早在建成前就卖光了，价格上涨了19次。当时的建筑评论家保罗·戈德伯格称之为"纽约历史上最成功的公寓建筑"。[17]

2016年，泽肯多夫兄弟开始着手一个新项目，该项目位于上东区。纽约市的规定限制了建筑高度，但开发商可以向附近没有动用上空使用权的地块的主人购买空中使用权。泽肯多夫兄弟向公园大道的基督教堂支付了4000万美元，购买了7万平方英尺的空中使用权，建造了一座被一位房地产经纪人称为"伟哥"的建筑[18]——它又高又直。但是与基督教堂的协议不仅仅是要让建筑更高，泽肯多夫兄弟还承诺每年向教堂支付3万美元，为期100年，以换取一件简单的东西：教堂地址。[19]泽肯多夫的新巨型建筑的地址是：公园大道520号，它甚至没有公园大道的临街面；它实际上是在东60街，位于那条大道以西150英尺。

这怎么可能？在纽约，甚至连地址都在出售。该市允许开发商以11000美元[20]（截至2019年）的低价申请将街道地址改为更具吸引力的地址（只允许现金支票或汇票。）这座城市自称为"虚荣地址"的程序是一个不同寻常的直率的承认，地址——而不仅仅是地段——可以卖给出价最高的人。在这个项目的早期，批准虚荣地址的时候很少考虑它们是否有意义。围绕麦迪逊广场花园和佩恩车站，以"佩恩广场"为地址的房屋编号依次为1、15、11、7和5。[21]你甚至不能从公园大道上找到公园大道237号，[22]因为它实际上在列克星敦。没有人会把时代广场11号描述成任何接近时代广场的地方。（时代广场本身就是一种虚荣地址，1904年《纽约时报》搬到这里时，它从朗埃克广场更名而来。）但有一个很好的理由。公园大道或第五大道的一套公寓要比附近十字街的同类房产贵 5%~10%。[23]

正式的虚荣街名地址计划在区长（后来的市长）戴维·丁金斯任职期间爆发，[24]当时该市正试图吸引更多的开发项目。基本上，如果邮局不在乎用什么地址，这个城市也无所谓（如果邮局真的在乎的话，这座城市可能也不会介意。）一些国际买家可能被愚弄了，[25]但即使是许多纽约人，他们也很清楚自己不会真的住在公园大道上，却仍然愿意花钱，使得自己可以说他们住在那里。

我要到了一份曼哈顿虚荣街名的名单。一些特别指定的名字显然是吸引人的，要么是因为时髦的街道名称，要么是因为漂亮的整数。[26]有 1 号（时代广场 1 号，世界金融中心 1 号，哥伦布广场 1 号）；广场 1 号（海文广场 1 号、自由广场 1 号、警察广场 1 号）；大道、广场和圆环（第五大道 400 号、时代广场 4 号、哥伦布圆环 35 号）。一些街角的建筑物令人困惑地选择把入口设在听起来不那么花哨的街道上（这并不一定需要对虚荣地址进行更改。）例如名为卢西达的公寓大楼使用东 85 街 151 号作为地址，而不是列克星敦大道，因为前者听起来显然更时髦。另一栋公寓楼选择了东 74 街的地址，而不是麦迪逊大道，因为开发商想让它听起来更像是一处"精品地产"。[27]

正如安德鲁·阿尔彭所描述的那样，甚至在"虚荣地址"项目之前，开发商就已经为自己的建筑命名，以提升自己的形象。[28]他们借用了宏大的英文名字：伯克利、布伦海姆、卡莱尔、威斯敏斯特、温莎，甚至白金汉宫。然后是欧洲大陆的名字：格勒诺布尔、拉斐特、凡尔赛、马德里、埃尔·格雷科和威尼斯。

然后是离家乡更近的美洲原住民的名字：达科他、怀俄明和爱达荷。但现在开发商也可以改变他们的建筑地址了。

虚荣地址似乎是增加房地产价值的一种廉价方式，但它们的成本可能比金钱还高。警察和消防队员可能在努力寻找一个地址在第五大道的建筑物，而实际上它并不在第五大道上（曼哈顿和西弗吉尼亚的乡村都有这个问题）。在芝加哥，一个类似的程序允许开发商操纵地址，31岁的南希·克莱死于一场办公室火灾，[29]因为消防队员没有意识到伊利诺斯广场1号实际上是在名字不那么华丽的瓦克东路。

我去参观了曼哈顿测绘局，它位于曼哈顿大卫·丁金斯市政大楼百万平方英尺办公楼的一个小角落里。在那里，赫克托·里维拉在一间没有窗户的房间里工作，房间里摆满了数百张城市地图，其中包括约翰·兰德尔绘制的城市刚刚网格化时期的地图。里维拉在纽约的"弗雷德里克·道格拉斯之家"长大，这是曼哈顿上城区的一系列保障性住房的名称。高中时，他在大区区长的办公室获得了实习机会，从此再也没有离开过；到现在，他已经在办公室度过了半生，管理地图、管理房屋号码、参观建筑工地，并回答有关街景的问题。当开发商想要建造新的建筑时，里维拉负责研究街道的历史，以确保——正如他所说——你的铲子不会铲到骷髅。[30]

里维拉对家乡房屋的有序编号感到非常自豪，后来他向我展示了他为管理数据库而创建的复杂系统。城市里每条街道上的文件都在地图室的抽屉里精心分类。赫克托只帮助管理虚荣地址项目；大区区长才是真正必须批准这一改变的人。但显然虚荣地址不是赫克托理想的地址。"当然，你每平方英尺能得到更多的钱，"他告诉我，"但是，如果你花三百万美元买了一个心脏病发作时救护车找不到的地方，那就没有意义了。"尽管如此，他的办公桌上有一堆虚荣地址的申请表。

在曼哈顿，起重机盘旋在我们周围，为这座城市增添了数百万平方英尺的天际线。我告诉赫克托，要跟上开发商的步伐一定很困难。"这是纽约，"他半笑着对我说，"一切总是在变化之中。"

在世界各地，街道名称都可以起到使房产升值或者贬值的作用。在澳大利亚吉隆的圣心学院，高中生们想出了一个有用的研究项目，他们找出了27条名字非常愚蠢的街道（"屁股街""手淫路""海狸街"）。他们仔细研究了澳大利亚统计局的数据，发现这些街道上的房产价格比邻近街道便宜20%[31]——平均下来，可以比墨尔本一套中等价位的房子省下14万美元。

重要的不仅仅是街道的名字前半部分。在英国，以"Street"结尾的地址，价格不到以"Lane"结尾的地址的一半。"是因为Street这个词语容易让人产生联想——街头的野孩子和街边的妓女？"语言学教授理查德·科茨在《卫报》上问道，"你没有听说过街头的野孩子，是吗？"[32]令人不安的是，名为"国王"或"王子"路的房子比"女王"或"公主"路的房子更值钱。[33]一位英国房地产网站的发言人总结道："俗话说，买房最重要的三个因素是地段、地段、地段、我们的研究表明，即使是你所选择的房子所在的道路名称，也会影响你在找房子时预期支付的金额。"[34]

当然，有些街道的名字是有价值的，因为街道的名字代表了街道本身。房地产专家斯宾塞·拉斯科夫和斯坦·汉弗莱斯指出，华盛顿街上的房子比华盛顿公寓大楼的房子更有可能是老房子。[35]（20世纪80年代，"公寓大楼"、"圆环"和"路"的名称在美国很流行。）如果你住在林荫大道上，你可能有很多邻居；[36]如果你住在小巷里，你可能不会。街名上有"湖"的房屋价值比全国平均价值高出16%，[37]这可能是因为，它们靠近一个风景如画的湖泊。

曼哈顿虚荣地址的邪恶之处在于，你甚至不需要真正的湖泊，就可获得"湖街"的地址。这是社交名媛玛莎·培根必须付出巨大代价才能得到的一个教训。

1897年，罗伯特·培根和玛莎·培根搬进了莫瑞山公园大道和34街交汇处的一所房子。这所哥特式复兴式小屋由一个古老的荷兰家庭——十艾克建造，[38]由红砖砌成，房子带有奇幻森林风格的树篱和一个高高的门廊。这所房子被转卖给了许多知名人士，[39]包括一位造船商、一位造纸商和美国泌尿外科医生协会主席（他曾写过一篇文章，题目是《电击治疗尿道狭窄的可治愈性》）。当罗伯特·培根和他的妻子玛莎买下这所房子时，他是摩根（后来成为助理国务卿）的得力助手，也是一个未来的传奇人物。作为一名足球运动员、赛艇手、短跑运动员和拳击手，培根在他的哈佛班级里广受欢迎。迈克尔·伊森伯格指出，哈佛"没有波士顿爱尔兰人、黑人、意大利人、瑞典人、拉丁美洲人和犹太人"。[40]1880年的哈佛毕业生后来被称为"培根级"。[41]

买下毗邻的排屋后，[42]培根夫妇扩建了公园大道上的小屋，建造了一座豪宅，用彩色玻璃和雕花镶板装饰。长期以来，玛莎一直兴致勃勃地履行着她的社交职责，参加了在德尔莫尼科举办的化妆舞会，与西奥多·罗斯福共舞，在华尔道夫·阿斯托里亚酒店举办晚宴。在一张与范德比尔特夫人合影的照片中，玛莎戴着一顶用鸟翅膀做成的帽子。

在名址录中，培根一家骄傲地列出了他们的地址：公园大道1号。

公园大道并不总是那么漂亮，也不是一直都与公园相关。最初，当网格设计出来时，它的名称仅仅是普通的第四大道。和曼哈顿的大部分地区一样，这里也曾经树木繁茂；17世纪时，人们在原始森林中开辟道路；[43]但到了19世纪，街道烟雾弥漫，肮脏不堪，铁轨一直延伸到道路中间，街道两边是工厂、酿酒厂和酒馆。[44]（一家报纸报道说，工人们因食用他们从现在的公园里摘下的青苹果而感染霍乱。）[45]但是一旦铁路（火车一度使用马拉）被移到地下，这条街就变得越来越有吸引力了。1888年，第四大道的这一段曾雄心勃勃地改名为公园大道，当时空气中仍弥漫着煤烟，但十年后，它终于开始名副其实，沉入地下的铁轨上方的地面长满了绿树和鲜花。当培根一家搬进来的时候，这已经是一个理想的地方了。

在马克·吐温所称的"镀金时代"，之所以这样称呼，是因为这个国家严重的社会问题被涂上了一层薄薄的金箔，也是在这个时代，富有的纽约人开始向上城搬迁，远离拥挤的人群和霍乱。美国缺乏欧洲的世袭贵族制，所以纽约创造了自己的精英阶层标准。四百个名字，大概相当于卡罗琳·阿斯特第五大道舞厅能够容纳的人数，他们勾勒出这座城市真正的上层轮廓。（帝国大厦现在坐落在她豪宅的所在地）外表意味着一切，地址则是外表的组成部分。在第五大道上，由石灰石和砖块制成的哥特式豪

阿尔瓦·范德比尔特和玛莎·培根

宅和塔楼式城堡开始排成"百万富翁之列"。

培根一家的生活参照当时新贵族的惯例。罗伯特·培根成为西奥多·罗斯福的国务卿，然后成为美国驻法国大使。在那里，玛莎·培根为美国救护车服务筹集了200多万美元。她的女儿玛莎·比阿特丽克丝嫁给了摩根大通未来的总裁，她结婚的时候穿着一件老式针绣花边的长款礼服，《纽约时报》指出她还佩戴了"一小串上好的珍珠"，手里拿着一本《圣经》而不是一束花。[46] 她的一个儿子成为国会议员，另一个儿子跟随父亲的脚步为摩根大通工作。罗伯特·培根在战后不久的一次手术中死于血液中毒。但《纽约时报》指出，"除了9个仆人"，[47] 玛莎在公园大道1号基本上算是独自过着平静的生活。

直到1924年，玛莎从大窗户向外窥视时，她才可能看到亨利·曼德尔和他的建筑师一起在空地上踱步。曼德尔买下了玛莎家附近那条街上的旧马棚，打算在那里建一座办公楼。从技术上讲，这座新建筑位于第四大道，但人脉广泛的曼德尔说服市议员将公园大道向南延伸两个街区——现在他的建筑变成了公园大道1号。[48]

如果说纽约以前见过像唐纳德·特朗普这样的人，那很可能就是亨利·曼德尔。和特朗普一样，曼德尔的职业生涯也是建立在他父亲的事业基础之上。弗雷德·特朗普因在布鲁克林和皇后区建造坚固的中产阶级住房发家致富。[49] 亨利·曼德尔的父亲为经由埃利斯岛涌入的移民建造了经济公寓。但是，年轻的曼德尔则要设法吸引更高档的客户。[50]

在曼德尔时代，公寓楼——有时被称为"法式单元房"[51]——已经在曼哈顿附近兴起，通常是五六层楼高的不设电梯的大楼。

传统上，真正富有的人像培根一家一样，想要自己的独立房子，穷人则住在公寓里。但这个城市日益壮大的中产阶级——图书管理员、艺术家、编辑、牧师——买不起独栋的房子，这些人构成曼德尔·菲尔斯的目标市场。曼德尔买下了切尔西的一整个街区后，建造了当时世界上最大的公寓楼，叫做伦敦排屋。这是一座托斯卡纳式的建筑群，横跨整个城市街区，包括14栋建筑、1600多套公寓、一个奥运会标准大小的游泳池（纽约大学游泳队在那里训练）、多家餐厅、一英亩的花园、一个儿童游乐场和一家健身房。[52]看门人看上去就像伦敦的警察。[53]曼德尔大力宣传他的建筑，在第五大道和36街开了一家商店，里面有复制的样板公寓，家具和电器一应俱全。[54]他甚至竖起了一段公寓楼的外立面墙，这样"有眼光的女士可以选择她的公寓，就像她可以选择她的汽车一样"。

富人也放弃了他们的房子，[55]转而购买豪华公寓，主要原因在于所得税增多，佣人越来越难找，使在城市里过上奢华的生活变得不切实际；到了20世纪初，几乎没有人再建造私人住宅。[56]但是玛莎·培根不会轻易离开公园大道1号，也不会不经抵抗就轻易把地址交给曼德尔。《公园大道社会公报》哀叹道，"培根夫人受到了不公正待遇，人们试图从她那里夺走'公园大道1号'的地址。这处房产位于34街和公园大道交汇处，已经属于她30年了。"她称，将公园大道延伸以便将曼德尔的地址纳入进去是"一项引人注目的阶级立法"。在另一份新闻稿中，培根的支持者说："亨利·曼德尔是公园大道的商业入侵者，他的商业运作正使得这条著名大道面临商业化的威胁。"不管怎样，玛莎·培根已经成为了老公园大道的守护者。

曼德尔永远不会在公园大道的精英中受欢迎。他小时候从乌克兰来到纽约，但很快就成了这个城市里最高产、最富有的开发商之一。但更重要的是，他生活的时代是犹太人——尤其是非德国犹太人——不能跻身于社会名流的时代，不管他们多么富有。[57]这是真的，尽管犹太开发商建造了城市中一些最具标志性的建筑，并在被拒绝从事其他白领工作的时候从房地产中赚钱。

曼德尔战胜了玛莎；她的抗议运动失败，她要求保留地址的法律诉讼被纽约最高法院驳回。《纽约时报》这样描述两人的宿怨："玫瑰换了其他名字，会散发出一股难闻的味道，而一幢房子换了其他名字，味道可能会更难闻。"[58]"培根的案子"是典型的罗马贵族的案子，（在他们看来）无论哪里的1号都胜过公园大道2号。玛莎·培根的家正式成为第7号，尽管她从未改变过电话簿上的地址。她家的地址牌上写着"第34街东北的公园大道"。

不久，她周围的房子都被夷为平地。开发商试图购买她的房子，但她拒绝了，他们被迫在围绕着她装修精致的豪宅尴尬地建造房屋。《纽约客》在1925年写道："在第34街的东北角，罗伯特·培根夫人拥有一座城堡，包括她自己的房子和三个她不会放弃的褐色石头堆砌建成的前廊。"[59]她不会"把它们出售给野蛮人，钻头在钢梁上嘎嘎作响，商业的尘埃从破碎的田野中升起；如今这位勇敢的老卫兵不会屈服于夹在纽约黄金时代城堡之间的高耸如悬崖的大楼"。但在她1940年去世后，她的城堡被拆除，变成了钢筋和混凝土的长方形建筑。

像特朗普这样的开发商会把曼德尔的想法更进一步，推广极其奢华的豪华公寓，以迎合金领、科技大亨和你从未听说过的亿

玛莎·培根的房子就在曼德尔的巨型建筑旁边

万富翁。和曼德尔一样,特朗普的强项在于营销。在他的中央公园西大道大楼的售楼处,你可以穿过一个样板厨房和浴室,欣赏花岗岩柜台和嵌入式照明。[60]如果你愿意,你可以留下来观看特朗普试图卖给你的一套公寓的宣传视频,背景音乐是弗兰克·辛纳特拉的《纽约,纽约》,尽管据称辛纳特拉曾对特朗普说"去你妈的"。[61]

当然,曼德尔和特朗普都知道,最好的营销工具是地址。亨利·曼德尔生活在虚荣地址出现前的一个时代。他甚至不必买一个公园大道的地址,这个城市送了一个类似的地址给他。

在与培根的战斗中获胜后,曼德尔继续在全城修建办公室和公寓。在私生活中,他也和特朗普一样,离开妻子去找他的情妇。不久之后,大萧条爆发了。他几乎失去了一切,欠下了1400多万美元。(他的原配妻子以"挑拨感情"为由,起诉他的第二任妻子索赔50万美元。)[62]当他付不起赡养费时,法官将曼德尔送进监狱关押了两个月。[63]他死的时候一文不名。但是,特朗普将继续赢得最好的地址。

就在特朗普打造中央公园西大道的新大楼之前,他也经历过艰难时期。他的公司已经两次宣布破产,他有过一次公开的外遇和离婚。但这似乎无关紧要,他在中央公园西大道1号的那栋楼巩固了他在纽约豪华公寓市场的地位,这个市场价值在过去10年里屡创新高。从那以后,他参与了创建亿万富翁的天堂——曼哈顿,这是一个对赤裸裸的肆意奢华毫无愧意的商业区。(2017年薪酬最高的四位对冲基金经理的日收入为350万美元。)[64]像曼德尔这样的房地产大王让玛莎·培根和她的"镀金时代"成为一段离奇的记忆,但正是包括特朗普在内的现代开发商无耻地试图把银行家、富豪和 0.01% 的人送上这座城市的巅峰。

20 世纪六七十年代,我母亲在纽约的贫困生活中长大,主要是在布朗克斯区、布鲁克林区和哈莱姆区。那时的纽约是一个和现在完全不同的地方。我母亲 10 岁的时候就被教导要对任何靠近她的陌生人说"滚开"。皮条客奔波于时代广场,每辆地铁车厢上都有涂鸦。她从来没有学过游泳,因为游泳池里都是恋童癖;她从来没有学过骑自行车,因为公园里都是毒贩。

1975 年,纽约市手头的现金太少,以至于律师们准备向州最高法院提交破产申请。(只是当工会同意用退休基金支持纽约市的贷款时,破产才得以避免。)[65] 1980 年,纽约发生了 1814 起凶杀案,大约是今天的 6 倍,尽管现在人口增长了近 150 万。这座城市又濒临破产。我妈妈很想住在公园大道上。但是,尽管如此,当我们拜访她在上城住宅区的老邻居时,她总是告诉我:"不管你在曼哈顿的什么地方,你距离地狱只差一个街区。"

但现在不再是这样了。开发商们努力建造更高的塔楼,拥有更壮阔的景观、更宽大的游泳池、更完备的健身房、更豪华的私人放映室,以及更奢华的儿童游戏空间,里面有球坑和模拟的农贸市场。开发商泽肯多夫兄弟对高端市场进行了一项"心理研究",[66]以了解他们在一栋新建筑中主要着眼于什么。(答案:石灰石。泽肯多夫的中央公园西大道的大厦使用了 8.7 万块。)一幢新大楼号称拥有"套房停车场"[67]——为你的汽车配备的独立升降电梯。

"地狱"里已经没有多少地方了。在我写作本书的 2019 年,"地狱厨房"公寓的售价中值是 116 万美元。[68]《纽约时报》刊登过一篇介绍 20 世纪 70 年代纽约的文章,其中引用了导演约翰·沃特斯的话:"我当然不会怀念被抢劫的日子。""但当我意识到,如果有人发现这座城市里还剩下一个危险街区,肯定会有一群餐馆老板争先恐后地抢着在那里开门营业时,我确实有点厌倦了。人们几乎不可能记得,在纽约仅仅外出就曾经是危险的。"[69]

从某种意义上说,与玛莎·培根那个时代的精英阶层在德尔莫尼科参加化装舞会和晚餐相比,如今喜欢石灰石建筑的阶层给纽约带来了更多的奢华。"曼哈顿是他们的,"建筑评论家亚伦·贝茨基说,"我们只能膜拜。"[70]我不知道人们是否还需要虚荣地址。现在,在我看来,曼哈顿的每条街都有可能是公园大道。

Homelessness

How Do You Live Without an Address?

14 | 无家可归：
没有地址你该如何生活？

和曼哈顿一样，纽黑文也是一座网格状城市。由逃避迫害的清教徒建立的新殖民地不是按照费城的样式建立的，而是仿照《圣经·民数记》中的第35章1-6节所描述的利未人的理想之城而建立的。[1]清教徒按照《以西结书》第45章第2节所描述的尺寸整齐地把街道布置成四乘四的网格，其中的议会厅模仿了《出埃及记》第26章的描述。网格中间的街区变成了纽黑文绿地公园，一个供人礼拜和呼吸新鲜空气的地方，在那里，推翻了运奴船阿米斯塔德号的俘虏们，也会被带到这里放风。

清教徒设计绿地还有一个目的——容纳在基督再度降临时可以得救的人。（他们认为，约有14.4万人，大约相当于代顿或帕萨迪纳的人口。）如今，这块绿地有时让人觉得，它能容纳的人数大约就是这座后工业时代城市留下的无家可归者的数量。无论哪一天，在耶鲁大学哥特式建筑的阴影下，无家可归的人都把这片绿地当做他们消磨时光的地方。

正是在清教徒来到这里近四百年后，耶鲁大学法学院一年级学生莎拉·戈拉贝克·戈德曼在这里寻找无家可归的人与之交谈。在不久前的暴风雪期间，她在星巴克有过一次令人震惊的经历。星巴克就像其他大学城的咖啡馆一样，在考试的时候，挤满了蜷缩在笔记本电脑和课本上的学生，他们整个下午都在喝同样的拿铁。莎拉在准备学校的合同法科目考试，她的案例书摊开在桌子上。暴风雪中走来了一位白色卷发、塑料袋塞得满满当当的女士。她坐下来，没有买饮料。莎拉抬头一看，一名警察开始大喊大叫让该女子离开；当莎拉跑过去准备给她买杯咖啡来让她可以继续坐在座位的时候，该女子逃跑了。警官冲着跑出门追赶的莎拉喊道："耶鲁的学生不明白。"那个女人消失在茫茫大雪中，莎拉没有找到她。

在进入耶鲁大学之前，莎拉曾从事民权事务，并拍摄了一部在公共广播公司播出的纪录片，这部纪录片讲述了在被纳粹摧毁的公墓中发现她祖母坟墓的故事。莎拉是个理想主义者，但她也很务实。她不知道无家可归的人到底需要什么，所以她开始做一个像耶鲁这样学校的学生们可能一直做的事情：勤奋地完成作业。

她独自一人站在纽黑文绿地公园，一开始甚至不知道谁是无家可归的人。她一开始是寻找那些带着很多袋子的人，有点像她在星巴克看到的那位女士。在解释她正在调查无家可归者时，要么那个人会回答她的问题，要么他们有时会把她引向自己认识的无家可归者。随后，她在纽黑文、华盛顿特区和洛杉矶对无家可归者和救济组织进行了几十次采访，并在一个无家可归服务组织的帮助下进行了一次全国性调查。

她几乎立刻就发现：自己关于无家可归者的许多假设都是错误的。她原以为在纽黑文找到适当的住所是最大的问题。绿地上的人们确实缺乏干净的住宿场所，尤其是在严冬期间；他们还提到警察的骚扰和缺乏心理健康治疗。但与他们真正需要的相比，这些问题显得微不足道。他们告诉她，他们真正需要的是一个地址。

根据定义，无家可归的人是指没有房屋的人，但地址并不是房屋。今天，地址是一种身份；它让社会确认你不仅仅是一个人，而且你就是你所说的那个人。有多少次，我被要求出示住址证明来注册孩子上学，投票，开一个新账户？银行职员不会登门来见我的。在现代社会，简而言之，你就是你的地址。

许多人声称想要永远脱离网格，去寻找适合他们自己的"房车生活"。但是莎拉采访的那些人非常想要进入这个网络，拥有这个网络所包含的一切：房子、账单、银行账户——实际上就是现代生活所需要的一切。最重要的是，他们需要工作，而工作需要地址。一个男人告诉她："我以前有工作，但是现在我没有地址。"萨拉发现，有证据表明，许多无家可归的人工作特别努力，因为他们非常感激这份工作。

那时，莎拉即将毕业，将要获得耶鲁商学院和法学院的学位，她开始收集星巴克、梅西百货、杰西潘尼和盖璞等公司的求职申请。她一次又一次地发现，每一份求职申请都要求一个地址，即使雇主很可能会通过电话或电子邮件与求职者联系。有几份申请表格上说，背景考察可能会调查申请人的"生活方式"。

回到她成长的洛杉矶，莎拉采访了支付低薪的雇主。在必胜客，一名员工解释说，在那里工作"要求不多"。但是"你需要在同一个地址待几年。无家可归的人在这里找不到工作，这很可悲，因为他们想自己养活自己"。丹尼餐厅的老板告诉她，他要求潜在的雇员提供地址，是因为他想看看"他们的根基是否牢固。我不会雇一个无家可归的人，因为他又臭又脏。我同情他们的困境，但在某些情况下，是他们的选择导致了他们成为无家可归者"。[2]一家小企业的老板告诉莎拉，他"永远不会雇用无家可归的人，因为我的工作是和小孩子以及他们的父母打交道。如果他们看到我的一个员工衣衫褴褛、臭烘烘、吸毒成瘾、嗜酒如命和患有精神疾病，他们不会对我的店留下好印象。"

雇主们公然的歧视，部分是基于"无家可归者究竟是谁"的错误看法。丹尼斯·卡尔汉现在是宾夕法尼亚大学的一名教授，当他还是一名研究生的时候，他在一个收容所里住了几个星期进行研究。几个月后，当他回到那个收容所时，他发现他认识的许多人已经不在那里了，他们挣扎着度过了一段艰难的时期，只是暂时住在收容所里。只有大约十分之一的人长期无家可归。[3]

今天，我们知道，虽然无家可归者出现心理健康问题和物质成瘾的概率更高，但这类问题更多地是出现在人们陷入困境的时候。（更明显的是，那些流落街头的无家可归者，与住在自己的车里或朋友家的沙发上的那些无家可归者相比，患有精神疾病的概率更高。）有孩子的家庭占无家可归人口的三分之一。[4]许多没有固定住所的人已经开始工作；在今天的美国，没有任何一个州的人能以最低工资水平买得起一套两居室的公寓。[5]

但人们对无家可归者滥用毒品和违反法律的成见依然存在，无家可归会将人严重污名化。欧文·戈夫曼是20世纪最有影响力的社会学家之一，他花了数年时间思考和描写那些没有社会认同感的人：残疾人、瘾君子、精神病患者，他把污名描述为"被玷污的身份"。在一项受戈夫曼作品影响而开展的无家可归者研究中，一位年轻人在接受采访时说，住在大街上最困难的事情是"习惯了人们看不起流落街头的人。当你发现几乎所有看到你的人都瞧不起你的时候，你真的很难对自己感觉良好。"[6]在一项研究中，当给普通参与者展示无家可归者的图像时，他们的大脑活动表明，他们认为无家可归者"不如人，或者没有人性"。[7]

戈夫曼描述了一些人如何通过努力变得"正常"来避免污名——例如，一个因面部畸形而蒙受污名的人可能会接受整形手术;对于无家可归者来说,避免污名的一个明显方法是获得某种形式的街道地址,这意味着不必向医生或未来的雇主证明自己是无家可归者。而这种积极认同的需要是必不可少的。心理学家亚伯拉罕·马斯洛认为人们首先需要满足他们的基本需求——住所、食物、水等——才能满足他们的心理和自我满足的需要。但这一顺序可能并不那么简单:如果无家可归的人们在摆脱贫困之前需要一个积极的身份,那会怎么样?

在一项经典的研究中,[8]德克萨斯大学的研究人员发现,无家可归的人找到了许多方法来适应他们的处境——使自己远离其他无家可归的人(不像"他们"),接受他们的状况(把自己看作一个"流浪汉""漂泊者"或"嬉皮士漂泊者"),甚至讲述关于他们生活的奇幻故事。一个无家可归的人,在准备去一个改建的仓库的水泥地板上睡觉之前,告诉一个采访者,"明天早上我要去取我的钱,然后说'去他妈的。'明天晚上,我要乘飞机去匹兹堡,洗个热水澡,在我自己的餐馆里吃顿意大利扁面条,喝点红酒,然后怀里搂着一个女人。"后来,他说自己的钱"因为一场法律纠纷被冻结了"。[9]另一个无家可归者吹嘘自己在阿拉斯加和西伯利亚(没有这样的边界)的边境巡逻,还吹嘘自己与俄罗斯警卫交易伏特加。[10]这些故事不(一定)是精神疾病的症状;它们是在最有辱人格的情况下积极挽救身份的一种方法。

这就是为什么无家可归的人没有特定"外表"的一个原因。他们并不总是看起来很脏,或者气味很难闻。许多人通过做沙发客、使用加油站的卫生间洗澡、在自助洗衣店投币洗衣服等方式来假装是有住所的人。他们在图书馆和火车站而不是在街上度过他们的日子,并且尽可能与其他无家可归的人保持距离。一项针对无家可归儿童的研究表明,他们只会从捐款箱里拿出时髦的衣服,如果不够时髦,他们甚至会拒绝穿冬衣。在研究人员记录的一次谈话中,[11]一个名叫罗西娜的女孩告诉她的朋友雪莱和琳达,她讨厌收容所里那位离她"三张床"远的女孩。

雪莱:嘘,安静点,有人会听到的,这样人们就会知道我们无家可归。

罗西娜:我不在乎。

雪莱:但是我在乎。

琳达:我也是。你应该说你不喜欢住在与你家相隔三栋房子的贾马尔——这样人们就会认为你在说你家附近的一个孩子。

你可以说你住在相隔三栋房子的地方——但你不能说出那所房子的地址。而且没有地址也很难掩饰自己。你可以使用朋友或者家庭成员的地址——尽管许多没有家的人没有这种社会支持。或者你可以使用收容所的地址——但这些也骗不了雇主。"艾拉·格拉索大道?"雇主们问纽黑文的一位求职者。"你住那儿?那不是商业区吗?""我知道他们的意思,"这个求职者对萨拉解释说。"但这里是我唯一知道的可以居住的地方。然后他们表示耽误了我的时间。"[12]

如果把邮件发送到邮局"存局候领",邮政部门将接收并保管寄到你名下的邮件。(在许多国家,这叫作"留存邮件",它可以追溯到邮政服务的早期。)罗纳德·克劳福德告诉一位记者,他喜欢他所收到的垃圾邮件,这些邮件是他在纽约总邮局的存局候领窗口领取的。"终于有一些东西上面写有我的名字,我得到了承认,你能理解的,所以我有点感激。"[13]但是邮政服务并没有为无家可归者提供真正需要的东西——一种让他们看起来不是无家可归的方式。

莎拉的解决办法是：禁止使用地址。或者，更确切地说，是禁止雇主在提供工作机会之前要求求职者提供地址。雇主通过电话或电子邮件联系求职者——他们到底需要这个地址做什么？简单地把这一行从申请表格去掉就能停止歧视——也许还能给无家可归的人申请的信心。

禁止在申请表上提问地址并不是一个新的想法。1969年，多西·努恩被判处无期徒刑。12年后获释时，他成立了一个组织，帮助有犯罪前科的人维权。他推动的一项创新是建议雇主"取消勾选框"——即询问申请人是否被判有罪。能不能让雇主决定录用之后才问这个问题呢？努恩周游全国推销他的想法。当沃尔玛把这个勾选框从它的表格中拿掉时，其他的企业——塔吉特、寝浴百货、星巴克——也纷纷效仿。13个州已经禁止所有雇主使用这个勾选框。[14]现在禁止在最初的申请阶段询问犯罪史的法律，覆盖了2亿多美国人居住的地方。莎拉对无家可归者采取这种保护方式是有道理的。如果雇主不能询问你的地址，他们就无法知道你是否无家可归。对于一个复杂且代价高昂的问题，这是一个简单而直接的答案。

唯一比禁止地址更好的选择就是确保每个人都有一个地址。然后我找到了一个知道怎么做的人。

距离纽黑文一个大洋的地方，在伦敦哈默史密斯一个阳光明媚的露台咖啡馆里，克里斯·希尔德雷对我讲述了他的天才想法。克里斯三十四五岁，他的短发和娃娃脸使他看起来比实际年龄更为年轻。18岁时，他在全国高等水平考试的设计课程中取得了最高分。如今,他已经是一位颇有建树的建筑师了。当我在2018年第一次见到他时,他正在重新设计伦敦自然历史博物馆的宏大入口,离我们坐的地方只有一英里远。

自从克里斯成为一名建筑师,伦敦就陷入了一场史无前例的住房危机。房价飙升(我所在的哈克尼区房价在20年里上涨了近600%),[15]没有人建造足够的经济适用房。不过,与我住过的其他城市相比,伦敦的不同之处在于穷人和富人通常住得非常近。在我居住的社区,标价150万英镑的房子紧挨着大型的公共住房公寓大楼。格伦菲尔大厦——一个主要由工人阶层居住的市建住宅区,在2017年的火灾中,这里有72人丧生——位于伦敦最富有的大区之一肯辛顿和切尔西——2019年,这个大区的平均房价为177万英镑。

当然,解决无家可归问题的理想办法就是给每个人房子。犹他州通过给无家可归者提供免费或廉价的住房,使其无家可归的比例在十年内降低了91%。然而,在英国,无家可归者数年来一直在增加,与这段时间保守的福利削减政策有关。从2010年到2018年,英国无家可归的"露宿者"数量增长了165%。[16]

随着住房危机的加剧,政府开始要求私人开发商在其建筑中包括一定数量的经济适用房。克里斯告诉我,开发商为他们的全价公寓建造豪华的大厅和门廊,但同时又为经济适用房建造单独的入口——他们称之为"贫穷之门"。[17]在菲茨罗维亚,豪华公寓从以前的济贫院发展而来,有自己的入口和庭院;作为经济适用房的公寓通过一条公共小巷进入。一个开发商只允许来自全价公寓的孩子在操场上玩耍。其他开发商则通过出钱来摆脱建造经济适用房的义务。建筑师在这些决策中没有太多发言权,因此,缺少经济适用房并不是一个可以通过更好的设计或挤出更多空间来解决的问题。开发商只想为富人建造房子。克里斯告诉我："如果解决无家可归的唯一方法就是建造更多的建筑物,那就不会非常有效。"

其他的创新方案可以使无家可归者的生活更轻松一些。设计师们建议在纽约的建筑物外侧安装吊舱住房,建造3D打印公寓,以及用木材建造临时的睡眠帐篷。但一名收容所工作人员告诉克里斯："不要建造一个更好的帐篷。"他的想法很明显,他只是不想让无家可归者的生活更容易,或者更糟糕的是,让其他人更容易接受。像莎拉一样,他开始提问,给收容所打电话,采访官员。在和莎拉一样的过程中,他也得出了跟莎拉同样的结论:由于没有家庭住址,人们重新获得家庭的机会也就随之大幅度减少了。

在他的电脑上,克里斯列出了一张没有地址就不能做的事情的清单:得到一张身份证,一本护照。没有街道地址就不能领结婚证,在英国你也不能使用邮政信箱。信用机构用地址来给你的信用评分。国民健康服务局会通知患者他们的预约日期。我亲身体会到:我错过了那些我不知道的国民健康服务局的预约,仅仅是因为我没有注意到我的邮件。虽然从技术上讲,你可以在没有街道地址的情况下投票,但你将很难获得证明自己资格所需的身份证明表格。

领取失业救济金——在英国被称为"求职者津贴"——申请人必须亲自到就业中心来。就业中心也仍然通过邮件发出预约通知。克里斯告诉我,如果你在信件发出后错过了相应的预约时间,你就会受到被剥夺福利待遇的惩罚,为期四周到三年不等。

一个男人去看望临终的母亲，尽管他事先告诉了就业中心，却依然被剥夺了福利。据报道，一名男子因妻子流产错过了预约，结果也受到了惩罚。[18]一位在工作能力评估期间心脏病发作的人被处罚。[19]最近的一项研究发现，21%接受无家可归服务的人是因为受到制裁而导致无家可归。

克里斯很快意识到，即使作为一名建筑师，他也不能仅仅为无家可归者建造家园。但也许他可以给他们地址，他的第一个想法是：把信箱放在街道路牌的后面，这样无家可归的人就可以用它们来接收邮件。("这是个可怕的主意，"他告诉《连线》杂志，"我是一个设计师，我习惯于制造东西。")[20]但在一次去参观皇家邮政分拣办公室的时候，看到工作人员把邮件从一个旧地址转到另一个新地址，突然灵光一闪：一个地址不需要关联到一个实际的住房。如果你在12月初写信给圣诞老人，寄到驯鹿园的圣诞老人洞穴，邮编XM4 5HQ，他会给你回复。显然，驯鹿园（也令人失望）是在贝尔法斯特。如果圣诞老人可以有一个假地址，为什么无家可归的人就不能呢？1

皇家邮政给了克里斯一张全英国所有地址的清单。他很快拿出数字和统计数据，开始分析它。他发现，在英国的街道中，在房屋编号至少达到14号的地方，34%（伯明翰有74%！）的街道因为迷信没有编号为13的房子——他能把这些不吉利的数字送给无家可归的人吗？但英国皇家邮政的转发系统却不是这样运作的。除了圣诞老人，每个人的地址都必须是真实的。[21]

---

1 这也许是来自北爱尔兰的一个传统，孩子们可以给在驯鹿园的圣诞老人写信，圣诞老人会回复，但实际上回信的是贝尔法斯特专门的工作人员。

他能看出我很难理解这个想法。所以他给我打了一个比方：我们以前有固定电话，我们习惯于打电话到一个地方；现在我们很少给地方打电话，我们是在给人打电话。（我曾经教我5岁的女儿已经过时的电话礼仪："请问，某某某在吗？"现在我停止教她这个礼仪了，我意识到克里斯是对的，我无法想象女儿什么时候会这样打电话。）为什么地址会有不同？

接着，克里斯突然想到：为什么不允许无家可归者使用空房子的地址呢？一个奇怪的事实是，在英国这个房价飞涨、住房短缺的国家，超过20万套房屋空置超过6个月，至少1.1万套房屋空置超过10年。[22]在肯辛顿和切尔西，有1600多所房子是空置的——房屋的所有者是乌克兰寡头、海外公司、外国皇室甚至迈克尔·布隆伯格。（如果你好奇的话，那是一座价值1600万英镑的七居室豪宅。）[23] 2019年，英国有超过530亿英镑的房产空置，超过21.6万套房屋空置。[24]有时，空置房屋的原因通常是有人进入养老院或腾空进行大面积翻修。但对许多投资者来说，伦敦房屋是格鲁吉亚砖头砌制的银行账户。

当我问克里斯房主们是否介意这样做时，他看上去被逗乐了。他告诉我，人们总是问他无家可归的人"怎么进去？"但他们根本不进去——地址只是个标记。你拥有的是你的房子，而不是地址。即使你搬回去，别人使用你的通讯地址也没有关系。事实上，对有人居住的房子，也可以这样做——但他告诉我，这将是一个太激进的变化。人们可能不理解这对他们没有风险，所以会有抱怨。

克里斯在笔记本电脑上调出一个电子表格，向我展示了这个计划的工作原理。无家可归的人收到一个空房子的地址，然后进入一个在线数据库，输入一个她希望的邮件转发的地址，那可能是一个收容所，一个朋友的房屋等，然后邮局将邮件重新定向到那个空房子的位置，雇主永远不会知道那个无家可归的人实际上并不住在她指定的地址。

萨拉和克里斯都把注意力集中在无家可归者面临的两难困境。你是接受还是否认无家可归的事实？接受无家可归可能是一件好事。你可以得到别人的支持，获得帮助，找到收容所。但是接受无家可归也可能是危险的。认为你暂时没有家意味着你将来会有家。认为无家可归是一种长期状况，而不是一种暂时状况，会导致绝望。有人告诉我，许多符合无家可归者服务条件的人不接受这些服务，这就是一个原因；要摆脱无家可归者的身份，你常常必须想办法假装，有时甚至是对自己说，你不是无家可归者。编造一个有家的故事可能是获得家的第一步。[25]

在我和克里斯谈过之后，我乘地铁去参观了位于骑士桥的海德公园一号，这是伦敦最奢靡的新开发项目之一。我听说过很多关于海德公园的事，它曾拥有伦敦卖价最贵的公寓，那是一座价值1.6亿英镑的顶层公寓。[26] 从外面看，它像一个高档的希尔顿酒店，里面有桑拿室、臭氧游泳池、高尔夫模拟器、壁球场、客房服务和个人避难密室，所有这些房间的交易价格为每平方英尺7000英镑。其中一套公寓在2019年的广告上租金为每周4万英镑。

大多数公寓被用作第二套、第三套或第四套住房，它们完全空置。[27] 记者约翰·阿利奇写道，当你在晚上走过这栋大楼时，你会发现周围一片漆黑，"不只是比周围的建筑暗一点，而是漆黑一片。只有零星的几盏灯还亮着……好像没人在家。"我盯着一个头戴圆顶礼帽（显然在英国特种部队受训过）[28]身穿制服的警卫，他也盯着我。

克里斯现在正与伦敦的一个委员会合作，以试验他的绝妙想法。如果这个项目的规模能够扩大，那些失去家园的伦敦市民可能也会得到一个海德公园一号的地址。我喜欢它的颠覆性，一个无家可归的人可以得到一个亿万富翁花大价钱买来的骑士桥的地址。为什么不把它给能用的人呢？房子可能是空的，但地址永远不需要是空的。

# Conclusion

The Future: Are Street Addresses Doomed?

尾声

未来:街道地址注定要消失吗?

1905年9月，丹尼尔·伯纳姆在圣弗朗西斯酒店公布了他对旧金山市的新规划。[1]当时伯纳姆已经是世界上最著名的城市规划师和建筑师之一，他在芝加哥的哥伦比亚博览会（1893）上设计了"白色之城"，展出了150多座新古典主义建筑，外墙由巴黎的石膏制成，喷上白色，用10万个白炽灯泡照明。大约有3000万人[2]——相当于当时美国人口的三分之一——参观了伯纳姆的创作。尽管它不过是一堆"装饰过的棚屋"，但许多人带着敬畏的泪水离开了这座白色的城市。

伯纳姆的旧金山规划很受欢迎。但1906年4月，该市发生地震，3000人丧生，80%的建筑物被夷为平地。存放在市政厅的伯纳姆规划的副本丢失了。他前往这座城市，试图激发起人们对这项规划的新兴趣，但旧金山只是想重建，而不是重新改造。

在回芝加哥的长途火车旅行中，伯纳姆坐在约瑟夫·梅迪尔·麦考密克的旁边。[3]麦考密克是《芝加哥论坛报》的出版商，也是芝加哥商业俱乐部的成员。麦考密克让伯纳姆把注意力转移到为芝加哥制订宏伟规划上。伯纳姆告诉他，这将是一项"庞大的任务"，他必须考虑一下。回到芝加哥，商业俱乐部的其他成员逼得他走投无路，说服他接受这份工作，他最后告诉他们："我已经准备好了，随时恭候。"[4]在位于芝加哥艺术学院对面的顶层公寓办公室里，他在接下来的几年里全力以赴，精心设计了一个规划，目的是使芝加哥成为"大草原上的巴黎"。[5]

这是一个迫切需要规划的城市所需要的计划。19世纪下半叶，芝加哥的发展速度比西方世界其他任何城市都要快。这座城市一开始只是美国原住民的一个小贸易站，[6]但它肥沃的土壤、已经形成的铁路网和密歇根湖岸边的战略位置吸引了很多企业——还有移民，一车一车来自世界各地的移民。但这是一个面貌丑陋的城市，到处是污水横流的小巷、泥泞的海岸和冒烟的大烟囱。1865年至1900年间，屠宰场宰杀了4亿头牲畜，市中心上方散发着阵阵恶臭。[7]厄普顿·辛克莱最近出版的书《丛林》揭露了牲畜饲养场的恶劣行径，他写道："他们把猪的每个部分都派上了用场，除了它的尖叫声。"

伯纳姆组建的新芝加哥规划委员会召开了数百次会议，然后出版了一本164页的书，书中配有新芝加哥的精美插图。该计划使幅员宽广的芝加哥看起来更像欧洲，它设计了崭新、宏伟、呈对角线排列的街道，公共公园，市政码头，还有一个巨大的城市湖滨地带。伯纳姆曾说过："不要制订小计划，它们没有激起人们热血的魔力。"他为芝加哥制订的宏伟计划将使这座城市变得几乎让人认不出来。

就在《芝加哥规划》公布之前的几年，另一个芝加哥人开始制订自己的城市改善计划。爱德华·布伦南作为一名杂货送货员和收银员，对芝加哥街道的荒诞布局非常熟悉。正如帕特里克·里尔登所描述的，有一年夏天，布伦南带着一捆地图[8]去密歇根州的扒扒（PawPaw）度假，目的是整理混乱的街景。芝加哥吞并了周围的城镇[9]——仅1889年这座城市就增加了125平方英里——由此产生的重复名称和不连贯的编号系统从未得到统一。里尔登指出，在芝加哥，至少有5条街道以舒伊勒·科尔法克斯（你可能不记得他是前总统尤利西斯·格兰特的第一任副总统）的名字命名。[10]

在一位担任市议员的表亲的帮助下，[11]布伦南几乎是单枪匹马地对芝加哥的街道布局进行梳理。他的计划非常严谨，合乎逻辑。街道西侧和北侧的建筑物用偶数编号，东侧和南侧的建筑物用奇数编号。每隔1英里，编号的数字加上800，这样就可以很容易地找出某条长街道上的特定数字。重复的街道名称[12]将被消除，最好选择一个具有历史或文学重要性的新名称。一条不同路段使用不同名字的街道，也称断链街，现在只有一个名字。在一封写给市议员表亲的信中，布伦南写道："所以，让我们发扬举办世界博览会的精神，改正我们的错误，给芝加哥人民呈现一个完美的房屋编号计划。"[13]

丹尼尔·伯纳姆希望芝加哥看起来像罗马。爱德华·布伦南非常羡慕罗马为帝国设立了一个导航焦点。布伦南在1936年接受一家报纸采访时说："我记得一句老话'条条大路通罗马'。在我看来，只要把它改写成'条条街道都通向斯泰特街和麦迪逊街'，它就能与时俱进，适用于当地。"[14]斯泰特和麦迪逊将成为城市中所有数字编号开始的交叉点。

市议会最终采纳了布伦南的计划。厚厚的地址簿出现了，明信片销售商业务繁忙，因为人们用明信片来宣布他们的新地址。西联汇款公司、里迪福德兄弟清洁用品公司和马歇尔·菲尔德百货公司写信赞扬布伦南的努力，布伦南孜孜不倦地把这些贴到他的剪贴簿上。

2009年，三个州举行了丹尼尔·伯纳姆规划的100周年纪念活动，主题是"大胆的计划，伟大的梦想"。[15]为了纪念伯纳姆，人们举行了数百场活动。为了纪念这一时刻，世界著名建筑师扎哈·哈迪德和本·范·伯克尔在大千年公园设计了建筑展馆。作曲家迈克尔·托克的《规划》是一部以伯纳姆的话为基础的管弦乐和合唱作品，在公园首映。五年级学生设计了一幅生动的城市生活地图。今天，芝加哥有伯纳姆港、伯纳姆图书馆、伯纳姆公园、伯纳姆中心和伯纳姆大道。[16]美国规划协会每年都会举办"丹尼尔·伯纳姆大创意论坛"。[17]

但今天，只有少数人认可爱德华·布伦南令人难以置信的公民成就，他的计划在伯纳姆规划发表的同一年得到实施。在芝加哥的公共历史上，他似乎只是一个脚注而已，他的名字被保存在一个名为南布伦南大道的不起眼的两个街区的住宅街道上，还有一处是在州街和麦迪逊街交汇处的一个纪念标志上。

伯纳姆现在以推动城市美丽运动而闻名，这一运动启发了其后几十年来的城市规划。但在芝加哥变得美丽之前，它必须先变得有条理。1908年，也就是布伦南的街道布局计划实施的前一年，芝加哥的邮政局局长发表了一篇演讲，对城市范围内的125个城镇各有各的街道名称和编号以及500多个重复的街道名称表示惋惜。后来，他又问："花大价钱美化城市，但是如果一个人连路都找不到，又有什么用呢？"

不过，历史喜欢大计划，也喜欢大人物。伯纳姆是一个身材高大、体格健壮的人，有着明亮的蓝眼睛、引人注目的红色小胡子和他从伦敦进口的一尘不染的定制西装。他的一位员工称他为"我见过的最英俊的男人"。[18]他是一位新世界的贵族，[19]是第八代美国人，他的第一位美国祖先于1635年到达马萨诸塞州的伊普斯维奇。当他制订完《芝加哥规划》时，他已经离开了这个城市。由于无法想象他的五个孩子在城市肮脏的街道上玩耍，他搬到了埃文斯顿，住在一所有16个房间的房子里。[20]

而爱德华·布伦南则是爱尔兰裔美国人，[21]他和妻子及三个女儿住在芝加哥，每天晚上他下班回家时，妻子和三个女儿都跑过街角迎接他。保存下来的一张黑白照片上，一个身材瘦小、衣冠楚楚的男人戴着一副黑框眼镜，拿着一块怀表，穿着一套细条纹西服。伯纳姆和布伦南都把自己的时间贡献给了这项事业，但伯纳姆是个有钱人，更容易负担得起。伯纳姆曾与许多有偿绘图员和建筑师一起工作。布伦南参加了600多场市政厅会议，[22]他不知疲倦地工作，没有报酬，多年来基本上独自一人在辛勤工作，安德鲁·奥莱克西乌克将他的工作称为城市里"隐形的建筑设计"。

也许他们所处的阶层解释了他们名声的高低。伯纳姆的规划符合精英们的情感需求，但是因为注重抽象美，被批评忽视了不断增长的工人阶级的需要。他的规划在某些方面取得了成功，例如，他关于芝加哥向水边延伸的想法，对城市景观产生了巨大的影响。但是，最终，伯纳姆的计划没有完全实施，在大萧条期间，人们对他的宏大规划的热情逐渐减弱。

然而，布伦南的街道系统适用于所有人，尤其是工薪阶层的送货员和邮递员。当时，该市公开赞扬了布伦南系统的整洁和效率，并指出："现在，芝加哥的街道名称比全国任何其他城市都要少，那些城市甚至连芝加哥一半的面积都没有。"[23]

我怀疑今天的我们和前人并没有什么不同，只是喜欢看起来漂亮的设计，而忽视了无形基础设施的价值。我决定找出今天的爱德华·布伦南，这样我就能给他们应得的荣誉。他们并不完全是我所预期的那种人。

为了了解地址的未来，我想介绍一位名叫科尼·卢的南非医生。卢医生早年在一家政府诊所做全科医生，有时在一点前就要诊断120个病人。他承认，开处方这项琐碎的工作经常让他精疲力尽，他觉得有更好的方法来解决每天在办公室看到的健康危机。最后，他成立了一个名为"网关健康研究所"的组织，以解决南非医疗服务不足地区的健康问题。

网关健康的一个项目侧重于产妇保健。卢医生告诉我，一个医生可能会发现自己在一家乡村诊所做剖腹产，而这个女人本应该被送到一家大医院。政府已经承认，它的救护车数量只能达到真正需要的大约三分之一。村里的一些妇女只能坐在手推车上去接生。[24]即使孕妇能打电话叫救护车或出租车，她也没办法告诉司机怎么去接她。据我所知，在种族隔离时期，南非的大部分地区没有街道名称或街道号码，尤其是在城镇，它们通常被简单地称为"街区"，并且在地图上没有标记出来。今天的状况和那时差别不大。卢博士正在寻找解决办法，他突然发现了"三词寻址系统"。

三词寻址系统是一个新兴的寻址系统，创始人克里斯·谢尔德里克来自英格兰南部的赫特福德郡。他最近在一次TED（技术、娱乐和设计大会）演讲中说："人们每天都在为解决地址问题而苦恼。"[25]他过去在音乐界工作，帮助组织节日和音乐会。他自己也是一个音乐家，[26]后来在一次梦游中，他用拳头打碎了一扇窗户钻了出去，割断了肌腱和动脉。谢尔德里克注意到音乐家和制片公司总是找不到演出地点，[27]例如，他们到达了罗马以北一小时的地方，实际上应该是罗马以南一小时的地方，或者到达了错误的婚礼现场。

即使有正确的地址，它也不总是指向正确的方向。谢尔德里克说："经常发生这样的事情，我需要找 30 个音乐家和卡车司机去体育场的后门。"[28] 但 GPS 系统会把这些人带到体育场的侧门。[29] 其他的地方——比如一个牧场——根本就没有地址。

谢尔德里克认为这是他可以解决的问题。他和一位数学家朋友，也是他在伊顿公学读书时候的棋友，想出了一个巧妙的主意——把世界分成 3 米乘 3 米的正方形。他们决定用比一串数字更容易记住的单词代替坐标。每个正方形对应 3 个字：40000 个单词，共有 64 万亿个 3 词组合。

于是三词定位法诞生了，世界表面上的每个点现在都有了自己的三词地址。人们很容易在该公司的网站或其免费应用程序上查找信息。泰姬陵中部的地址对应的三词地址是：怀疑·轰炸·胡同。埃菲尔铁塔对应的三词地址是：大胆·演化·尿布。三字定位法可以把你带到没有传统地址的地方。白宫玫瑰花园的中间是：军队·喜欢·点唱机。我的孩子们最喜欢往下滑的滑梯所在的操场是：射击·扑克·时钟。

这项技术的用途是无穷的。想找到你坐在树下野餐的朋友吗？使用三词定位法中的地址。你需要找到你在人行道拍照时候的准确位置吗？或者在哥斯达黎加找到你预定的爱彼迎树屋？三词系统也能帮上忙。这项技术还有更严肃的用途。乌干达的犀牛难民营[30] 正在用三词定位法帮助人们找到去难民营教堂、清真寺、市场和医生办公室的路。蒙古邮政局正在利用这些地址向游牧家庭发送邮件。卢医生现在用三字定位法寻找南非城镇里的患者。

在英国，紧急服务部门也开始使用这项技术。亨伯塞德警方发现一名妇女遭到性侵犯,并被带到一个不为人知的地方,警察教她如何使用手机的 GPS 定位她的三词地址。他们迅速赶往她的所在地——逮捕了袭击她的人。英国广播公司报道了"周末""雾天"和"耳机"[31]这些词是如何帮助警方在一场车祸后找到一位母亲和她的孩子的。与雅芳和萨默塞特警方合作的山姆·谢泼德这样说,"我们正在摆脱旧式的提问——'你从哪里来?''你要去哪里?''你能看到什么?'等等。这些问题需要时间,也并不总是那么准确。"[32]

我亲自去看了三词定位法公司位于伦敦西部的时尚的办公室。该公司的营销主管贾尔斯·里斯·琼斯反戴着帽子,穿着一件红色保暖衬衫,在一楼的咖啡馆里与我碰面,他推着自行车从湿冷的寒风中走过来。这家公司的运营比较新潮,并带有理想主义的色彩,但它所做的工作极为艰苦和复杂。三词定位法现在有 36 种语言版本,包括孟加拉语、芬兰语、泰米尔语、泰语、南非荷兰语和祖鲁语。

吉尔斯带我去看杰米·布朗,他是一位面容友善的年轻语言学家,红发盘成一个松散的发髻,帮助把地图翻译成其他语言。这不仅仅是将现有的单词映射转换成新语言的问题。相反,三词定位雇佣说母语的人(通常是从伦敦大学的语言学项目中挑选出来的)大声念出每个单词,以排除可能会混淆 blue 和 blow 之类的同音词。顾问们还筛选剔除掉粗话或俚语。(孟加拉语的版本中没有"乌龟"这个词,因为有些人认为家里有乌龟是不吉利的。)他们剔除那些不起作用的词;例如,Rechtsschutzversicherungsge-sellschaften,意思是"为法律费用提供保险的保险公司",[33]这个单词对于一个简短的地址来说太长了。他们要确保每个单词在地图库中的各种语言版本中都是同一个意思,挪威语中的barn的意思是"孩子",[34]它不能在挪威地图中使用,因为"barn"(谷仓)已经出现在英语版本中。

语言学家们巧妙地删减了词表,然后把最熟悉的单词分配到地图上讲这种语言的人最可能居住的地方。在法国地图上,chat("猫")这个词很可能是巴黎或蒙特利尔三词定位地址的一部分。在韩国地图上,猫这个词最常出现在首尔。不太常见和更复杂的三个词的地址被放在北极(比如英文版的最后通牒·截止期·滑稽)或阿富汗的沙漠(能力·竞争·初级)。[35]

我本以为,那些处理未来地址问题的人,会更像我采访过的那群专家——书呆子气的地理学家、矫饰的历史学家和经验丰富的官僚。我没想到地址会被年轻的人、时尚的人和拥有先进技术的人所彻底改变。不仅仅是三词定位法。谷歌已经设计了一个"经纬度编码系统",[36]它们使用一系列数字和字母来为世界上任何一个地方提供地址。这套系统是根据经纬度坐标派生出来的代码,大约是一个电话号码的长度。但如果与地名结合使用,长度也可以缩短。所以我在大英图书馆常坐的位置,其编码是伦敦国王街GVHC+XW。在第一章中,我提到了自己访问了一家非盈利机构"为无地址的地方提供地址",该机构正在解决加尔各答贫民窟的问题,现在它正在利用谷歌的技术完成印度的地址项目——并取得了非凡的成功。

Facebook也加入了寻址游戏,它与麻省理工学院的研究人员合作,开发了一种深度学习算法,可以扫描卫星图像,并利用这些像素在缺乏传统街道地址的地区找到道路。然后,该算法"将这些像素点拼接成一个道路网络,然后可以进行分析并分成象限。"[37]（我不确定这意味着什么，但听起来令人印象深刻。）然后，以理性的方式对街道进行数字编号和字母编号，就像许多美国街道的第一、第二等一样。科学家们称他们的算法为机器人代码。

这些地址有可能给全球电子商务带来革命性的变化。在没有地址的大部分地方，例如，问题不在于将货物从中国运往坦桑尼亚。相反，问题是后勤人员称之为"最后一英里"的问题[38]——更具体地说，最后一段交货的成本有时可以占总交货成本的一半。

住在乌干达的美国人安德鲁·肯特在短短两天半的时间里就可以收到从美国寄来的信用卡。但"在从奥马哈到坎帕拉运送8000英里后，"他写道，"信用卡无法走完从敦豪快递公司（DHL）的办公室到我家的最后3英里，因为我家没有地址，所以我不得不自己去快递公司去取。"当他搬到卢旺达时，他必须给找他的人指出一条曲里拐弯的路线，指示司机去一个叫罗斯蒂的俱乐部（他总是要指定新的罗斯蒂俱乐部，而不是老的罗斯蒂）。但他总是像数百万人每天所做的那样，用这样的方式结束自己的指示："我会到外面去找你。"[39]

电子商务在非洲许多地区发展迅速。例如，在尼日利亚，朱米亚电子商务公司正在努力成为非洲的亚马逊，销售从发电机到香水、再到玉米片的所有产品。快递初创企业竞相派摩托车司机在拉各斯各地运送包裹。由于地址很难找到，送货员经常需要打电话给客户要求进一步的指示。但正如肯特所说，打电话很贵：一个电话可能要花40美分。[40]他指出，这对于一家比萨店7美元订单的利润是一个相当大的削减。

我现在知道没有地址有多大的危害了，但数字地址可以使这些问题消失。这些新的地址提供了一个快速和简单的解决方案，解决这个许多政府没有有效解决的问题。世界银行为城市官员推出了一个免费的、综合性的课程："街道地址编址与城市管理"。它基本上是街道地址的入门课，由经验丰富的专家讲授，他们正是我希望今天能找到的解决这个问题的人。这门课——既清晰又透彻。尽管如此，我还是怀疑，对于一个不断发展的城市来说，如果没有像样的预算和合格的员工来实施，这门课程付诸实践将会很困难。步骤很多且复杂，你需要进行一项"可行性研究"。你必须创建一个基础地图，最好是能够得到土地测量员、制图师或建筑师的帮助。你需要对街道进行全面的盘点，以发现所有当前的道路、它们的现状、名称和编号系统（如果有的话）。然后你才能命名街道。

最后，你还必须选择一个编码系统，选择一种命名方式，并学习如何将城市划分为地址区域。你必须决定如何给每栋房子编号——是顺序编号、公制编号还是十米编号？到底什么样的建筑算作房子呢？这门课让我筋疲力尽，而除了在厨房的桌子上记笔记外，我什么都没做。当然，也不能保证居民会选择使用你分配的地址。

找到人是启蒙运动准备要解决的问题，但时至今日，它仍然经常困扰我们。这些新的技术解决方案似乎是简单的答案。那么为什么我不能对它们更感兴趣呢？

毫不奇怪，第一个问题当然是钱的问题。三词定位公司希望通过这项聪明的发明致富，已经筹集了数千万美元的启动资金。这本身并不是一件坏事——编址三词的地址需要做很多工作——但不幸的是，在这个数据比以往任何时候都重要的时代，新的数字地址受到专利的束缚。如果不打开三词定位的应用程序或网站，你就无法找到你自己的三词定位地址，或者你邻居的任何地址。尽管三词定位系统告诉我，它并没有试图取代传统地址，但它们确实有可能成为蒙古等地的官方地址，蒙古的邮政部门已经采用了这种系统。该公司承诺，应用程序和网站将永远免费，但我不确定我是否希望一家年轻的初创公司的软件成为我能找到自己所在位置的唯一工具。

与三词定位不同，谷歌令人印象深刻地将其数据开放。尽管如此，它仍然是世界上最富有、最强大的国家里最富有、最强大的公司之一。如果没有别的，他们的"经纬度编码"也会把人们吸引到网上，并向谷歌产品靠拢。我不太明白 Facebook 如何能通过街道地址赚钱，但如果他们想出了办法，我也不会感到奇怪。

但我的抵制可能没有那么合乎逻辑。我会怀念传统地址。我成长中的第一套房子只有一个农村邮局的号码，7 号公路，663A 信箱。我喜欢把它写在学校的表格上。后来，我在老路司得街得到了一个正式的门牌号码。我也喜欢它，尽管我仍然不知道什么是路司得，什么是老路司得。但我不太确定我对"烘焙・破碎・颈部"——它的三词定位地址，是什么感觉。

起初，我以为坚持现行的系统只是怀旧。但不止于此，它也许是现代状况下的一个症状。我们不知道不久的将来在技术上或政治上会是什么样子。每年的变化似乎更为剧烈。事情越变，我们就越觉得有必要把自己固定在过去。街道地址已经成为人们记忆过去的一种方式。

记忆是数字地址做不到的一件事。约旦扎塔里难民营位于叙利亚的边界，有将近 8 万难民，有 32 所学校和 58 个社区中心。[41]

据估计,这是约旦第四大城市。但直到2016年,它才有了街道名称:巴兹尔街、橄榄街、茴香街、扎伊托恩街。"街道的名字都是文明的名字,它们让人们想起自己的国家,现在每个人都有了自己的地址。我们过去住在一个被忽视的地区,现在我们有了一个地址。"一位名叫阿布·伊斯梅尔的难民告诉路透社,"你住在哪儿?在这条街上。感谢上帝,我现在有了一个实际的地址。"[42]

当然,如果这本书教会了我什么的话,那就是:在街名问题上,人们并不总是态度统一。数字地址绕过了关于街道名称含义的争论。但我喜欢这种争论,争论是分裂社区的原因,但也是构成社区的原因。

数字地址不能构成社区。在某种程度上,它们会造成社区的分裂。你邻居的三词地址和你的完全无关。你不能通过看到她的房子知道她的地址——你必须求助于一个第三方的应用程序。你无法在街上向任何人问路。而且,正如寻址专家格雷厄姆·林德告诉我的那样,像三词地址这样的数字地址"不会在我们的思维地图和寻址之间建立任何联系,而切断这种联系将使编址不再有效。我在这个世界旅行的经历,也和'马、城镇、更快'没有任何联系"。"数字地址创造了一个世界,在这个世界里,我们都像地图上的点一样存在,每个点都是我们自己的小岛,这些全部由一家公司命名。"正如开放数据专家特伦斯·伊登所指出的,他们还可以创造一个世界,在这个世界里,奥斯维辛集中营[43]的地址是"易怒·荷尔蒙·提升"。

尽管如此,我还是很欣赏像三词定位这样的公司,他们至少试图解决一些没有地址带来的问题。我更钦佩谷歌的"经纬度编码系统"和他们的开放数据,我支持他们在印度的工作。我亲身体会到这些新地址的潜力,让数百万人可以使用我过去认为理所当然的银行、投票、投递服务。如果我是一个被劫持跑向未知目的地的人质,我会希望警察运用三词定位应用程序找到我。数字地址将使生活更容易。但我不认为它们会让生活变得更丰富。

在写这本书的过程中,我经常参考一些杰出学者的著作,他们在自己的职业生涯中致力于回答这本书提出的问题。其中一位专家是毛兹·阿扎拉亚胡教授,他是一位人文地理学家,曾就街道命名写过很多文章。有一天我给他打了个电话。他在以色列海法大学的办公室里,我们谈了一个小时,我告诉他我的困境。数字地址应该是这本书的大团圆结局,但为什么我感到如此悲伤?

从我在伦敦的办公室,我几乎可以看到他在地中海那头皱起了眉毛。"我们不谈卡尔·马克思了,"他说,"但我们还会谈卡尔·马克思街。"在一个不大可能就社会的根本问题进行讨论的时代,讨论街道名称就成了一种替代方式。我们有多少机会应邀表明立场,决定作为一个社区我们应该是怎样的?将居住的地方绘成地图,为之命名,是一件是无休无止、充满争议、且以社区为基础的工作。如果我们不坚持做这件事,我们就会失去部分自我。我们应该继续讨论卡尔·马克思街。

历史可能跟我的看法相左。这不是我们第一次彻底改变我们找到彼此的方式。可是在18世纪,当官员们大踏步走过村庄,用油脂和煮过的骨头制成的厚油墨给村民的家画上号码时,村民们进行过强烈的抗议。他们懂得,这些新号码意味着不管他们喜欢与否,政府都能找到他们,对他们进行征税、管束和统治。他们明白,给世界编制地址不是一个中性的举动。

我们明白吗?

致谢

如果没有许多学者的思想照亮了这本书的每一页，这本书就不可能出版。我特别感谢鲁本·罗斯-雷德伍德，德里克·奥尔德曼，毛兹·阿扎拉亚胡，安东·坦特纳，他们的研究、帮助和支持在这本书中是显而易见的。特别是罗斯-雷德伍德在我的旅程开始时带我去了西弗吉尼亚州，我一直感谢他出色的工作和热情地回答所有与地址相关的问题。我也要感谢詹姆斯·斯科特和已故的普里西拉·帕克赫斯特·弗格森，他们的著作（分别是《像一个国家》和《巴黎革命》）改变了我看待世界的方式。

我也要感谢那些阅读、编辑、协助或以任何方式帮助这本书成为可能的人，特别是保罗·麦克马洪、希纳·阿克巴里、安德鲁·阿尔珀恩、凯文·伯明翰、埃德·查尔顿、瑟琳娜·科齐、丽贝卡·里奇曼·科恩、布莱恩·迪·萨尔瓦托、罗莎琳德·狄克逊、斯图尔特·埃尔登、丹尼尔·法布曼、雷切尔·福克纳·古尔斯坦、凯瑟琳·弗林，拉尔夫·弗雷里奇、大卫·加里奥、里希·古拉蒂、布鲁斯·亨特、大卫·基尔伯恩、汤姆·科赫、埃里克·艾斯沃格、路易莎·雅各布斯、莎拉·斯图尔特·约翰逊、凯特·朱利安、郑哈龙、伯纳德·基南、利亚·克伦伯格、霍华德·李、大卫·马登、汉娜·万豪、科林·马歇尔、阿德尔·尼古拉斯、希拉里·奈、布莱恩·奥尼尔、尼古拉·奥尼尔、杰西卡·里德、克里斯塔·雷恩、简·舒特、伊莲·麦克米利恩·谢尔顿、克里斯蒂娜·汤普森、伊恩·古墓和特丽娜·瓦戈。特别感谢里图什·达尔米亚、马提娜·普拉斯卡和 Chris Shin 提供的所有翻译帮助。

当然，所有的错误都是我自己的。

特别感谢我的经纪人劳里·阿布克迈尔，当这本书只是一个模糊的想法，他对它充满信心。感谢安娜·德弗里斯，我孜孜不倦的编辑，还有圣马丁出版社杰出的工作人员，特别是亚历克斯·布朗、米歇尔·卡什曼、多丽·温特拉布，以及文案编辑和校对团队。也要感谢丽贝卡·格雷和 Profile Book 杰出的工作人员，他们在伦敦如此热情地支持这本书。

多亏了支持我的父母，艾伦和德尔德雷蒙克，他们给了我生命，然后让它变得有趣。感谢我的家人：布莱恩·巴奇、阿尔顿·威廉姆斯、肯尼·巴奇、凯利亚·史密斯、悉尼·巴奇、帕特里克·威廉姆斯、艾伦·巴奇、卡莉·巴奇、亚历克斯·马奇、安德森·沙克福德、斯基普·巴奇、费伊·巴奇、朱莉娅·巴奇、泰勒·巴奇、达科塔·巴奇、亚伦·巴奇、劳埃德·万斯、珍妮·马奇、肯·马奇，我的祖母让·万斯和格洛丽亚·巴奇，还有我的侄子和侄女。

还有麦克马洪一家：克莱尔·麦克马洪、马克·海特、格雷安·麦克马洪、克里斯托弗·柯林斯，尤其是莫拉·麦克马洪，相比于其他人，我更希望他来读这本书。

非常感谢丹尼·帕克和尼娜·格森的无限智慧，他们让我给我女儿起了名字。芭芭拉·斯托德利、克洛丁·努里、阿门娜·苏布拉蒂、夏奇拉·苏布拉蒂，谢谢你们对我的孩子们的照顾。乌娜和基兰·马丁，谢谢你们让我在贝尔法斯特静修写作。当我真的需要她时，爱丽丝摩根就站了出来。玛戈·斯特鲁克和苏西·弗格·席尔瓦，感谢你 20 多年来每天都在那里，常常隔着大洋。布莱恩·麦克马洪，没有你，这本书是不可能的；我希望我能找到比再次感谢你更好的话，但只能再次说感谢你。

还有大英图书馆的工作人员，他们总是不假思索地帮助我处理各种各样的要求。

当然，也要感谢梅芙和尼娜，她们在一旁令我无法专心写作，却让我无比快乐。

注 释

题词

vii Willy Brandt, *Links und Frei: Mein Weg 1930-1950*, trans. Maoz Azaryahu (Hamburg: Hofmann und Campe, 1982), 80.

序言 为什么街道地址很重要？

[1] 40%的数字可以追溯到立法者一次投票选出一个荣誉街道的名字。近年来，市议会对街道命名措施进行了分组，每年两次投票选出几十个新名字。See Reuben S. Rose-Redwood, "From Number to Name: Symbolic Capital, Places of Memory and the Politics of Street Renaming in New York City," *Social & Cultural Geography* 9, no. 4 (June 2008): 438, https:// doi.org/10.1080/14649360802032702.

[2] For more see Sanna Feirstein, *Naming New York: Manhattan Places and How They Got Their Names* (New York, NY: NYU Press, 2000).

[3] Devin Gannon, "City Council Votes to Name NYC Streets after Notorious B.I.G., Wu-Tang Clan, and Woodie Guthrie," 6sqft, Dec. 27, 2018, https://www.6sqft.com/city-council-votes-to-name -nyc-streets-after-notoriou-b-i-g-wu-tang-clan-and-woodie-guthrie/.

[4] Marc Santora, "Sonny Carson, 66, Figure in 60's Battle for Schools, Dies," *New York Times,* Dec. 23, 2002, https://www.nytimes.com/2002/12/23/nyregion/sonny-carson -66-figure-in-60-s-battle-for-schools-dies.html.

[5] Frankie Edozien, "Mike Slams Sonny Sign of the Street," *New York Post,* May 29, 2007, https://nypost.com/2007/05/29/mike-slams -sonny-sign-of-the-street/.

[6] Azi Paybarah, "Barron Staffer: Assassinate Leroy Comrie's Ass," *Observer,* May 30, 2007, https://observer.com/2007/05/barron-staffer -assassinate-leroy-comries-ass/.

[7] David K. Randall, "Spurned Activists 'Rename' a Street," *City Room* (blog), *New York Times,* June 17, 2007, https://cityroom.blogs.nytimes.com/2007/06/17/spurned-activists-rename -a-street/.

[8] "Sonny Side of the Street? No Honoring a Racist," *New York Post,* June 3, 2007, https://nypost.com/2007/06/03/sonny -side-of-the-street-no-honoring-a-racist/.

[9] Reuben Rose-Redwood, "With Numbers in Place: Security, Territory, and the Production of Calculable Space," *Annals of the Association of American Geographers*

102, no. 2 (March 2012): 312,DOI:10.1080/00045608.2011.620503.

[10] Ibid., 307.

[11] WVVA TV, "911 Misconceptions Uncovered," Sept. 10, 2010.

[12] Rose-Redwood, "With Numbers in Place," 311.

[13] Ibid.

[14] Simon Rogers, "Data Journalism Reading the Riots: What We Know. And What We Don't," *Datablog: UK Riots 2011, Guardian,* Dec. 9, 2011, https://www.theguardian.com/news /datablog/2011/dec/09/data-journalism-reading-riots.

[15] Sukhdev Sandu, "The First Black Britons," BBC History, accessed Sept. 16, 2019, http://www.bbc.co.uk/history/british/empire _seapower/black_britons_01.shtml.

[16] "British Transatlantic Slave Trade Records: 2. A Brief Introduction to the Slave Trade and Its Abolition," National Archives, accessed June 23, 2019, http://www.nationalarchives.gov.uk/help-with -your-research/research-guides/british-transatlantic-slave-trade-records/.

[17] 这段临终前的叙述详见: Kevin Belmonte, *William Wilberforce: A Hero for Humanity* (2002; repr., Grand Rapids, MI: Zondervan, 2007), 333.

[18] Kate Phillips, "G.O.P Rep Refers to Obama as 'That Boy,'" *New York Times,* April 14, 2008, https://thecaucus.blogs.nytimes .com/2008/08/14/gop-rep-refers-to-obama-as-that-boy.

[19] Deirdre Mask, "Where the Streets Have No Name, *Atlantic,* Jan./Feb. 2013, https://www.theatlantic.com/magazine /archive/2013/01/where-the-streets-have-no-name/309186/.

1. 加尔各答：街道地址如何改变贫民窟？

[1] "Kolkata Traffic Worsens Despite Effort to Calm Drivers with Music," "CitiSignals," Citiscope, Sept. 1, 2015, http://archive .citiscope.org/citisignals/2015/kolkata-traffic-worsens-despite-effort-calm-drivers-music.

[2] Ananya Roy, *City Requiem, Calcutta: Gender and the Politics of Poverty* (Minneapolis: University of Minnesota Press, 2003), 111.

[3] Padmaparna Ghosh, "The World's Biggest Biometric ID Project Is Letting People Fall Through the Cracks," Quartz India, April, 4, 2018, https://qz.com/india/1243565/the-worlds-biggest-biometric-id-project-is-letting-people-fall-through-the-crack.

[4] Simon Winchester, *Simon Winchester's Calcutta*(London: Lonely Planet, 2004), 41.

[5] Nitai Kundu, "The Case of Kolkata, India: Understanding Slums: Case Studies for the Global Report on Human Settlements 2003," 4, https://www.ucl.ac.uk/dpu-projects/Global_Report/pdfs/Kolkata.pdf.

[6] Richard Harris and Robert Lewis, "Numbers Didn't Count: The Streets of Colonial Bombay and Calcutta," *Urban History* 39, no. 4 (Nov. 2012): 653.

[7] Harris and Lewis, "Numbers Didn't Count," 657.

[8] Roy, *City Requiem*, 27.

[9] W. Collin Schenk, "Slum Diversity in Kolkata," *Columbia Undergraduate Jorunal of South Asian Studies* 1, no. 2 (Spring 2010): 108, http://www.columbia.edu/cu/cujsas/Volume%20I/Issue%20II/W%20Collin%20Schenk%20-%20Slum%20Diversity.pdf.

[10] See, for example, D. Asher Ghertner, *Rule by Aesthetics: World-Class City Making in Delhi* (New York, NY: Oxford University Press, 2015).

[11] Frederic C. Thomas, *Calcutta Poor: Inquiry into the Intractability of Poverty* (1997; repr., New York: Routledge, 2015), 1.

[12] Ibid., 3.

[13] "Locals Spot Fire, Rush to Rescue," *Hindustan Times,* Dec. 10, 2011, https://www.hindustantimes.com/kolkata/locals-spot-fire-rush-to-rescue /story-QbXQD75LOxRw7nuEWefJ8O.html.

[14] Catherine Farvacque-Vitković et al., *Street Addressing and the Management of Cities* (Washington, DC: World Bank, 2005), 2.

[15] Universal Postal Union, *Addressing the World—An Address for Everyone* (White Paper, Switzerland, 2012), 43, http:// news.upu.int/fileadmin/user_upload/PDF/Reports/whitePaperAdressingEn.pdf.

[16] FarvacqueVitković et al., *Street Addressing,* 21.

[17] "Howrah Bridge Pillars Get Protective Cover against Gutka Sputum," Hindu BusinessLine, May 2, 2013, https://www.thehindubusinessline .com/news/national/howrah-bridge-pillars-get-protective-cover-against-gutka -sputum/article23107406.ece.

2. 海地：街道地址能阻止流行病吗？

[1] Spence Galbraith, *Dr John Snow (1813–1858): His Early Years: An Account of the Family of Dr John Snow and His Early Life* (London: Royal Institute of Public Health, 2002), 49. Several other books have also explored Snow's investigations in great detail. See, for example, Sandra Hempel, *The Strange Case of the Broad Street Pump: John Snow and the Mystery of Cholera* (Berkeley: University of California Press, 2007) and Steven Johnson, *The Ghost Map: The Story of London's Most Terrifying Epidemic—and How It Changed Science, Cities, and the Modern World* (New York: Riverhead Books, 2006).

[2] Paul G. Barash et al., *Clinical Anesthesia* (Philadelphia, PA: Lippincott, Williams, & Wilkins, 2009), 6.

[3] Richard Barnett, "John Snow and Cholera," Sick City Project, March 11, 2013, https://sickcityproject.wordpress .com/2013/03/11/john-snow-and-cholera/.

[4] John Snow, *On the Mode of Communication of Cholera* (London: John Churchill, 1855), 15–20.

[5] Johnson, *The Ghost Map*, 147–48.

[6] G. C. Cook, "Early History of Clinical Tropical Medicine in London," *Journal of the Royal Society of Medicine* 83, no. 1 (Jan. 1990): 38–41.

[7] Samuel Pepys, *The Diary of Samuel Pepys,* vol. 1, *1660* (Berkeley: University of California Press, 2000).

[8] Richard Barnett, "John Snow and Cholera."

[9] Sandra Hempel, *The Strange Case of the Broad Street Pump: John Snow and the Mystery of Cholera* (Berkeley: University of California Press, 2007), 28.

[10] Snow. *On the Mode,* 5.

[11] D. E. Lilienfeld, "Celebration: William Farr (1807–1883)—An Appreciation on the 200th Anniversary of His Birth," *International Journal of Epidemiology* 36, no. 5 (October 2007): 985–87.DOI:10.1093/ije/dym132.

[12] William Farr, "Letter to the RegistrarGeneral, from William Farr, Esq.," in *First Annual Report of the Registrar-General on Births, Deaths, and Marriages in England in 1837–8* (London: HMSO, 1839).

[13] Snow, *On the Mode,* 42.

[14] "Dr. Snow's Report," in *Report on the Cholera Outbreak in the Parish of St. James, Westminster, During the Autumn of 1854* (London: J. Churchill, 1855), 106.

[15] S. P. W. Chave, "Henry Whitehead and Cholera in Broad Street," *Medical History* 2, no. 2 (April 1958): 96.

[16] Ibid., 97.

[17] 你可以在 Ralph Frerichs 的网站上看到死亡证明原件，这是一个关于约翰·斯诺和霍乱的信息宝库 https://www.ph.ucla.edu/epi/snow/html.

[18] Chave, "Henry Whitehead and Cholera in Broad Street," 95.

[19] Samantha Hajna, David L. Buckeridge, and James A. Hanley, "Substantiating the Impact of John Snow's Contributions Using Data Deleted During the 1936 Reprinting of His Original Essay *On the Mode of Communication of Cholera,*" *International Journal of Epidemiology* 44, no. 6 (Dec. 2015): 1794–99.

[20] Tom Koch, *Disease Maps: Epidemics on the Ground* (Chicago: University of Chicago Press, 2011), 29.

[21] *Disease Maps: Epidemics on the Ground* (Chicago: University of Chicago Press, 2011) and *Cartographies of Disease: Maps, Mapping, and Medicine* (Redlands, CA: ESRI Press, 2005), 104.

[22] Tom Koch, "The Map as Intent: Variations on the Theme of John Snow," *Cartographica* 39, no. 4 (Winter 2004): 6.

[23] Jonathan M. Katz, "Haiti's Shadow Sanitation System," *New Yorker,* March 12, 2014, https://www.newyorker.com/tech/annals-of-technology /haitis-shadow-sanitation-system.

[24] Paul Fine et al., "John Snow's Legacy: Epidemiology Without Borders," *Lancet* 381 (April 13, 2013): 1302.

[25] 关于皮亚罗在海地工作的详细描述, see Ralph R. Frerichs, *Deadly River: Cholera and Cover-Up in Post-Earthquake Haiti (The Culture and Politics of Health Care Work)* (Ithaca, NY: ILR Press, 2017).

[26] Jonathan M. Katz, "In the Time of Cholera," *Foreign Policy,* Jan. 10, 2013,

［27］Katz, "In the Time of Cholera."

［28］Randal C. Archibold, "Officials in Haiti Defend Focus on Cholera Outbreak, Not Its Origins," *New York Times,* Nov. 17, 2010, https://www.nytimes.com/2010/11/17/world/americas/17haiti.html.

［29］Ibid.

［30］Chen-Shan Chin et al., "The Origin of the Haitian Cholera Outbreak Strain," *New England Journal of Medicine* 364, no. 1 (Jan. 2011): 33–42.

［31］"As Cholera Returns to Haiti, Blame Is Unhelpful," *Lancet Infectious Diseases* 10, no. 12 (Dec. 1, 2010): 813, https://www.thelancet.com /journals/laninf/article/PIIS1473-3099(10)70265-6/fulltext.

［32］Somini Sengupta, "U.N. Apologizes for Role in Haiti's 2010 Cholera Outbreak," *New York Times,* Dec. 1, 2016, https://www.nytimes.com/2016/12/01/world/americas/united-nations-apology -haiti-cholera.html.

［33］Koch, *Disease Maps*; *Cartographies of Disease.*

［34］"Dr John Snow and Reverend Whitehead," Cholera and the Thames, accessed Sept. 26, 2019, https://www.choleraandthethames.co.uk /cholera-in-london/cholera-in-soho/.

［35］桑德拉·亨佩尔(Sandra Hempel)在她的著作《布罗德街水泵的奇案：约翰·斯诺和霍乱之谜》(the Strange Case of the Broad Street Pump: John Snow and the Mystery of Cholera)的结尾处也提出了类似的观点。她引用了怀特黑德的话的较长版本，指出约翰·斯诺认为他会被历史遗忘。在这方面，他的研究也错了。

［36］Chris Michael, "Missing Maps: Nothing Less than a Human Genome Project for Cities," *Guardian,* Oct. 6, 2014, https:// www.theguardian.com/cities/2014/oct/06/missing-maps-human-genome-project-unmapped-cities.

3. 罗马：古罗马人是如何找路的？

［1］Alan Kaiser, *Roman Urban Street Networks: Streets and the Organization of Space in Four Cities* (New York: Routledge, 2011), 100–5.

［2］Jeremy Hartnett, *The Roman Street: Urban Life and Society in Pompeii, Herculaneum, and Rome* (New York: Cambridge University Press, 2017), 33.

［3］Claire Holleran, "The Street Life of Ancient Rome," in *Rome, Ostia, Pompeii: Movement and Space,* eds. Roy Lawrence and David J. Newsome (Oxford: Oxford University Press, 2011), 247.

［4］Roger Ling, "A Stranger in Town: Finding the Way in an Ancient City," *Greece & Rome* 37, no. 2 (Oct. 1990): 204–14, DOI:101017/S0017383500028965.

［5］All of these examples come from Alan Kaiser's brilliant book, *Roman Urban Street Networks*, 36–46.

［6］Ibid., 40.

［7］Holleran, "The Street Life of Ancient Rome," 246–47.

［8］Ibid., 247.

［9］Ibid., chapter 11.

［10］Kevin Lynch; Joint Center for Urban Studies, *The Image of the City* (Cambridge, MA: MIT Press, 1960), 93.

［11］Ibid., 10.

［12］Ibid., 4.

［13］Henry Ellis, "Revisiting *The Image of the City*: The Intellectual History and Legacy of Kevin Lynch's Urban Vision" (bachelor's thesis, Wesleyan, 2010), 102.

［14］Lynch, *The Image of the City,* 22.

［15］Matthew Reed Baker, "One Question: Are Boston's Streets Really Paved over Cow Paths?" *Boston Magazine,* March 6, 2018, https://www.bostonmagazine.com/news/2018/03/06/boston-streets-cow-paths.

［16］Lynch, *The Image of the City,* 29.

［17］Ibid., 40–41.

［18］Ibid., 3.

［19］Simon Malmberg, "Finding Your Way in the Subura," *Theoretical Roman Archaeology Journal* (2008): 39–51, DOI:10.16995 /TRAC2008_39_51.

［20］Simon Malmberg, "Navigating the Urban Via Tiburtina," in *Via Tiburtina: Space, Movement and Artefacts in the Urban Landscape,* eds. H. Bjur and B. Santillo Frizell (Rome, Italy: Swedish Institute in Rome, 2009), 67–68.

［21］Diane G. Favro, *The Urban Image of Augustan Rome* (New York: Cambridge University Press, 1996), 10.

［22］Kaiser, *Roman Urban Street Networks,* 8.

［23］Margaret Talbot, "The Myth of Whiteness in Classical Sculpture," *New Yorker,* Oct. 22, 2018, https://www.newyorker.com /magazine/2018/10/29/the-myth-of-whiteness-in-classical-sculpture.

［24］Eleanor Betts, "Towards a Multisensory Experience of Movement in the City of Rome," in *Rome, Ostia, Pompeii,* 123, https://www.oxfordscholarship.com/view/10.1093/acprof:osobl/9780199583126.001.0001/acprof-9780199583126-chapter-5.

［25］Malmberg, "Navigating the Urban Via Tiburtina," 66.

［26］Ibid., 66.

［27］Juvenal, satire 3, in *Satires*, trans. G. G. Ramsay (1918), http://www.tertullian.org/fathers/juvenal_satires_03.htm.

［28］Betts, "Towards a Multisensory Experience of Movement in the City of Rome," 121

［29］Malmberg, "Navigating the Urban Via Tiburtina," 62.

［30］Kate Jeffery, "Maps in the Head: How Animals Navigate Their Way Around Provides Clues to How the Brain Forms, Stores and Retrieves Memories," *Aeon,* accessed June 19, 2019, https://aeon.co/essays/how -cognitive-maps-help-animals-navigate-the-world.

［31］William Beecher Scoville and Brenda Milner, "Loss of Recent Memory after Bilateral Hippocampal Lesions," *Journal of Neurology, Neurosurgery & Psychiatry* 20, no. 1 (Feb. 1957): 11–21.

[32] Larry R. Squire, "The Legacy of Patient H.M. for Neuroscience," *Neuron* 61, no. 1 (Jan. 2009): 6–9, DOI:10.1016/j.neuron.2008.12.023.

[33] Amir-Homayoun Javadi, Beatrix Emo, et al., "Hippocampal and prefrontal processing of network topology to simulate the future," *Nature Communications,* 8, (March 2017), https:// www.nature.com/articles/ncomms14652.

[34] Mo Costandi, "The Brain Takes a Guided Tour of London," *Scientific American,* March 21, 2017, https://www .scientificamerican.com/article/the-brain-takes-a-guided-tour-of-london/.

[35] Kate Jeffery, "How Cognitive Maps Help Animals Navigate the World," *Aeon,* Jan. 25, 2017, https://aeon.co/essays/how-cognitive-maps -help-animals-navigate-the-world.

[36] Nicholas Carr, *The Glass Cage: Automation and Us* (New York: Norton, 2014), 132.

[37] Favro, *The Urban Image of Augustan Rome,* 10.

[38] Ibid., 7.

[39] Lynch, *The Image of the City,* 2.

[40] Ibid.

[41] 非常感谢西蒙·马姆伯格（Simon Malmberg）的翻译协助。

[42] Terence, *The Brothers,* 574–87.

4. 伦敦：街道名称从何而来？

[1] Richard Holt and Nigel Baker, "Towards a Geography of Sexual Encounter: Prostitution in English Medieval Towns," in *In decent Exposure: Sexuality, Society, and the Archaeological Record,* ed. Lynne Bevan (Glasgow: Cruithne Press, 2001), 213.

[2] Sejal Sukhadwala, "How London's Food and Drink Streets Got Their Names," Londonist, May 19, 2017, https://londonist .com/2016/06/how-london-s-food-and-drink-streets-got-their-names.

[3] "Pudding Lane," Placeography, Map of Early Modern London, https://mapoflondon.uvic.ca/PUDD1.htm.

[4] "From Amen Court to Watling Street: More Ingoldsby-Related Streets," Street Names, https://thestreetnames.com/tag/amen -corner/.

[5] "Knightrider Street," Placeography, Map of Early Modern London, https://mapoflondon.uvic.ca/KNIG1.htm.

[6] "Artillery Gardens in Spitalfields," London Remembers, https://www.londonremembers.com/subjects/artillery-gardens-in-spitalfields.

[7] Holt and Baker, "Towards a Geography of Sexual Encounter," 208.

[8] "Attitudes to Potentially Offensive Language and Gestures on TV and Radio: Research Report," Ofcom, Sept. 2016, https://www.ofcom .org.uk/__data/assets/pdf_file/0022/91624/OfcomOffensiveLanguage.pdf.

[9] Ibid., 44.

[10] "Oxford's Crotch Crescent Named 5th Most Embarrassing Street in England," JACKfm, accessed June 24, 2019, https://www.jackfm.co.uk/news/oxfordshire-news/oxfords-crotch-crescent-named-5th-most-embarrassing-street-in-england/.

[11] Rob Bailey and Ed Hurst, *Rude Britain: 100 Rudest Place Names in Britain* (London: Boxtree, 2005).

[12] Judith Flanders, *The Victorian City: Everyday Life in Dickens' London* (New York: St. Martin's Press, 2014), 10.

[13] Ibid., 60.

[14] Ibid., 58.

[15] "London Street Names," *Spectator,* Jan. 23, 1869, 12–13, http://archive.spectator.co.uk/article/23rd-january-1869/13/london-street-names-london-street-names.

[16] *Punch,* July–Dec. 1849, quoted in "Sanitary Street Nomenclature," Victorian London, http://www.victorianlondon.org/health/sanitary.htm.

[17] P. W. J. Bartrip, "'A Thoroughly Good School': An Examination of the Hazelwood Experiment in Progressive Education," *British Journal of Educational Studies* 28, no. 1 (Feb. 1980): 48–49.

[18] Duncan Campbell-Smith, *Masters of the Post: The Authorized History of the Royal Mail* (London: Allen Lane, 2011), 124.

[19] Ibid.

[20] Rowland Hill and George Birkbeck Hill, *The Life of Sir Rowland Hill and the History of Penny Postage* (London: Thos. De La Rue, 1880), 53.

[21] Eunice Shanahan and Ron Shanahan, "The Penny Post," The Victorian Web, accessed Nov. 21, 2019, http://www.victorianweb.org/history/pennypos.html.

[22] Rowland Hill, *Post Office Reform: Its Importance and Practicability* (London: Charles Knight, 1837), 8.

[23] William Ashurst, *Facts and Reasons in Support of Mr. Rowland Hill's Plan for a Universal Penny Postage* (London: H. Hooper, 1838), 107.

[24] Ibid., 1.

[25] Catherine J. Golden, *Posting It: The Victorian Revolution in Letter Writing* (Gainesville: University of Florida Press, 2009), 27.

[26] Campbell-Smith, *Masters of the Post,* 130.

[27] Ibid., 128.

[28] Samuel Laing, *Notes of a Traveller, on the Social and Political State of France, Prussia, Switzerland, Italy, and Other Parts of Europe, during the Present Century* (London: Longman, Brown, Green, and Longmans, 1842), 174–75.

[29] Edward Mogg, *Mogg's New Picture of London and Visitor's Guide to it Sights* (London: E. Mogg, 1844), quoted in Victorian London, accessed June 19, 2019, https://www.victorianlondon.org/communications/dickens-postalregulations.htm.

[30] James Wilson Hyde, *The Royal Mail: Its Curiosities and Romance* (Edinburgh and London: William Blackwood and Sons, 1885), xi, http://www.gbps.org.uk/information/downloads/files/historical-studies/The%20Royal%20Mail,%20its%20

Curiosities%20and%20Romance%20(1885)%20-%20James%20Wilson%20Hyde.pdf.

[31] Ibid., 194.

[32] Ibid., 193.

[33] Ibid., 194.

[34] Ibid., 195.

[35] "Where Do Missing Letters Go?," BBC News, March 20, 2001, http://news.bbc.co.uk/1/hi/uk/1231012.stm.

[36] Natasha Mann, "People Send the Funniest Things," *Guardian,* Jan. 25, 2003, https://www.theguardian.com/uk/2003/jan /27/post.features11.

[37] Harriet Russell, *Envelopes: A Puzzling Journey through the Royal Mail* (New York: Random House, 2005).

[38] James H. Bruns, "Remembering the Dead," Smithsonian National Postal Museum *EnRoute* 1, no. 3 (July–Sept. 1992), accessed June 24, 2019, https://postalmuseum.si.edu/research/articles-from -enroute/remembering-the-dead.html.

[39] Ibid.

[40] Ibid.

[41] Kihm Winship, "The Blind Reader," Faithful Readers, Aug. 16, 2016, https://faithfulreaders.com/2016/08/16/the-blind -reader/.

[42] Bruns, "Remembering the Dead."

[43] Ibid.; Bess Lovejoy, "Patti Lyle Collins, Super-Sleuth of the Dead Letter Office, Mental Floss, Aug. 25, 2015, http://mentalfloss.com/article/67304 /patti-lyle-collins-super-sleuth-dead-letter-office.

[44] *Ladies' Home Journal,* Sept. 1893, quoted in Winship, "The Blind Reader."

[45] "Sir Rowland Hill KCB, FRS and the General Post Office," maps.thehunthouse, https://www.maps .thehunthouse.com/Streets/Metropolitan_Boroughs.htm.

[46] "London Street Names. London Street Names," *Spectator* Archive, Jan. 23, 1869, 12, http://archive.spectator.co.uk/article/23rd -january-1869/13/london-street-names-london-street-names.

[47] Tom Hughes, "Street Fighting Men," Marylebone Village, https://www.marylebonevillage.com/marylebone-journal/street-fighting-men.

[48] Ibid.

[49] Bruce Hunt, "London Streets Lost to the Blitz," https://www.maps.thehunthouse.com/eBooks/London_Streets_lost_to_the _Blitz.htm. Bruce Hunt has rigorously detailed the London streetscape before and after the Blitz. For more, see his comprehensive website, http://www.maps .thehunthouse.com.

[50] Felicity Goodall, "Life During the Blackout," *Guardian,* Nov. 1, 2009, https://www.theguardian.com/lifeandstyle/2009/nov /01/blackout-britain-wartime.

[51] Jean Crossley, "A Middle Class War 1939–1947," unpublished private papers of Mrs. J. Crossley, Imperial War Museum, 1998, 20.

[52] Laura Reynolds, "Why Is There No NE or S London Postcode District?" Londonist, Aug. 2015, https://londonist.com/2015/08/why-is -there-no-ne-or-s-london-

postcode-district.

［53］Niraj Chokshi, "The Bounty ZIP Codes Brought Amer- ica," *Atlantic,* April 23, 2013, https://www.theatlantic.com/technology/archive /2013/04/the-bounty-zip-codes-brought-america/275233/.

［54］Douglas Martin, "Robert Moon, an Inventor of the ZIP Code, Dies at 83," *New York Times,* April 14, 2001, 36, https://www.nytimes.com /2001/04/14/us/robert-moon-an-inventor-of-the-zip-code-dies-at-83.html.

［55］Smithsonian NPM, "Swingin' Six Zip Code Video," YouTube, Nov. 2, 2011, https://www.youtube.com/watch?v=QIChoMEQ4Cs.

［56］Chokshi, "The Bounty ZIP Codes Brought America."

［57］Nick Van Mead, "Where the Streets Have New Names: The Airbrush Politics of Renaming Roads," *Guardian,* June 28, 2016, https://www .theguardian.com/cities/2016/jun/28/streets-new-names-airbrush-politics -renaming-roads.

［58］William J. Hoy, "Chinatown Devises Its Own Street Names," *California Folklore Quarterly* 2, no. 2 (1943): 71–75, DOI:10.2307/1495551.

［59］Devin Gannon, "Chinese Immigrants Use Slang Names and Maps to Navigate the Streets of NYC," 6sqft, Aug. 14, 2017, https://www.6sqft.com/chinese-immigrants-use-slang-names -and-maps-to-navigate-the-streets-of-nyc/.

［60］Daniel Oto-Peralías, "What Do Street Names Tell Us? The 'City-Text' as Socio-cultural Data," *Journal of Economic Geography* 18, no. 1 (Jan. 2018): 187–211.

［61］Daniel Oto-Peralías, "What Do Street Names Tell Us? An Application to Great Britain's Streets," *Journal of Economic Geography,* accessed June 20, 2019, https:// papers.ssrn.com/sol3/papers.cfm?abstract_id=3063381.

［62］Marek Kępa, "Poland's Most Popular Street Names: An Adventure in Statistics," Culture.Pl, Jan. 17, 2018, https://culture.pl/en /article/polands-most-popular-street-names-an-adventure-in-statistics.

［63］Jaspar Copping, "England's Changing Street Names: Goodbye Acacia Avenue, Welcome to Yoga Way," *Telegraph,* March 28, 2010, https://www.telegraph.co.uk/news/newstopics/howaboutthat/7530346/Englands -changing-street-names-goodbye-Acacia-Avenue-welcome-to-Yoga-Way .html.

［64］Oliver Gee, "'Sexist' Paris Streets Renamed in Feminist Stunt," The Local, Aug. 26, 2015, https://www.thelocal.fr/20150826/paris-neighbourhood -gets-a-feminist-makeover.

［65］Doreen Massey, "Places and Their Pasts," *History Workshop Journal* 39(Spring1995):187,https://www.jstor.org /stable/4289361.

［66］"Black Country Geology," Geology Matters, http://geology matters.org.uk/the-black-country/.

5. 维也纳：门牌号码能够透露哪些权力信息？

［1］Anton Tantner, "Gallery of House Numbers," accessed Sept. 27, 2019,https:// homepage.univie.ac.at/anton. tantner/housenumbers/exhibition.html.

［2］ Anton Tantner, "Addressing the Houses: The Introduction of House Numbering in Europe," *Histoire & Mesure,* 24, no 2. (Dec. 2004), 7. For more, see Anton Tantner, *House Numbers: Pictures of a Forgotten History,* trans. Anthony Mathews (London: Reaktion Books, 2015).

［3］ Edward Crankshaw, *Maria Theresa* (New York: Viking Press, 1970), 3. The historical website The World of the Hapsburgs provides a terrific overview of all the Hapsburgs. "Maria Theresa—the Heiress," The World of the Hapsburgs, accessed June 20, 2019, https://www.habsburger.net/en/chapter/maria-theresa-heiress.

［4］ The World of the Hapsburgs, "Maria Theresa in the Eyes of Her Contemporaries," https://www.habsburger.net/en/chapter/maria-theresa-eyes-her-contemporaries.

［5］ Michael Yonan, "Conceptualizing the Kaiserinwitwe: Empress Maria Theresa and Her Portraits," in *Widowhood and Visual Culture in Early Modern Europe* (Burlington: Ashgate Publishing, 2003), 112.

［6］ For more details on house numbering, Tantner has written a comprehensive article as well as an excellent book: Tantner, *House Numbers*; Tantner, "Addressing the Houses," 7–30.

［7］ "The Signs of Old London," Spitalfields Life, Oct. 5, 2011, http://spitalfieldslife.com/2011/10/05/the-signs-of-old-london/.

［8］ Kathryn Kane, Regency Redingote: Historical Snipets of Regency England, Feb. 10, 2012, https://regencyredingote.wordpress .com/2012/02/10/on-the-numbering-of-houses/.

［9］ "Review of the First Report of the PostmasterGeneral, on the Post Office," *London Quarterly Review,* 1855, quoted in Kate Thomas, *Postal Pleasures: Sex, Scandal, and Victorian Letters* (New York: Oxford University Press, 2012), 20.

［10］ Milton Esterow, "Houses Incognito Keep Us Guessing as They Did in New York of 1845," *New York Times,* Jan. 24, 1952, https:// timesmachine.nytimes.com/times machine/1952/01/24/93344794.html ?pageNumber=29.

［11］ Ibid.

［12］ Ibid.

［13］ Mark Twain, *The Chicago of Europe, and Other Tales of Foreign Travel,* ed. Peter Kaminsky (New York: Union Square Press, 2009), 197–98.

［14］ James C. Scott, *Seeing Like a State: How Certain Schemes to Improve the Human Condition Have Failed* (New Haven: Yale University Press, 1998), 1–2.

［15］ Ibid., 2.

［16］ Ibid., 88.

［17］ Ibid.

［18］ Edwin Garner, "Seeing Like a Society: Interview with James C. Scott, *Volume* 20 (July 20, 2008), http://volumeprojectorg/seeing -like-a-society-interview-with-james-c-scott/.

［19］ Scott, *Seeing Like a State,* 65.

[20] James C. Scott et al., "The Production of Legal Identities Proper to States: The Case of the Permanent Family Surname," *Comparative Studies in Society and History* 44, no. 1 (Jan. 2002): 8.

[21] Daniel Lord Smail, *Imaginary Cartographies: Possession and Identity in Late Medieval Marseille* (Ithaca: Cornell University

[22] Ibid., 189.

[23] Ibid., 192.

[24] Cesare Birignani and Grégroire Chamayou have both given excellent accounts of Guillauté's work. See Cesare Birignani, "The Police and the City: Paris, 1660–1750" (doctoral dissertation, Columbia University, 2013), DOI:10.7916/D87P95K6 and Grégoire Chamayou, "Every Move Will Be Recorded," MPIWG, accessed Sept. 17, 2019, https://www.mpiwgberlin.mpg.de/news/features/features-feature14.

[25] Chamayou, "Every Move Will Be Recorded."

[26] Ibid.

[27] Ibid.

[28] Marco Cicchini, "A New 'Inquisition'? Police Reform, Urban Transparency and House Numbering in Eighteenth-Century Geneva," *Urban History* 39, no. 4 (Nov. 2012): 617,DOI:10.1017/S0963926812000417.

[29] Ibid., 620.

[30] Tantner, "Addressing the Houses: The Introduction of House Numbering in Europe," 16.

[31] *Charleston City Directory* (1860), quoted in Reuben Skye Rose-Redwood, "Governmentality, the Grid, and the Beginnings of a Critical Spatial History of the Geo-Coded World" (doctoral dissertation, Pennsylvania State University, Feb. 10, 2006), https://etda.libraries .psu.edu/catalog/6981.

[32] Françoise Jouard, "Avec ce numero, 'il lui semblera etre dans une inquisition," *AEG* (Oct. 1782): 13967, quoted in Marco Cicchini, "A New 'Inquisition'?"

[33] Tantner, *House Numbers,* 24.

[34] Ibid., 25.

[35] Jennifer Schuessler, "Professor Who Learns from Peasants," *New York Times,* Dec. 4, 2012, https://www.nytimes.com /2012/12/05/books/james-c-scott-farmer-and-scholar-of-anarchism.html.

[36] Peer Schouten, "James Scott on Agriculture as Politics, the Danger of Standardization and Not Being Governed," Theory Talks, May 15, 2010, http://www.theory-talks.org/2010/05/theory-talk-38 .html.

[37] Scott, *Seeing like a State*, 223–26.

[38] Ibid., 223.

[39] James C. Scott, John Tehranian, and Jeremy Mathias, "The Production of Legal Identities Proper to States: The Case of the Permanent Family Surname," *Comparative Studies in Society and History* 44, no. 1 (2002): 18–29.

[40] Dietz Bering, *The Stigma of Names: Antisemitism in German Daily Life,*

1812–1933, trans. Neville Plaice (Ann Arbor: University of Michigan Press, 1991), 15, quoted in Scott et al., "The Production of Legal Identities," 17.

[41] James Scott, "The Trouble with the View from Above," *Cato Unbound* (Sept. 10, 2010), https://www.cato -unbound.org/print-issue/487.

[42] The Vocabularist, "The Very French History of the Word 'Surveillance,'" *Magazine Monitor* (blog), BBC, https://www.bbc.co .uk/news/blogs-magazine-monitor-33464368.

[43] Tantner, *House Numbers,* 32.

[44] Baron Ferdinand de Rothschild, *Reminiscences,* July 1887, Windmill Hill Archive, Waddesdon Manor, inv. no. 177.1997, quoted in Dora Thornton, "Baron Ferdinand Rothschild's Sense of Family Origins and the Waddesdon Bequest in the British Museum," *Journal of the History of Collections* 31, no. 1 (March 9, 2019): 184, DOI:10.1093 /jhc/fhx052.

6. 费城：为什么美国人喜欢数字编号的街道？

[1] Jim Dwyer, "The Sounds of 'Mannahatta' in Your Ear," *New York Times,* April 25, 2017, https://www.nytimes.com/2017 /04/25/nyregion/the-sounds-of-mannahatta-in-your-ear.html.

[2] Peter Miller, "Before New York," *National Geographic* (online), Sept. 2009, https://www.nationalgeographic.com/magazine/2009/09 /manhattan/.

[3] Eric W. Sanderson, *Mannahatta: A Natural History of New York City* (New York, NY: Harry N. Abrams, 2013), 21.

[4] "Welikia Map," Welikia: Beyond Mannahatta, accessed June 15, 2019, https://welikia.org/explore/mannahatta-map/.

[5] Pauline Maier, "Boston and New York in the Eighteenth Century," *Proceedings of the American Antiquarian Society; Worcester, Mass.* 91, no. 2 (Jan. 1, 1982): 186.

[6] Gerard Koeppel, *City on a Grid: How New York Became New York*(Boston: Da Capo Press, 2015), 128.

[7] Thomas Foster, "Reconsidering Libertines and Early Modern Heterosexuality: Sex and American Founder Gouverneur Morris," *Journal of the History of Sexuality* 22, no. 1 (Jan. 2013): 76.

[8] "The Commissioners, The 1811 Plan," The Greatest Grid: The Master Plan of Manhattan 1811–Now, accessed June 15, 2019, http://thegreatest-grid.mcny.org/greatest-grid/the-commissioners.

[9] Ibid.

[10] Ibid.

[11] Marguerite Holloway, *The Measure of Manhattan: The Tumultuous Career and Surprising Legacy of John Randel Jr., Cartographer, Surveyor, Inventor* (New York: Norton, 2013), 146.

[12] Dorothy Seiberling, "The Battle of Manhattan," *New York,* Oct. 20, 1975, http://socks-studio.com/2015/07/16/the-battle -of-manhattan-reliving-the-1776-

revolution-in-the-city-of-today/.

[13] Holloway, *The Measure of Manhattan,* 60.

[14] Sam Roberts, "Hardship for John Randel Jr., Street Grid's Father," *New York Times,* March 20, 2011, https://www.nytimes.com /2011/03/21/nyregion/21randel.html.

[15] Holloway, *The Measure of Manhattan,* 61.

[16] Ibid.

[17] Edward K. Spann, "The Greatest Grid: The New York Plan of 1811," in *Two Centuries of American Planning*, ed. Daniel Schaffer (Baltimore, MD: John Hopkins University Press, 1988), 27.

[18] Jason M. Barr, *Building the Skyline: The Birth and Growth of Manhattan's Skyscrapers* (New York: Oxford University Press, 2016), 1.

[19] Trevor O'Grady, "Spatial Institutions in Urban Economies: How City Grids Affect Density and Development" (partial submission for doctoral dissertation, Harvard University, Jan. 2014), 4, https://scholar.harvard.edu/files/ogrady/files/citygrids.pdf.

[20] Maier, "Boston and New York in the Eighteenth Century," 185.

[21] Ibid., 190.

[22] Ibid., 192.

[23] Reuben Rose-Redwood and Lisa Kadonaga, "'The Corner of Avenue A and Twenty-Third Street': Geographies of Street Numbering in the Untied States," *The Professional Geographer*, vol 68, 2016–Issue 1, https://www.tandfonline.com/doi/full/10.1080/00330124.2015 .1007433.

[24] Jani Vuolteenaho, "Numbering the Streetscape: Mapping the Spatial History of Numerical Street Names in Europe," *Urban History* 39, no. 4 (Nov. 2012): 662. DOI:10.1017/S0963926812000442.

[25] Ibid., 678.

[26] Ibid.

[27] John Bruce, "VIII.—Observations upon William Penn's Imprisonment in the Tower of London, A.D. 1668 With Some New Documents Connected Therewith, Communicated by Robert Lemon, Esq., F.S.A," *Archaeologia* 35, no. 1 (1853): 90, DOI:10.1017/S0261340900012728.

[28] Thomas N. Corns and David Loewenstein, *The Emergence of Quaker Writing: Dissenting Literature in Seventeenth-Century England*(London: Frank Cass, 1995), 116.

[29] Mary Maples Dunn, "The Personality of William Penn," *Proceedings of the American Philosophical Society* 127, no. 5 (Oct. 14, 1983): 317.

[30] Bruce, "VIII.—Observations upon William Penn's Imprisonment in the Tower of London," 90.

[31] John A. Phillips and Thomas C. Thompson, "Jurors v. Judges in Later Stuart England: The Penn/Mead Trial and Bushell's Case" *Law & Inequality: A Journal of Theory and Practice* 4, no. 1 (1986): 197.

[32] Ibid.

[33] Ibid.

[34] Ibid.

[35] Michael J. Lewis, *City of Refuge: Separatists and Utopian Town Planning* (Princeton, NJ: Princeton University Press, 2016), 81.

[36] Dunn, "The Personality of William Penn," 316.

[37] Ibid.

[38] John William Reps, "William Penn and the Planning of Philadelphia," *Town Planning Review* 27, no. 4 (April 1956): 404, https://journals.psu.edu/pmhb/article/viewFile/30007/29762.

[39] Ibid., 403.

[40] Ibid., 80–84.

[41] Priscilla Parkhurst Ferguson, *Paris as Revolution: Writing the Nineteenth-Century City* (Berkeley: University of California Press, 1994), 32.

[42] "Holme," in *Colonial and Revolutionary Families of Pennsylvania,* vol. 1, ed. John W. Jordan (1911; repr., Baltimore: Genealogical Publishing for Clearfield Co., 2004), 344.

[43] Peter Marcuse, "The Grid as City Plan: New York City and Laissez-faire Planning in the Nineteenth Century," *Planning Perspectives* 2, no. 3 (Sept. 1, 1987): 293, DOI:10.1080 /02665438708725645.

[44] Vernon Carstensen, "Patterns on the American Land," *Publius: The Journal of Federalism* 18, no. 4 (Jan. 1988): 31, DOI:10.1093/oxfordjournals.pubjof.a037752.

[45] Ibid.

[46] Ibid.

[47] Michael T. Gilmore, *Surface and Depth: The Quest for Legibility in American Culture* (New York: Oxford University Press, 2003), 25–26.

[48] Samuel Pepys, *The World of Samuel Pepys: A Pepys Anthology,* eds. Robert Latham and Linnet Latham (London: HarperCollins, 2010), 155.

[49] Matthew Green, "Lost in the Great Fire: Which London Buildings Disappeared in the 1666 Blaze?," *Guardian,* Aug. 30, 2016, https://www.theguardian.com/cities/2016/aug/30/great-fire-of-london-1666-350th-anniversary-which-buildings-disappeared.

[50] Mark S. R. Jenner, "Print Culture and the Rebuilding of London after the Fire: The Presumptuous Proposals of Valentine Knight," *Journal of British Studies* 56, no. 1 (Jan. 2017): 13, DOI:10.1017/jbr .2016.115.

[51] Adam Forrest, "How London Might Have Looked: Five Masterplans after the Great Fire," *Guardian,* Jan. 25, 2016, https://www .theguardian.com/cities/2016/jan/25/how-london-might-have-looked-five -masterplans-after-great-fire-1666.

[52] Koeppel, *City on a Grid,* 215–16.

[53] Richard S. Dunn, "William Penn and the Selling of Pennsylvania, 1681–1685," *Proceedings of the American Philosophical Society* 127, no. 5 (1983): 322.

[54] Michael T. Gilmore, *Surface and Depth*, 22.

[55] William Penn, Frame of Government, April 25, 1682.

[56] Hans Fantel, *William Penn: Apostle of Dissent* (New York: William Morrow & Co., 1974), 254–56.

[57] Letter, "Thomas Jefferson to Peter Stephen Duponceau," Nov. 16, 1825,https://rotunda.upress.virginia.edu/founders/default. xqy?keys=FOEA-print-04-02-02-5663.

7. 韩国和日本：街道必须命名吗？

[1] Roland Barthes, *Empire of Signs,* trans. Richard Howard (1982, repr. New York: Hill and Wang), 33.

[2] Colin Marshall, "Ways of Seeing Japan: Roland Barthes's Tokyo, 50 Years Later," *Los Angeles Review of Books,* Dec. 31, 2016, https://lareviewofbooks.org/article/ways-seeing-japan-roland -barthess-tokyo-50-years-later/.

[3] Anatole Broyard, "Empire of Signs," *New York Times,* Nov. 10, 1982,https://timesmachine.nytimes.com/timesmachine/1982/11/10 /020710.html?pageNumber=85cite.

[4] Roland Barthes, "Digressions" in *The Grain of the Voice* (Evanston, IL: Northwestern University, 2009), 122.

[5] Ibid.

[6] Adam Schatz, "The Mythologies of R.B.," *New York Review of Books*, June 7, 2018, https://www.nybooks.com/articles/2018/06/07 /mythologies-of-roland-barthes/.

[7] Derek Sivers has explained this well. See Derek Sivers, "Japanese Addresses: No Street Names. Block Numbers," June 22, 2009, https://sivers.org/jadr.

[8] Barthes, *Empire of Signs,* 34.

[9] Barrie Shelton, *Learning from the Japanese City: Looking East in Urban Design* (London: Routledge, 2012), 16.

[10] Peter Popham, *Tokyo: The City at the End of the World* (New York: Kodansha International (Distributed in the U.S. through Harper & Row), 1985), 48.

[11] Ibid., 48–49.

[12] Shelton, *Learning from the Japanese City,* 48–49.

[13] Ibid., 181.

[14] Ibid.

[15] Barthes, *Empire of Signs,* 36.

[16] Augusto Buchweitz, Robert A. Mason, Mihoko Hasegawa, and Marcel A. Just, "Japanese and English Sentence Reading Comprehension and Writing Systems: An fMRI Study of First and Second Language Effects on Brain Activation," *Bilingualism: Language and Cognition*12 (Jan. 28, 2009): 141–51, DOI:10.1017/S1366728908003970.

[17] Linda Himelstein, "Unlocking Dyslexia in Japanese," *Wall Street Journal* (online), July 5, 2011.

[18] Lera Boroditsky, "How Does Our Language Shape the Way We Think?" *Edge,* June 11, 2009, https://www.edge.org/conversation/lera_boroditsky-how-does-our-language-shape-the-way-we-think.

[19] Lera Boroditsky, "How Language Shapes Thought," *Scientific American,* Feb.

2011, https://www.scientificamerican.com/article/how -language-shapes-thought/.

［20］Boroditsky, "How Does Our Language Shape the Way We Think."

［21］Colin Marshall has also applied Barrie Shelton's ideas to the Korean city. See, for example, Colin Marshall, "Learning from the Korean City," *The Korea Blog*, *Los Angeles Review of Books*, March 6, 2016, http://blog .lareviewofbooks.org/the-korea-blog/learning-korean-city/.

［22］F. A. McKenzie, *The Tragedy of Korea* (London: Hodder, 1908), 145.

［23］Ki-Moon Lee, "The Inventor of the Korean Alphabet," in *The Korean Alphabet: Its History and Structure* (Honolulu: University of Hawaii Press, 1997), 11–31.

［24］Ibid., 27.

［25］Young-Key Kim-Renaud, *The Korean Alphabet: Its History and Structure* (Honolulu: University of Hawaii Press, 1997), 3.

［26］Shin, "The Paradox of Korean Globalization" (research paper, Stanford University, January 2003), 5, http://citeseerx.ist.psu.edu/viewdoc/download?doi=10.1.1.1 94.7598&rep=rep1&type=pdf.

［27］Ibid.

［28］"From the Headmaster," KMLA, accessed Sept. 27, 2019, http://english. minjok.hs.kr/contents/about.php?id=2.

［29］from There: Antidote to Master Narrative of the Nation?" *Journal of Korean Studies* 17, no. 1 (Spring 2012): 167.

［30］John Finch and Seung-kyung Kim, "Thinking Locally, Acting Globally: Redefining Traditions at the Korean Minjok Leadership Academy," *Korean Studies* 33 (2009), 129.

［31］Ibid., 129.

［32］Michael Breen, *The New Koreans: The Story of a Nation,* 1st ed. (New York: Thomas Dunne Books/ St. Martin's Press, 2017), 33.

［33］Ibid.

［34］National/Politics, "Foreign Street Names Baffle Koreans," *The Chosunilbo,* Jan. 28, 2014, http://english.chosun .com/site/data/html_dir/2014/01/28/2014012801759.html.

8. 伊朗：为什么街道名称会随着革命运动而改变？

［1］You can read more about Moallemian's story in a collection of essays about the Hunger Strikes: Pedram Moallemian, "The Night We Named Bobby Sands Street," in *Hunger Strike: Reflections on the 1981 Hunger Strike,* ed. Danny Morrison (Dingle, Ireland: Brandon, 2006), 131–34.

［2］Laura Friel, "Kieran Nugent Dies: The First H Block Blanket Man," *An Phoblacht,* May 11, 2000, https://www .anphoblacht.com/contents/6211.

［3］Bobby Sands, "Thursday 5th," in *The Diary of Bobby Sands* (Dublin, Ireland: Sinn Fein, 1981), https://www .bobbysandstrust.com/writings/prison-diary.

［4］Conor Macauley, "Bobby Sands Anniversary Marked Politicisation of

Republicans," BBC News, May 5, 2011, https:// www.bbc.com/news/uk-northern-ireland-13287848.

[5] Herve Armoric and Stefan Smith, "British Pressure on Tehran to Change Street Name Resented," *Business Recorder,* Jan. 26, 2004, https://fp.brecorder.com/2004/01/20040126194760/.

[6] David Greason, "Embracing Death: The Western Left and the Iranian Revolution, 1978–83," *Economy and Society* 34, no. 1 (Feb. 2005): 117.

[7] Alyssa Goldstein Sepinwall, T*he Abbé Grégoire and the French Revolution: The Making of Modern Universalism* (Berkeley: University of California Press, 2005), 130.

[8] Ibid.

[9] Ibid., 95.

[10] Alexis de Tocqueville, *The Ancien Régime and the Revolution,* trans. Gerald Beran (New York: Penguin, 2008), 145.

[11] Priscilla Parkhurst Ferguson, *Paris as Revolution: Writing the Nineteenth-Century City* (Berkeley: University of California Press, 1994), 12–13.

[12] Roderick Munday, "The Girl They Named Manhattan: The Law of Forenames in France and England," *Legal Studies* 5, no. 3 (Nov. 1985): 332.

[13] Ibid.

[14] "The French Baby Names the Law Wouldn't Allow," *Local,* Nov. 18, 2016, https://www.thelocal.fr/20161118/french-baby -names-banned-nutella-renault.

[15] Ferguson, *Paris as Revolution,* 23.

[16] Ibid., 27.

[17] Ibid., 32.

[18] Ibid., 27–28.

[19] Ibid., 23.

[20] Victoria Thompson, "'Telling Spatial Stories': Urban Space and Bourgeois Identity in Early Nineteenth-century Paris," *Journal of Modern History* 75, no. 3 (Sept. 2003): 534.

[21] Ferguson, *Paris as Revolution,* 23.

[22] Ken Ellingwood, "Mexico City: A Sea of Juarez Streets," *Los Angeles Times,* March 17, 2008, https://www .latimes.com/travel/la-trw-streetnames17mar17-story.html.

[23] Laura Šakaja and Jelena Stanić, "Other(ing), Self(portraying), Negotiating: The Spatial Codification of Values in Zagreb's City-Text," *Cultural Geographies* 18, no. 4 (Oct. 2011): 510.

[24] Gideon Lichfield, "Russia Has More than 5,000 Streets Named for Lenin, and One Named for Putin," Quartz, June 10, 2015, accessed June 24, 2019, https://qz.com/424638/russia-has-more-than-5000-streets-named-for-lenin-and-one-named-for-putin/.

[25] Zeinab Mohammed Salih, "Sudanese Campaigners 'Rename' Streets After Protestors Killed in Uprising," *Guardian,* Sept. 2, 2019, https://www.theguardian.com/

world/2019/sep/02/sudanese-campaigners -rename-streets-after-protesters-killed-in-uprising.

[26] "What Is the District of Columbia? What Does D.C. Stand For?" *Ghosts of DC,* July 24, 2013, https://ghostsofdc. org/2013/07/24/washington-dc-district-of-columbia/.

[27] Matt Johnson, "Here's Why DC's Streets Have the Names They Do," Greater Greater Washington, July 5, 2016, https://ggwash.org/view/42103/heres-why-dcs-streets-have -the-names-they-do.

[28] Benjamin Forgey, "L'Enfant's Plan Also Included a Peter Principle," *Washington Post,* Aug. 30, 2003, https://www .washingtonpost.com/archive /lifestyle /2003/08/30/lenfants-plan-also -included-a-peter-principle/e9ee260b-74bb-4ffe-96cd-7e2c22529458/?utm _term=.76f957fb28e6.

[29] "Interview: Danny Morrison: There's an Inner Thing in Every Man," *An Phoblacht,* Dec. 14, 2006, https://www .anphoblacht.com/contents/16190.

[30] Kevin Bean, *The New Politics of SeinFein*(Liverpool University Press, 2007), 63.

[31] Petition, "To His Excellency Hojjatoleslam Sayed Mohammad Khatami, President of Iran," https://www.bobbysandstrust.com/wp-content/uploads/2008/10/iranian-petition.pdf.

[32] Ibid.

[33] "Will NI's Peace Walls Come Down by 2023 to Meet a 10-Year Target?," BBC News, May 3, 2018, https://www.bbc.co.uk/news/uk-northernireland-43991851.

[34] Brian Wawzenek, "U2 Gets Cinematic on 'Where the Streets Have No Name': The Story Behind Every 'Joshua Tree' Song," *Diffuser,* Feb. 28, 2017, https://diffuser.fm/u2-where-the-streets-have-no-name/.

[35] Bobby Sands, "The Birth of a Republican," *Republican News,* Dec. 16, 1978.

[36] Henry McDonald, "Republicans Feud over Hunger Striker's Legacy," *Observer,* March 18, 2001, https://www.theguardian.com /uk/2001/mar/18/northernireland.northernireland.

9. 柏林：关于反思过去，纳粹的街道名称告诉了我们什么信息？

[1] Susan Hiller, *The J Street Project,*Contemporary Jewish Museum, YouTube, https://www.youtube .com/watch?v=594aCcLjHgs. For more on the origins of Hiller's project, also see: Susan Hiller, *The J. Street Project, 2002–2005* (Warwickshire, UK: Compton Verney; Berlin Artists-in-Residence Programme/DAAD, 2005).

[2] Susan Hiller, ed., *The Myth of Primitivism: Perspectives on Art* (1991; repr., Abingdon, UK: Routledge, 2006), 1–2.

[3] Contemporary Jewish Museum, "Susan Hiller," YouTube video, 9:00, posted Sept. 4. 2009, https://www.youtube.com/watch?v=594aCcLjHgs.

[4] Willy Brandt, *Links und Frei: Mein Weg 1930–1950* (Hamburg: Hofmann und Camp), 81, quoted in Maoz Azaryahu, "Renaming the Past in Post-Nazi Germany:

Insights into the Politics of Street Naming in Mannheim and Potsdam," *Cultural Geographies* 19, no. 3 (July 2012): 385, DOI:10.1177/1474474011427267.

[5] Saul Friedländer, *Nazi Germany and the Jews,* vol. 1, *The Years of Persecution, 1933–1939* (London: Weidenfeld and Nicolson, 1997), 229–30.

[6] Associated Press, "Google Apologises over Reviving Adolf-Hitler-Platz in Berlin," *Guardian,* Jan. 10, 2014, https://www.theguardian.com/technology/2014/jan/10/google-apologises-hitler-platz-berlin.

[7] "Reich Town Forbids Jews to Walk on Hitlerplatz," *Jewish Daily Bulletin,* Sept. 3, 1933, http://pdfs.jta.org/1933/1933-09-03_2638.pdf?_ga=2.169184673.1804865581.1566613708-866652241.1566613708, available at Jewish Telegraphic Agency Archive, accessed June 16, 2019, https://www.jta.org/1933/09/03/archive/reich-town-forbids-jews-to-walk-on-hitlerplatz.

[8] Ingeborg Grolle, "Renaming of Hamburg Streets under National Socialism: Haller straße," trans. Insa Kummer, Key Documents of German-Jewish History, Sept. 22, 2016, https://jewish-history-online.net/article/grolle-renaming-streets.

[9] Ibid.

[10] Ibid.

[11] Joseph Goebbels, "*Einsatz des Lebens,*" *Der Angriff,* April 19, 1929, quoted in English in Jesús Casquete, "Martyr Construction and the Politics of Death in National Socialism," *Totalitarian Movements and Political Religions* 10, no. 3–4 (Sept. 2009): 274, https://www.academia.edu/918222/Martyr_Construction_and_the_Politics_of_Death_in_National_Socialism.

[12] 非常感谢玛蒂娜·普拉施卡（Martina Plaschka）和埃里克·艾德斯沃格（Eric Idsvoog）协助翻译这些信件。

[13] Goebbels, "*Einsatz des Lebens,*" 274.

[14] Jesús Casquete, "Martyr Construction and the Politics of Death in National Socialism," *Totalitarian Movements and Political Religions* 10, no. 3–4 (Sept. 2009): 274, https://www.academia.edu/918222/Martyr_Construction_and_the_Politics_of_Death_in_National_Socialism.

[15] Daniel Siemens, *The Making of a Nazi Hero: The Murder and Myth of Horst Wessel,* trans. David Burnett (London: I. B. Tauris, 2013), 24.

[16] Tony Judt, *Postwar: A History of Europe Since 1945* (London: Vintage, 2010), 21.

[17] Ibid., 19–26.

[18] Ibid., 22.

[19] Hsu-Ming Teo, "The Continuum of Sexual Violence in Occupied Germany, 1945–49," *Women's History Review* 5, no. 2 (1996): 191, https://www.tandfonline.com/doi/pdf/10.1080/09612029600200111.

[20] Lara Feigel, *The Bitter Taste of Victory: Life, Love, and Art in the Ruins of the Reich* (London: Bloomsbury, 2016), 105.

[21] Maoz Azaryahu, "Street Names and Political Identity: The Case of East Berlin," *Journal of Contemporary History* 21, no. 4 (Oct. 1, 1986): 583–84, DOI:10.1177

/002200948602100405.

[22] Dirk Verheyen, "What's in a Name? Street Name Politics and Urban Identity in Berlin," *German Politics & Society* 15, no. 3 (Fall 1997): 49.

[23] Azaryahu, "Street Names and Political Identity," 588–89.

[24] Ibid., 594–597.

[25] Ibid., 589.

[26] Ibid., 588.

[27] Ibid., 600.

[28] For more on Berlin street names, see Brian Ladd, *The Ghosts of Berlin* (Chicago, IL: University of Chicago Press, 2018).

[29] Patricia Pollock Brodsky, "The Power of Naming in the Postunification Attack on the German Left," *Nature, Society, and Thought* 14, no. 4 (Oct. 2001): 425; Imre Karacs, "Berlin's Street signs take a right turn," *The Independent,* Dec. 18, 1995, https://www.independent.co.uk/news/world/berling-street-signs-take-a-right-turn-1526146.html.

[30] Brian Ladd, *The Ghosts of Berlin: Confronting German History in the Urban Landscape* (Chicago: University of Chicago Press, 1997), 209.

[31] Brodsky, "The Power of Naming in the Postunification Attack on the German Left," 425.

[32] George Katsiaficas, ed., *After the Fall: 1989 and the Future of Freedom* (New York: Routledge, 2013), 88.

[33] Brodsky, "The Power of Naming in the Postunification Attack on the German Left," 425.

[34] John Borneman, *After the Wall: East Meets West in the New Berlin* (New York: Basic Books, 1991), vii.

[35] Christiane Wilke, "Making Sense of Place: Naming Streets and Stations in Berlin and Beyond," *Public Seminar* (blog), Jan. 22, 2014, http://www.deliberatelyconsidered.com/2012/03/making-sense-of-place-naming-streets-and-stations-in-berlin-and-beyond/.

[36] Peter Steiner, "Making a Czech Hero: Julius Fučík Through His Writings," *Carl Beck Papers in Russian and East European Studies,* no. 1501 (Sept. 2000): 8, https://carlbeckpapers.pitt.edu/ojs/index.php/cbp/article/view/86/87.

[37] Brodsky, "The Power of Naming in the Postunification Attack on the German Left," 431.

[38] Aren't Allowed to Use Phones': Berlin's Most Unsettling Memorial," *New York Review of Books,* June 15, 2017, https://www.nybooks.com/daily/2013/06/15/jews-arent-allowed-use-telephones-berlin-memorial/.

[39] Ibid.

[40] Ibid.

[41] John Rosenthal, "Anti-Semitism and Ethnicity in Europe," *Policy Review,* Oct. 2003, 17–38.

[42] Kate Kellaway, "Susan Hiller, 75: 'SelfDoubt Is Always Present for Artists,'"

Guardian, Nov. 15, 2015, https://www .theguardian.com/artanddesign/2015/nov/15/susan-hiller-interview-self-doubt-is-always-present.

[43] Hiller, *The J. Street Project,* 7.

[44] Verheyen, "What's in a Name?" 45.

[45] Lagenscheidt online German-English dictionary, https://en.langenscheidt.com/german-english /vergangenheitsbewaeltigung.

10. 佛罗里达州的好莱坞：为什么美国人不能停止关于南部联盟街道名称的争论？

[1] Joan Mickelson, *Joseph W. Young, Jr., and the City Beautiful: A Biography of the Founder of Hollywood, Florida* (Jefferson, NC: McFarland, 2013), 7.

[2] Ibid., 46.

[3] Angela Fritz, "Boston Clinches Snowiest Season on Record amid Winter of Superlatives," *Washington Post,* March 15, 2015, https://www.washingtonpost.com/news/capital-weather-gang/wp/2015/03/15 /boston-clinches-snowiest-season-on-record-amid-winter-of-superlatives/ ?utm_erm=.f58dd7a4e36c.

[4] Nixon Smiley, *Knights of the Fourth Estate: The Story of the Miami Herald* (Miami, FL: E. A. Seeman, 1974), 54.

[5] Mehmet Odekon, *Boom and Busts: An Encyclopedia of Economic History from the First Stock Market Crash of 1792 to the Current Global Economic Crisis*(Abingdon, UK: Routledge, 2015), 283.

[6] Mickelson, *Joseph W. Young, Jr., and the City Beautiful,* 108.

[7] Michael Newton, *The Invisible Empire: The Ku Klux Klan in Florida* (Gainesville: University Press of Florida, 2001), 33.

[8] Joan Mickelson, *A Guide to Historic Hollywood: A Tour Through Place and Time* (Charleston, SC: History Press Library Editions, 2005), 201.

[9] Ibid.

[10] Emily Yellin, "A Confederate General's Final Stand Divides Memphis," *New York Times,* July 19, 2015, https://www.nytimes.com/2015/07/20/us/a-confederate-generals-final-standdivides-memphis.html.

[11] Timothy S. Huebner, "Confronting the True History of Forrest the Slave Trader," *Commercial Appeal,* Dec. 8, 2017, https://eu.commercialappeal.com/story/opinion/contributors /2017/12/08/confronting-true-history-forrest-slave-trader/926292001.

[12] Mark Potok, "A Diferent Kind of Hero," *Intelligence Report,* Southern Poverty Law Center, Dec. 21, 2004, https://www .splcenter.org/fighting-hate/intelligence-report/2004/different-kind-hero.

[13] Charles Royster, "Slave, General, Klansman," *Atlantic Monthly* 271 (May 1993): 126.

[14] William J. Stier, "Nathan Bedford Forrest," *Civil War Times,*Dec. 1999.

[15] Will Hickox, "Remember Fort Pillow!" *Opinator* (blog), *New York Times,*

April 11, 2014, https://opinionator.blogs.nytimes .com/2014/04/11/remember-fort-pillow/.

[16] Ibid.

[17] Ibid.

[18] Government Printing Office, Report of the Joint Select Committee to Inquire into the Condition of Affairs in the Late Insurrectionary States. Made to the Two Houses of Congress, Feb. 19, 1872 (Washington, DC: Government Printing Office, 1872).

[19] Ibid.

[20] Newton, *The Invisible Empire*, 8.

[21] Ibid.

[22] Megan Garber, "'Ashokan Farewell': The Story Behind the Tune Ken Burns Made Famous," *Atlantic,* Sept. 25, 2015, https://www.theatlantic.com/entertainment/archive/2015/09/ashokan-farewell -how-a-20th-century-melody-became-an-anthe-for-the-19th/407263/.

[23] Dan Piepenbring, "Tools of the Trade," *Paris Review,* Nov. 17, 2014, https://www.theparisreview.org/blog/2014/11/17/tools-of-the -trade/.

[24] Ta-Nehisi Coates, "The Convenient Suspension of Disbelief," *Atlantic,* June 13, 2011, https://www.theatlantic.com/national /archive/2011/06/the-convenient-suspension-of-disbelief/240318/.

[25] Coates, "The Convenient Suspension of Disbelief."

[26] Jamelle Bouie and Rebecca Onion, "Slavery Myths Debunked," *Slate,* Sept. 29, 2015, https://slate.com/news-and -politics/2015/09/slavery-myths-seven-lies-half-truths-and-irrelevancies -people-trot-out-about-slavery-debunked.html.

[27] Southern Poverty Law Center, "Whose Heritage?: Public Symbols of the Confederacy," 2016, https://www.splcenter.org/sites /default/files/com_whose_heritage.pdf.

[28] Lisa Demer, "In Western Alaska, a Push to Rename District That Honors Slave-Owning Confederate General," *Anchorage Daily News,* April 25, 2015, https://www.adn.com/rural -alaska/article/upset-growing-over-western-alaska-area-named-confederate -general-and-slave-owner/2015/04/26/.

[29] *union: The Civil War in American Memory* (Cambridge, MA: Belknap Press of Harvard University Press, 2001), 382–83.

[30] David W. Blight, *Beyond the Battlefield: Race, Memory, and the American Civil War* (Amherst: University of Massachusetts Press, 2002), 140–42.

[31] James P. Weeks, "A Different View of Gettysburg: Play, Memory, and Race at the Civil War's Greatest Shrine," *Civil War History* 50, no. 2 (June 2004): 175–91.

[32] Nina Silber, *The Romance of Reunion: Northerners and the South, 1865–1900* (Chapel Hill: University of North Carolina Press, 1993), 124.

[33] David W. Blight on the Civil War in American History, video, minute 9:00, https://www.hup.harvard.edu/catalog .php?isbn=9780674008199.

[34] andria Bordas, "In South Florida, Black Residents Live on Confederate

Streets. They're Sick of It," *Miami Herald,* June 29, 2017, https://www.miamiherald.com/news/local/community/broward/article158904359.html.

[35] Maurice Halbwachs, *The Collective Memory* (New York: Harper & Row, 1980), 52.

[36] Pierre Nora, "Between Memory and History: *Les Lieux de Mémoire,*" *Representations*(Spring 1989), https:// www.jstor.org/stable/2928520?seq=1#page_scan_tab_contents.

[37] Nikosz Fokasz and Ákos Kopper, "The Media and Collective Memory Places and Milieus of Remembering," paper presented at Media, Communication and Cultural Studies Association 2010, http://www .lse.ac.uk/media%40lse/events/MeCCSA/pdf/papers/FOKASZ%20and%20 KOPPER%20-%20MEDIA%20AND%20COLLECTIVE%20MEMORY%20 -%20MECCSA%202010%20-%20LSE.pdf.

[38] "Part One: Lost Letters," in *The Book of Laughter and Forgetting* (New York: Alfred A. Knopf, 1979), 22.

[39] Miles Parks, "Confederate Statues Were Built to Further a 'White Supremacist Future,'" NPR, Aug. 20, 2017, https://www.npr.org/2017/08/20/544266880/confederate-statues-were-built -to-further-a-white-supremacist-future.

[40] Ibid.

[41] Clyde N. Wilson, "John C. Calhoun and Slavery as a 'Positive Good': What He Said," Abbeville Institute, June 26, 2014, https://www .abbevilleinstitute.org/clyde-wilson-library/john-c-calhoun-and-slavery-as -a-positive-good-what-he-said.

[42] Confederate Monuments Are Coming Down Across the United States. Here's a List," *New York Times,* Aug. 28, 2017, https://www.nytimes.com /interactive/2017/08/16/us/confederate-monuments-removed.html.

[43] maker: I Was Called 'Monkey' at Hollywood Protest to Change Confederate Street Signs," *Miami Herald,* June 21, 2017, https://miamiherald.typepad.com /nakedpolitics/2017/06/black-lawmaker-i-was-called-monkey-at-hollywood -protest-to-change-confederate-street-signs.html.

[44] Jerry Iannelli and Isabella Vi Gomas, "White Supremacist Arrested for Charging Crowd at Hollywood Confederate Street-Name Protest Updated," *Miami New Times,* Aug. 30, 2017, https://www .miaminewtimes.com/news/white-supremacist-arrested-at-hollywood-florida -confederate-street-sign-protest-9631690.

[45] "In Depth with Shelby Foote," CSPAN, user created clip, https://www.c-span.org/video/?c4500025/shelby-footes-accent.

[46] Paul Bois, "Florida City Votes to Remove Confederate Street Names," *Dailywire,* Sept. 1, 2017, https://www.dailywire .com/news/20536/florida-city-council-removes-confederate-street-paul-bois.

[47] "Debate Continues over Controversial Instagram Photo," WRAL.com, May 9, 2015, https://www.wral.com/chapel-hill-parents -students-demand-action-over-controversial-instagram-photo/14631007/.

11. 圣路易斯：马丁·路德·金的街道揭示了美国哪些种族信息？

［1］Martin Luther King Jr., "A Realistic Look at the Question of Progress in the Area of Race Relations," address delivered at St. Louis Freedom Rally, April 10, 1957, Martin Luther King Jr. Papers Project, https://swap.stanford.edu/20141218225503/http://mlk-kpp01.stanford.edu /primarydocuments/Vol4/10-Apr-1957_ARealisticLook.pdf.

［2］Federal Writer's Project, *A WPA Guide to Missouri: The Show-Me State* (San Antonio, TX: Trinity University Press, 2013).

［3］Wendi C. Thomas, "Where the Streets Have MLK's Name," *National Geographic,* April 2018, https://www.nationalgeographic .com/magazine/2018/04/martin-luther-king-streets-worldwide/.

［4］Derek H. Alderman, "Naming Streets for Martin Luther King Jr.: No Easy Road," in *Landscape and Race in the United States,* ed. Richard H. Schein (New York: Rutledge, 2006), 229.

［5］Ibid., 227.

［6］Matthew L. Mitchelson, Derek H. Alderman, and E. Jeffrey Popke, "Branded: The Economic Geographies of Streets Named in Honor of Reverend Dr. Martin Luther King, Jr.," S*ocial Science Quarterly* 88, no. 1 (March 2007): 121.

［7］*New York Times* Obituaries, "Dr. J.J. Seabrook," *New York Times,* May 3, 1975, https://www.nytimes.com/1975/05/03/archives/dr-jj-seabrook.html.

［8］Michael Barnes, 'The Truly Remarkable life of Austin's Emma Lou Linn," *Austin American-Statesman*, Dec. 13, 2014, https://www .statesman.com/article/20141213/NEWS/312139699.

［9］Richard H. Schein (ed.), *Landscape and Race in the United States* (London, UK: Routledge, 2006), 226.

［10］Jonathan Tilove, *Along Martin Luther King: Travels on Black America's Main Street*(New York, NY: Random House, 2003).

［11］Demorris Lee, "MLK Streets Racially Divided: Some Roads Named after King Go Only through Black Areas," *News and Observer* (Raleigh, NC), Jan. 19, 2004.

［12］Frank Kovarik, "Mapping the Divide," *St. Louis,* Nov. 24, 2018, https://www.stlmag.com/Mapping-the-Divide/.

［13］Colin Gordon, *Mapping Decline: St. Louis and the Fate of the American City* (Philadelphia: 104University of Pennsylvania Press, 2008), 81.

［14］Ibid., 83.

［15］"Zip Code Tabulation Area in St. Louis city, MO-IL Metro Area, Missouri, United States, 63113," Census Reporter, accessed June 22, 2019, http://censusreporter.org/profiles/86000US63113-63113/.

［16］Matthew L. Mitchelson, Derek H. Alderman, and E. Jeffrey Popke, "Branded: The Economic Geographies of Streets Named in Honor of Reverend Dr. Martin Luther King, Jr.," *Social Science Quarterly* 88, no. 1 (March 2007): 140, DOI:10.1111/j.1540-6237.2007.00450.x.

12. 南非：谁的名字配放在路牌上？

［1］Constitutional Court Oral History Project, Jan. 13, 2012 (Johannesburg, South Africa: Historical Papers Research Archive), http://www.historicalpapers.wits.ac.za/inventories/inv_pdfo/AG3368/AG3368 -R74-001-jpeg.pdf.

［2］Franny Rabkin, "Law Matters: Judges' Claws Come out in Pretoria Street Name Case," Business Day, Aug. 2, 2016, https://www .businesslive.co.za/bd/opinion/columnists/2016-08-02-law-matters-judges -claws-come-out-in-pretoria-street-name-case/.

［3］News24Wire, "Tshwane Can Replace Apartheid Era Street Names with Struggle Heroes," BusinessTech, July 22, 2016, https://businesstech.co.za/news/government/130982/tshwane-can-replace-apartheid-era-street-names-with-struggle-heroes/.

［4］Ibid.

［5］Constitutional Court Trust Oral History Project, Mogoeng Mogoeng, Feb. 2, 2012 (Johannesburg, South Africa: Historical Papers Research Archive, 2014), http://www.historicalpapers.wits.ac.za /inventories/inv_pdfo/AG3368/AG3368-M57-001-jpeg.pdf.

［6］Mogoeng Mogoeng.

［7］City of Tshwane Metropolitan Municipality v AfriForum and Another [2016] ZACC 19, http://www.saflii.org/za/cases/ZACC/2016/19.html.

［8］Celia W. Dugger, "In South Africa, a Justice Delayed Is No Longer Denied," New York Times, Jan. 23, 2009, https://www .nytimes.com/2009/01/24/world/africa/24cameron.html.

［9］*City of Tshwane Metropolitan Municipality v AfriForum and Another* [2016] ZACC 19, http://www.saflii.org/za/cases/ZACC/2016/19.html.

［10］South African Human Rights Commission, Equality Report, 2017/18, 20, https://www.sahrc.org.za/home/21/files /SAHRC%20Equality%20Report%202017_18.pdf.

［11］Peter S. Goodman, "End of Apartheid in South Africa? Not in Economic Terms," New York Times, Oct. 24, 2017, https://www.nytimes.com/2017/10/24/business/south-africa -economy-apartheid.html.

［12］Ferdinand Mount, "Too Obviously Cleverer," reviews of Supermac: The Life of Harold Macmillan, by D. R. Thorpe, and The Macmillan Diaries, vol. 2, Prime Minister and After 1957–66, ed. Peter Catterall, London Review of Books 33, no. 17 (Sept. 8, 2011), https:// www.lrb.co.uk/v33/n17/ferdinand-mount/too-obviously-cleverer.

［13］Frank Myers, "Harold Macmillan's 'Winds of Change' Speech: A Case Study in the Rhetoric of Policy Change," Rhetoric & Public Affairs 3, no. 4 (Jan. 2000): 556.

［14］Martha Evans, Speeches That Shaped South Africa: From Malan to Malema (Cape Town, South Africa: Penguin Random House South Africa, 2017), 32; Saul Dubow, "Macmillan, Verwoerd, and the 1960 'Wind of Change' Speech," Historical Journal 54, no. 4 (Dec. 2011): 1097.

[15] Evans, Speeches That Shaped South Africa, 32.

[16] Ibid.

[17] Ibid., 32.

[18] Mississippi Laws 1960, ch. 519, House Concurrent Resolution no. 67.

[19] Dubow, "Macmillan, Verwoerd, and the 1960 'Wind of Change' Speech," 1107.

[20] Roberta Balstad Miller, "Science and Society in the Early Career of H. F. Verwoerd," Journal of Southern African Studies 19, no. 4 (Dec. 1993): 640.

[21] Anthony Sampson, "The Verwoerd Assassination," Life, Sept. 16, 1966, 42.

[22] Hermann Giliomee, "The Making of the Apartheid Plan, 1929–1948," Journal of Southern African Studies 29, no. 2 (June 2003): 378.

[23] Ibid., 374.

[24] Martin Meredith, Diamonds, Gold, and War: The British, the Boers, and the Making of South Africa (New York: Public Affairs, 2007), 6–8.

[25] Ibid., 7.

[26] Ibid., 8–10.

[27] Jonas Kreienbaum, A Sad Fiasco: Colonial Concentration Camps in Southern Africa, 1900–1908, trans. Elizabeth Janik (New York: Berghahn Books, 2019), 39.

[28] Francis Wilson, interview by Mary Marshall Clark, session 2, Aug. 3, 1999, http://www.columbia.edu/cu/lweb /digital/collections/oral_hist/carnegie/pdfs/francis-wilson.pdf.

[29] "First Inquiry into Poverty," Special Feature: Carnegie in South Africa, Carnegie Corporation Oral History Project, Columbia University Libraries Oral History Research Office, accessed June 21, 2019, http://www.columbia.edu/cu/lweb /digital/collections/oral_hist/carnegie/special-features/.

[30] "Carnegie Corporation in South Africa: A Difficult Past Leads to a Commitment to Change," Carnegie Results, Winter 2004, https://www.carnegie.org/media/filer_public/f3/54 /f354cbf9-f86c-4681-8573-c697418ee786/ccny_cresults_2004_southafrica .pdf; Jeremy Seekings, "The Carnegie Commission and the Backlash Against Welfare State-Building in South Africa, 1931–1937," Centre for Social Science Research, CSSR Working Paper 159, May 2006, http://www.uct.ac.za /sites/default/files/image_tool/images/256/files/pubs/wp159.pdf.

[31] Giliomee "The Making of the Apartheid Plan," 386.

[32] Mike Wooldridge, "Mandela Death: How He Survived 27 Years in Prison," BBC News, Dec. 11, 2013, https://www .bbc.co.uk/news/world-africa-23618727.

[33] Christo Brand with Barbara Jones, Mandela: My Prisoner, My Friend (London: John Blake, 2004), 42.

[34] Kajsa Norman, Bridge over Blood River: The Rise and Fall of the Afrikaners (London: Hurst, 2016), 248–49.

[35] Elwyn Jenkins, Falling into Place: The Story of Modern South African Place Names (Claremont, South Africa: David Philip Publishers, 2007), 127.

[36] Ibid.

[37] Mcebisi Ndletyana, "Changing Place Names in Post-Apartheid South Africa: Accounting for the Unevenness," Social Dynamics 38, no. 1 (2012), DOI:10.1080/02533952.2012 .698949.

[38] "Durban's New Street Names Vandalised," Sunday Tribune, Aug. 24, 2008.

[39] James Duminy, "Street Renaming, Symbolic Capital, and Resistance in Durban, South Africa," Environment and Planning D: Society and Space 32, no. 2 (Jan. 2014): 323.]

[40] "Johannes Maisha (Stanza) Bopape," South African History Online, Feb. 17, 2011, https://www.sahistory .org.za/people/johannes-maisha-stanza-bopape.

[41] Gareth van Onselen, "AfriForum's Disgraceful and Immoral Documentary," BusinessLIVE, March 13, 2019, https://www .businesslive.co.za/bd/opinion/columnists/2019-03-13-gareth-van-onselen-afriforums-disgraceful-and-immoral-documentary/.

[42] "'Apartheid Not a Crime against Humanity': Kallie Kriel AfriForum," Eusebius McKaiser Show, Omny.FM, published May 14, 2018, https://omny.fm/shows/mid-morning-show-702/apartheid-was-not-a -crime-against-humanity-kallie.

[43] Afriforum, "Farm murders: Feedback from Washington—setting the facts straight," YouTube video, 31:10, posted May 5, 2018, https://www.youtube.com/watch?v=ZIn7f8bg51.

[44] Andre Goodrich, and Pia Bombardella, "Street Name-Changes, Abjection and Private Toponymy in Potchefstroom, South Africa," Anthropology Southern Africa 35, no. 1–2 (Jan. 2012): 20–30.

[45] Ibid., 26.

[46] Oxford English Dictionary, s.v. "Lost," accessed Sept. 4, 2019, https://www.oed.com/view/Entry/110417.

[47] Jason Burke, "South African Army Sent into Townships to Curb Gang Violence, Guardian, July 19, 2019, https://www.theguardian.com /world/2019/jul/19/south-african-army-townships-gang-violence.

[48] Norimitsu Onishi, "White Farmers Are Jailed in South Africa for Killing Black Teenager," New York Times, March 6, 2019, https://www .nytimes.com/2019/03/06/world/africa/south-africa-white-farmers-black -teenager.html.

[49] Kimon de Greef, "After Children Die in Pit Toilets, South Africa Vows to Fix School Sanitation," New York Times, Aug. 14, 2018, https://www.nytimes.com/2018/08/14/world/africa/south-africa -school-toilets.html.

[50] Henri Lefebvre, The Production of vSpace, trans. Donald Nicholson-Smith (Oxford: Blackwell, 1991), 54.

[51] Jacob Dlamini, Native Nostalgia (Sunnyside, South Africa: Jacana Media, 2009), 137.

[52] Ibid.

[53] Ibid., 144.

［54］AfriForum and Another v. University of the Free State [2017] ZACC 48, http://www.saflii.org/za/cases/ZACC/2017/48.pdf.

［55］AfriForum and Another v. University of the Free State.

13. 曼哈顿：一个街名值多少钱？

［1］Phoebe Hoban, "Trump Shows Off His Nest," *New York Times*, May 25, 1997, https://www.nytimes.com/1997/05/25/style/trump-shows-off-his-nest.html.

［2］Herbert Muschamp, "Architecture View; Going for Gold on Columbus Circle," *New York Times,* Nov. 19, 1995, https://www.nytimes.com/1995/11/19/arts/architecture-view-going-for-the-gold-on-columbus-circle.html.

［3］Herbert Muschamp, "Trump Tries to Convert 50's Style Into 90's Gold; Makeover Starts on Columbus Circle Hotel," *New York Times,* June 21, 1995, https://www.nytimes.com/1995/06/21/nyregion/trump-tries-convert-50-s-style-into-90-s-gold-makeover-starts-columbus-circle.html.

［4］David W. Dunlap, "Former Gulf and Western Building to Be a Luxury Apartment Tower," *New York Times,* March 23, 1994, https://www.nytimes.com/1994/03/23/nyregion/former-gulf-and-western-building-to-be-a-luxury-apartment-tower.html.

［5］Vivian Yee, "Donald Trump's Math Takes His Towers to Greater Heights," *New York Times,* Nov. 1, 2016, https://www.nytimes.com/2016/11/02/nyregion/donald-trump-tower-heights.html.

［6］Letter from Office of the President of the Borough of Manhattan, to 15 Columbus Circle Associates, June 7, 1989, and letter to Robert Profeta, agent for the owner, One Central Park West Associates, Sept. 7, 1995, http://www.manhattantopographical.com/addresses/15%20Columbus%20Circle.pdf.

［7］Ben McGrath, "Room Without a View," *New Yorker,* Nov. 24, 2003, https://www.newyorker.com/magazine/2003/11/24/room-without-a-view.

［8］Ibid.

［9］Donald Trump and Tony Schwartz, *Trump: The Art of the Deal* (New York: Random House, 1987), 54–55.

［10］Reuben S. Rose-Redwood, "From Number to Name: Symbolic Capital, Places of Memory and the Politics of Street Renaming in New York City," *Social & Cultural Geography* 9, no 4 (June 2008): 438, https://www.tandfonline.com/doi/abs/10.1080/14649360802032702?journalCod=rscg2.

［11］Catherine McNeur, "The Shantytown: Nineteenth-Century Manhattan's 'Straggling Suburbs,'" *From the Stacks* (blog), New-York Historical Society, June 5, 2013, http://blog.nyhistory.org/the-shantytown-nineteenth-century-manhattans-straggling-suburbs/.

［12］Rose-Redwood, "From Number to Name," 438–42.

［13］Ibid., 439–40.

［14］Charles Dickens, *American Notes for General Circulation,* vol. 1 (London:

Chapman & Hall, 1842), 205, 207.

[15] Michael Gross, "Hotel Hermit Got $17M to Make Way for 15 Central Park West," *New York Post,* March 2, 2014, https://nypost.com/2014/03/02/hotel-hermit-got-17m -to-make-way-for-15-central-park-west/.

[16] Paul Goldberger, "Past Perfect," *New Yorker,* Aug. 20, 2007, https://www.newyorker.com/magazine/2007/08/27/past-perfect-2.

[17] Ibid.

[18] Charles V. Bagli, "$40 Million in Air Rights Will Let East Side Tower Soar," *New York Times,* Feb. 25, 2013, https://www.nytimes .com/2013/02/26/nyregion/zeckendorfs-pay-40-million-for-park-avenue -churchs-air-rights.html.

[19] Jessica Dailey, "Zeckendorfs Buy Air Rights, Address from Park Ave. Church," Curbed New York, March 3, 2014, https://ny .curbed.com/2014/3/3/10137320/zeckendorfs-buy-air-rights-address-from -park-ave-church.

[20] "Addresses and House Numbers," Office of the President of the Borough of Manhattan, http://www.manhattanbp.nyc.gov /downloads/pdf/address-assignments-v-web.pdf.

[21] Clyde Haberman, "A Nice Address, but Where Is It Really?" *New York Times,* March 22, 2010, https://www .nytimes.com/2010/03/23/nyregion/23nyc.html.

[22] Ibid.

[23] Joanne Kaufman, "A Park Avenue Address, Not Exactly," *New York Times,* Feb. 13, 2015, https://www .nytimes.com/2015/02/15/realestate/a-park-avenue-address-not-exactly .html.

[24] Reuben S. Rose-Redwood, "Governmentality, the Grid, and the Beginnings of a Critical Spatial History of the Geo-Coded World" (PhD thesis, Pennsylvania State University, May 2006), https://etda.libraries.psu.edu/files/final_submissions/5324, 197–201.

[25] Kaufman, "A Park Avenue Address, Not Exactly."

[26] Ibid.

[27] Ibid.

[28] Andrew Alpern, *Luxury Apartment Houses of Manhattan: An Illustrated History* (New York: Dover, 1993), 3–5.

[29] Joseph A. Kirby, "City Goes After Vanity Addresses," *Chicago Tribune,* April 13, 1995, https://www.chicagotribune .com/news/ct-xpm-1995-04-13-9504130068-story.html.

[30] "Odd Jobs: Manhattan Map Keeper," Wall Street Journal video, Nov. 1, 2010, https://www.wsj.com/video/oddjobs-manhattan-map-keeper/8A5E1921-3D07-4BE7-9900-5C3A5765749A.html.

[31] Simon Leo Brown, "House Prices Lower on Streets with Silly Names, High School Students Find," ABC News, Nov. 27, 2017, https://www.abc.net.au/news/2017 -11-27/house-prices-lower-on-streets-with-silly-names/9197366.

[32] Harry Wallop, "'If It Had a Lovely, Posh Name, It Might Have Been

Diferent': Do Street Names Matter?" *Guardian,* Oct. 22, 2016, https://www.theguardian.com/society/2016/oct/22/street-names-matter-property-values.

[33] "What's in a Street Name? Over £600k If You Live on a 'Warren,'" Zoopla, accessed June 17, 2019, https://www.zoopla.co.uk/press/releases/whats-in-a-street-name-over-k-if-you-live-on-a-warren/.

[34] Ibid.

[35] Spencer Rascoff and Stan Humphries, "The Secrets of Street Names and Home Values," *New York Times,* Jan. 24, 2015, https://www.nytimes.com/2015/01/25/opinion/sunday/the-secrets-of-street-names-and-home-values.html?_r=0.

[36] Ibid.

[37] Ibid.

[38] Tom Miller, "The Lost Ten Eyck House—Park Avenue and 34th Street," "Daytonian in Manhattan," *Daytonian* (blog), Feb. 13, 2017, http://daytoninmanhattan.blogspot.com/2017/02/the-lost-ten-eyck-house-park-avenue-and.html . Miller's fantastic blog details the history of the house at length.

[39] Ibid.

[40] Michael T. Isenberg, *John L. Sullivan and His America* (1988; repr., Champaign: University of Illinois Press, 1994), 40.

[41] Ibid.

[42] Andrew Alpern and Seymour Durst, *Holdouts!: The Buildings That Got in the Way* (New York: Old York Foundation, 2011), 128; Miller, "The Lost Ten Eyck House."

[43] Francis Collins, *The Romance of Park Avenue: A History of the Growth of Park Avenue from a Railroad Right of Way to the Greatest Residential Thoroughfare in the World* (1930; repr., Ann Arbor: University Microfilms International, 1989), 102.

[44] Ibid., 104.

[45] Ibid., 102.

[46] "Country Wedding for Martha Bacon; Daughter of Ex-Ambassador Marries George Whitney in Quaint Church at Westbury," *New York Times,* June 3, 1914, https://www.nytimes.com/1914/06/03/archives/country-wedding-for-martha-bacon-daughter-of-exambassador-marries.html.

[47] Christopher Gray, "History Lessons by the Numbers," *New York Times,* Nov. 7, 2008, https://www.nytimes.com/2008/11/09/realestate/09scape.html.

[48] Ibid.

[49] Emily Badger, "How Donald Trump Abandoned His Father's Middle-Class Housing Empire for Luxury Building," *Washington Post,* Aug. 10, 2015, https://www.washingtonpost.com/news/wonk/wp/2015/08/10/the-middle-class-housing-empire-donald-trump-abandoned-for-luxury-building/.

[50] Christopher Gray, "Streetscapes/Seventh Avenue Between 15th and 16th Streets; Four 30's Apartment Buildings on 4 Chelsea Corners," *New York Times,* May 23, 2004, https://www.nytimes.com/2004/05/23/realestate/streetscapes-seventh-avenue-between-15th-16th-streets-four-30-s-apartment.html.

[51] Elizabeth C. Cromley, *Alone Together: A History of New York's Early Apartments* (Ithaca, NY: Cornell University Press, 1990), 62.

[52] Tom Miller, "The 1931 London Terrace Apartments," *Daytonian in Manhattan* (blog), June 30, 2010, http://daytoninmanhattan.blogspot.com/2010/06/1931-london-terrace-apartments.html.

[53] Ibid.

[54] Gray, "Streetscapes/Seventh Avenue Between 15th and 16th Streets."

[55] Andrew Alpern, *Historic Manhattan Apartment Houses* (New York: Dover, 1996), vi.

[56] Cromley, *Alone Together,* 4.

[57] Andrew S. Dolkart, "Abraham E. Lefcourt and the Development of New York's Garment District," in *Chosen Capital: Jewish Encounters with American Capitalism* (New Brunswick, NJ: Rutgers University Press, 2012), eds. Rebecca Kobrin et al.

[58] "Number One Park Avenue," *New York Times,* Feb. 10, 1925, http://timesmachine.nytimes.com/timesmachine/1925/02/10/101984245.html.

[59] "On the southeast corner of Thirty fourth Street," "Siege," Talk of the Town, *New Yorker,* Oct. 17, 1925, https://www.newyorker.com/magazine/1925/10/17/siege.

[60] Robin Pogrebin, "52-Story Comeback Is So Very Trump; Columbus Circle Tower Proclaims That Modesty Is an Overrated Virtue," *New York Times,* April 25, 1996, https://www.nytimes.com/1996/04/25/nyregion/52-story-comeback-so-very-trump-columbus-circle-tower-proclaims-that-modesty.html.

[61] Natasha Salmon, "Frank Sinatra Told Donald Trump to 'go f*** himself,' New Book Reveals," *Independent,* Oct. 8, 2017, https://www.independent.co.uk/news/world/americas/frank-sinatra-donald-trump-new-book-f-himself-revealed-casino-a7988666.html.

[62] "Mrs. B. W. Mandel Sues; Accuses Realty Man's Present Wife of Breaking Up Home," *New York Times,* May 23, 1933, https://timesmachine.nytimes.com/timesmachine/1933/05/23/99910229.html.

[63] "Henry Mandel Freed; Alimony Slashed; Court Reduces Payments by Builder From $32,500 to About $3,000 a Year," *New York Times,* July 8, 1933, https://www.nytimes.com/1933/07/08/archives/henry-mandel-freed-alimony-slashed-court-reduces-payments-by.html.

[64] Robert Frank, "These Hedge Fund Managers Made More than $3 Million a Day Last Year," CNBC, May 30, 2018, https://www.cnbc.com/2018/05/30/these-hedge-fund-managers-made-more-than-3-million-a-day-last-year.html.

[65] Ralph Blumenthal, "Recalling New York at the Brink of Bankruptcy," *New York Times,* Dec. 5, 2002, https://www.nytimes.com/2002/12/05/nyregion/recalling-new-york-at-the-brink-of-bankruptcy.html.

[66] Arthur Lubow, "The Traditionalist," *New York Times,* Oct. 15, 2010, https://www.nytimes.com/2010/10/17/magazine/17KeyStern-t.html.

[67] Kevin Baker, "The Death of a Once Great City," *Harper's,* July 2018, https://harpers.org/archive/2018/07/the-death-of-new-york-city -gentrification/.

[68] Warburg Realty "Market Snapshot— Hell's Kitchen," May 15, 2019,warburgrealty.com/nabes/market.snapshot .hells.kitchen.

[69] Edmund White, "Why Can't We Stop Talking About New York in the Late 1970s?" *New York Times,* Sept. 10, 2015, https:// www.nytimes.com/2015/09/10/t-magazine/1970s-new-york-history.html.

[70] 'Aaron Betsky, "Manhattan Is Theirs, We Just Get to Admire It," *Dezeen,* Nov. 15, 2015, https://www.dezeen.com/2015/11/15/opinion -aaron-betsky-manhattan-new-york-skyscrapers-iconic-skyline-capitalist -jerusalem/.

14. 无家可归：没有地址你该如何生活？

[1] Michael J. Lewis, *City of Refuge: Separatists and Utopian Town Planning* (Princeton, NJ: Princeton University Press, 2016), 79–80.

[2] Sarah Golabek-Goldman, "Ban the Address: Combating Employment Discrimination Against the Homeless," *Ya*#folio=100.

[3] US Interagency Council on "Hothe-address-combating-employment-discrimination-against-the-homeless.

[4] Malcolm Gladwell, "MillionDollar Murray," *New Yorker,* Feb 5, 2006, http://archives.newyorker.com/?i =2006-02-13ry/Homeslessness_in_America_Families _with_ Children.pdf.

[5] "How Much Do You Need to Afford a Modest Apartment in Your State," Out of Reach 2melessness in America: Focus on Families with Children," Sept. 2018, https://www.usich .gov/resources/uploads/asset_libra*le Law Journal* 1801, no. 6 (2017): 126, https://www.yalelawjournal.org/note/ban-019, National Low Income Housing Coalition, accessed June 18, 2019, https://reports.nlihc.org/oor.

[6] David A. Snow and Leon Anderson, "Identity Work Among the Homeless: The Verbal Construction and Avowal of Personal Identities," *American Journal of Sociology* 92, no. 6 (May 1987): 1340.

[7] Lasana T. Harris and Susan T. Fiske, "Dehumanizing the Lowest of the Low: Neuroimaging Responses to Extreme Out-Groups," *Psychological Science* 17, no. 10 (Oct. 2006): 847–53, DOI:10.1111 /j.1467-9280.2006.01793.x.

[8] Snow and Anderson, "Identity Work Among the Homeless," 1355.

[9] Ibid., 1362.

[10] Ibid., 1360.

[11] Anne R. Roschelle and Peter Kaufman, "Fitting In and Fighting Back: Stigma Management Strategies among Homeless Kids," *Symbolic Interaction* 27, no. 1 (Winter 2004): 34–35.

[12] Golabek-Goldman, "Ban the Address."

[13] Sean Alfano, "Home Is Where the Mailbox Is," *CBS Evening News with Norah O'Donnell,*March 24, 2006, https:// www.cbsnews.com/news/home-is-where-the-

mailbox-is/.

[14] Beth Avery, "Ban the Box: U.S. Cities, Counties, and States Adopt Fair Hiring Policies," NELP, July 1, 2019, https://www.nelp .org/publication/ban-the-box-fair-chance-hiring-state-and-local-guide.

[15] Prudence Ivey, "Top Borough: Hackney House Prices See Highest 20-Year Rise in UK, Boosted by Tech Sector and New Homes Building," *Evening Standard,* June 6, 2018, https://www.homesandproperty .co.uk/property-news/hackney-house-prices-see-highest-20year-rise-in-uk-boosted-by-tech-sector-and-new-homes-building-a121061.html.

[16] Ministry of Housing, Communities & Local Government, "Rough Sleeping Statistics Autumn 2018, England (Revised)," Feb. 25, 2019, https://assets.publishing.service.gov.uk/government/uploads/system /uploads/attachment_data/file/781567/Rough_Sleeping_Statistics_2018 _release.pdf.

[17] Tom Wall and Hilary Osborne, "'Poor Doors' Are Still Creating Wealth Divide in New Housing," *Observer,* Nov. 25, 2018, https://www .theguardian.com/society/2018/nov/25/poor-doors-developers-segregate-rich -from-poor-london-housing-blocks.

[18] Patrick Butler, "Benefit Sanctions: The 10 Trivial Breaches and Administrative Errors," *Guardian,* March 24, 2015, https:// www.theguardian.com/society/2015/mar/24/benefit-sanctions-trivial-breaches -and-administrative-errors.

[19] Julia Rampen, "A Kebab with Debbie Abrahams: 'My Constituent Was Sanctioned for Having a Heart Attack,'" *New Statesman,* Nov. 28, 2016, https://www.newstatesman.com/politics/staggers /2016/11/kebab-debbie-abrahams-my-constituent-was-sanctioned-having -heart-attack.

[20] Rowland Manthorpe, "The Radical Plan to Give Every Homeless Person an Address," *Wired UK,* March 14, 2018, https://www.wired.co.uk/article/proxy-address-design-museum-homelessness.

[21] Ibid.

[22] Sophie Smith, "Number of Empty Homes in England Rises for the First Time in a Decade," *Telegraph,* May 10, 2018, https://www.telegraph.co.uk/property/uk/number-empty-homes-england-rises -first-time-decade/.

[23] Peter Walker and David Pegg, "Huge Number of Empty Homes near Grenfell 'Simply Unacceptable,'" *Guardian,* Aug. 2, 2017, https://www.theguardian.com/uk-news/2017/aug/02/revelations-about-empty -homes-in-grenfell-area-simply-unacceptable.

[24] David Batty, Niamh McIntyre, David Pegg, and Anushka Asthana, "Grenfell: Names of Wealthy Empty-HomeOwners in Borough Revealed," *Guardian,* Aug. 2, 2017, https://www.theguardian.com /society/2017/aug/01/names-of-wealthy-empty-home-owners-in-grenfell -borough-revealed.

[25] For more, see Randall E. Osborne, "I May Be Homeless But I'm Not Helpless: The Costs and Benefits of Identifying with Homelessness," *Self & Identity* 1, no. 1 (2002): 43–52.

[26] Batty, McIntyre, Pegg, and Asthana, "Grenfell: Names of Wealthy Empty-Home Owners in Borough Revealed."

[27] John Arlidge, *Sunday Times,* quoted in Nicholas Shaxson, "A Tale of Two Londons," *Vanity Fair,* March 13, 2013, https://www .vanityfair.com/style/society/2013/04/mysterious-residents-one-hyde-park -london.

[28] Nicholas Shaxson, "The Shadowy Residents of One Hyde Park—And How the Super-Wealthy Are Hiding Their Money," *Vanity Fair*, April 2013, https://www.vanityfair.com/style/society/2013/04/mysterious -residents-one-hyde-park-london.

尾声 未来：街道地址注定要消失吗？

[1] Gary Kamiya, "SF's Lost Opportunity to be Reborn as 'Paris, with Hills,'" *San Francisco Chronicle,* Oct. 27, 2017, https://www.sfchronicle.com/bayarea/article/SF-s-lost-opportunity-to-be -reborn-as-Paris-12312727.php.

[2] Denis McClendon, "The Plan of Chicago: A Regional Legacy," Burnham Plan Centennial, Chicago Community Trust, http:// burnhamplan100.lib.uchicago.edu/files/content/documents/Plan_of_Chicago _booklet.pdf.

[3] Carl Smith, *The Plan of Chicago: Daniel Burnham and the Remaking of the American City* (Chicago: University of Chicago Press, 2006), 68.

[4] Ibid.

[5] Dena Roché, "Paris of the Prairie: Exploring Chicago's Rich Architectural Past and Present," *Iconic Life,* accessed Sept. 14, 2019, https:// iconiclife.com/chicagos-architectural-past-and-present.

[6] "How Chicago Lifted Itself Out of the Swamp and Became a Modern Metropolis," *Zócalo Public Square* (blog), Oct. 11, 2018, https://www.zocalopublicsquare.org/2018/10/11/chicago-liftedswamp-became-modern-metropolis/ideas/essay/.

[7] Union Stock Yard & Transit Co., Encyclopedia of Chicago, accessed Sept. 4, 2019, http://www.encyclopedia.chicagohistory .org/pages/2883.html.

[8] Patrick T. Reardon, "Who Was Edward P. Brennan? Thank Heaven for Edward Brennan," *The Burnham Plan Centennial,* Nov. 23, 2009, http://burnhamplan100.lib.uchicago.edu/node/2561. (Also *Chicago Daily News,* Oct. 2, 1936.)

[9] Encyclopedia of Chicago, accessed Sept. 4, 2019, http://www.encyclopedia.chicagohistory.org /pages/53.html.

[10] Patrick T. Reardon, "Who Was Edward P. Brennan? Thank Heaven for Edward Brennan."

[11] Chris Bentley and Jennifer Masengarb, "The Unsung Hero of Urban Planning Who Made It Easy to Get Around Chicago," WBEZ91.5Chicago, May 20, 2015, https://www.wbez.org/shows/wbez -news/the-unsung-hero-of-urban-planning-who-made-it-easy-to-ge-around-chicago/43dcf0ab-6c2b-49c3-9ccf-08a52b5d325a.

[12] Patrick T. Reardon, "A Form of MapQuest Back in the Day," *Chicago Tribune,* Aug. 25, 2015, https://www.chicagotribune.com /opinion/ct-xpm-2013-08-25-

ct-perspec-0825-madison-20130825-story .html.

[13] Bentley and Masengarb, "The Unsung Hero."

[14] Karen Craven, "Agnes Brennan, 'Answer Lady,'" *Chicago Tribune,* May 21, 1999, https://www.chicagotribune.com/news/ct-xpm -1999-05-21-9905210343-story.html.

[15] "The Burnham Plan Centennial," accessed Sept. 15, 2019, http://burnhamplan100.lib.uchicago.edu/.

[16] Bentley and Masengarb, "The Unsung Hero."

[17] Ibid.

[18] Thomas S. Hines, *Burnham of Chicago: Architect and Planner*, 2nd ed. (University of Chicago Press, 2009), 3.

[19] Ibid.

[20] Smith, *The Plan of Chicago*, 58.

[21] Patrick T. Reardon, "Adelaide Brennan, 1914–2014," *Chicago Tribune,* April 1, 2014, https://www.chicagotribune.com /news/ct-xpm-2014-04-01-ct-adelaide-brennan-obituary-met-20140401-story .html.

[22] Reardon, "Adelaide Brennan, 1914–2014."

[23] Chicago City Council, "The Proceedings of the Chicago City Council," April 21, 1937.

[24] Tim Adams, "The GPS App That Can Find Anyone Anywhere," *Guardian,* June 23, 2018, https://www .theguardian.com/technology/2018/jun/23/the-gps-app-that-can-find-anyone -anywhere.

[25] "Chris Sheldrick: A Precise, Three-Word Address for Every Place on Earth," TED Talk, accessed Sept. 14, 2019, https://ted2srt.org /talks/chris_sheldrick_a_precise_three_word_address_for_every_place_on _earth.

[26] Tim Adams, "The GPS App That Can Find Anyone," *Guardian,* June 23, 2018, https://www.theguardian.com/technology/2018/jun/23/the-gps-app-that-can-find-anyone-anywhere.

[27] "How what3words Is 'Addressing the World,'" MinuteHack, July 12, 2016, https://minutehack.com/interviews/how-what3words -is-addressing-the-world.

[28] Lottie Gross, "Lost? Not Anymore," Adventure.com, Sept. 26, 2018, https://adventure.com/what3words-map-navigation-app/.

[29] "Our Story," what3words, accessed Sept. 14, 2019, https://what3words.com/our-story.

[30] "Improving Living Conditions in Rhino Refugee Camp, Uganda," what3words, accessed Sept. 14, 2019, https://what3words.com/news /humanitarian/how-what3words-is-being-used-to-address-refugee-settlements -in-uganda.

[31] Jane Wakefield, "Three-Unique-Words 'Map' Used to Rescue Mother and Child," BBC News, March 26, 2019, https:// www.bbc.co.uk/news/technology-47705912.

[32] Ibid.

[33] Jamie Brown, "What Is a Word?" Medium, Feb. 20, 2019, https://medium.

com/@what3words/what-is-a-word-9b7532ed9369.what3words.

[34] Victoria Turk, "What3words Changed How We Mapped the World. And It Didn't Stop There," *Wired,* Aug. 18, 2018, https://www.wired.co.uk/article/what3words-languages-translation-china-launch.

[35] David Rocks and Nate Lanxon, "This Startup Slices the World Into 58 Trillion Squares," *Bloomberg Businessweek,* Aug. 28, 2018, https://www.bloomberg.com/news/features/2018-08-28/mapping-startup-aims-to-disrupt-addresses-using-three-word-system.

[36] "Addresses for Everyone," Plus Codes, accessed Sept. 15, 2019, https://plus.codes/.

[37] A. J. Dellinger, "Facebook and MIT Tap AI to Give Addresses to People Without Them," *Engadget,* Nov. 30, 2018, https://www.engadget.com/2018/11/30/facebook-mit-assign-addresses-with-ai/.

[38] Martin Joerss, Jürgen Schröder, Florian Neuhaus, Christoph Klink, and Florian Mann, *Parcel Delivery: The Future of the Last Mile* (New York: McKinsey, 2016), 6, https://www.mckinsey.com/~/media/mckinsey/industries/travel%20transport%20and%20logistics/our%20insights/how%20customer%20demands%20are%20reshaping%20last%20mile%20delivery/parcel_delivery_the_future_of_last_mile.ashx.

[39] Andrew Kent, "Where the Streets Have No Name: How Africa Could Leapfrog the Humble Address and Lead the World in GPS-Based Shipping," Afrikent, Oct. 26, 2015, https://afrikent.wordpress.com/2015/10/26/where-the-streets-have-no-name-how-africa-could-leapfrog-the-humble-address-and-lead-the-world-in-gps-based-shipping/.

[40] Ibid.

[41] UN High Commission for Refugees, "Zaatari Refugee Camp—Factsheet, February 2019," Reliefweb, March 25, 2019, https://reliefweb.int/report/jordan/zaatari-refugee-camp-factsheet-february-2019.

[42] "Zaatari Street Names Give Syrian Refugees a Sense of Home," Reuters, March 21, 2016, https://www.orient-news.net/en/news_show/106715/0/Zaatari-street-names-give-Syrian-refugees-a-sense-of-home.

[43] @edent, "Why Bother with What Three Words?" *Terence Eden's Blog,* March 28, 2019, https://shkspr.mobi/blog/2019/03/why-bother-with-what-three-words.

译名对照

人名

阿尔瓦·范德比尔特 ALVA VANDERBILT
阿根蒂娜 Argentina
阿喀琉斯·塔提乌斯 Achilles Tatius
阿瑟·泽肯多夫 Arthur Zeckendorf
阿亚图拉·霍梅尼 Ayatollah Khomeini
爱德华·布伦南 Edward Brennan
爱德华·克拉克 Edward Clark
爱德华·莫泽 Edvard I.Moser
爱德华七世 Edward VII
艾伯特·卢图利 Albert Luthuli
艾德温·卡梅伦 Edwin Cameron
艾莉莎·斯宾沃尔 Alyssa Sepinwall
艾丽扎 Eliza
艾伦 Ellen
艾玛 Emma
艾玛·卢·林恩 Emma Lou Linn
艾米丽 Emily
埃德加·爱伦·坡 Edgar Allan Poe
埃里克·桑德森 Eric Sanderson
埃莉诺·马奎尔 Eleanor Maguire
埃莉诺·贝茨 Eleanor Betts
埃米利亚诺·萨帕塔 Emiliano Zapata
埃斯库罗斯 Aeschylus
安德烈 Andre
安德烈·古德里奇 Andre Goodrich
安德鲁·阿尔彭 Andrew Alpern
安德鲁·杰克逊 Andrew Jackson
安德鲁·肯特 Andrew Kent
安德鲁·宗多 Andrew Zondo
安东·坦特纳 Anton Tantner

安东尼·桑普森 Anthony Sampson
安东尼·特罗洛普 Anthony Trollope
阿纳尼娅·罗伊 Ananya Roy
安特·苏 Ant Sue
奥马尔-巴希尔 Omaral-Bashir
奥拉达·埃基亚诺 Olaudah Equiano
巴赫 Bach
巴拉克·奥巴马 Barack Obama
巴里 Barry
巴里·谢尔顿 Barrie Shelton
百代子 Emiko
保罗·安德烈亚斯·米勒 Paul Andreas Müller
保罗·费恩 Paul Fine
保罗·劳伦斯·邓巴 Paul Laurence Dunbar
鲍比·桑兹 Bobby Sands
鲍勃·迪伦 Bob Dylan
贝丝·洛夫乔伊 Bess Lovejoy
本·范·伯克尔 Ben van Berke
本杰明·伊斯雷尔 Benjamin Israel
彼得·波波姆 Peter Popham
彼得·马尔库塞 Peter Marcuse
彼得·莫卡巴 Peter Mokaba
伯恩斯坦 Bernstein
伯纳黛特 Bernadette
波林·迈尔 Pauline Maier
波拉米·德·萨卡尔 Paulami De Sarkar
博诺 Bono

布兰登·科斯比 Brandon Cosby
布莱顿 Brighton
布伦达·米尔纳 Brenda Milner

查尔斯·巴伦 Charles Barron
查尔斯·罗伊斯特 Charles Royster
查尔斯·辛德 Charles Hind
查理二世 Charles II
查理六世 Charles VI

大卫·布莱特 David Blight
大卫·豪厄尔 David Howell
黛安·法夫罗 Diane Favro
戴维·丁金斯 David Dinkins
丹尼尔·奥托—佩拉利亚斯 Daniel Oto-Peralías
丹尼尔·伯纳姆 Daniel Burnham
丹尼尔·多卡 Daniel D'Oca
丹尼尔·斯梅尔勋爵 Daniel Lord Smail
丹尼斯·卡尔汉 Dennis Culhane
丹尼斯·狄德罗 Denis Diderot
德克·韦尔海恩 Dirk Verheyen
德里克·奥尔德曼 Derek Alderman
德里克·劳尔 Derek Lauer
邓肯·坎贝尔—史密斯 Duncan CampbellSmith
迪兰·罗夫 Dylann Roof
多琳·梅西 Doreen Massey
多西·努恩 Dorsey Nunn

厄普顿·辛克莱 Upton Sinclair
恩斯特·罗茨 Ernst Roets

费迪南德·德·罗斯柴尔德男爵 Baron Ferdinand de Rothschild
费恩 Fine
菲利波·帕西尼 Filippo Pacini
腓特烈二世 Frederick II
弗朗西丝 Frances
弗朗西斯二世 Francis II
伏尔泰 Voltaire

弗莱德·奥兰治·雷普莱坎 Fleur d'Orange Républicaine
弗兰克·迈尔斯 Frank Myers
弗兰尼·拉布金 Franny Rabkin
弗兰兹·哈斯 Franz Hals
弗里达·卡洛 Frieda Kahlo
弗里德·施诺克 Frieder Schnock
福雷斯特·阿甘 Forrest Gump
弗农·卡斯滕森 Vernon Carstensen

戈登 Gordon
格雷厄姆·林德 Graham Rhind
格丽塔尔 Gretel
格隆 Gron
庚斯伯勒 Gainsborough
古斯塔夫·马勒 Gustav Mahler
古韦内尔·莫里斯 Gouverneur Morris

哈里特·罗素 Harriet Russell
哈罗德·麦克米伦 Harold Macmillan
海伦·朗斯特里特 Helen Longstreet
海因里希·赫兹 Heinrich Hertz
汉娜·贝伦德 Hanna Behrend
汉塞尔 Hansel
汉斯·兰兹 Hans Lanz
汉斯·斯科尔 Hans Scholl
赫伯特·穆尚 Herbert Muschamp
赫尔·冯·克尼普罗德 Herr von Kniprode
赫尔曼·吉利奥梅 Hermann Giliomee
赫克托·里维拉 Hector Rivera
亨德里克·维尔沃尔德 Hendrik Verwoerd
亨利·格雷戈里 Henri Grégoire
亨利·哈德逊 Henry Hudson
亨利·怀特黑德 Henry Whitehead
亨利·勒菲夫布雷 Henri Lefevbre
亨利·曼德尔 Henry Mandel
亨利·庞森比 Henry Ponsonby
霍斯特·韦斯尔 Horst Wessel

吉迪恩·利奇菲尔德 Gideon Lichfield

基兰·纽金特 Kieran Nugent
加布里埃尔·圣奥宾 Gabriel St. Aubin
贾尔斯·里斯·琼斯 Giles Rhys Jones
贾尼·沃尔蒂纳霍 Jani Vuolteenaho
简·奥斯汀 Jane Austen
简·拉比 Jan Rabie
杰克·斯特劳 Jack Straw
杰夫·戴维斯 Geoff Davis
杰夫·马斯莫拉 Jeff Masemola
杰拉德·科佩尔 Gerard Koeppel
杰米·布朗 Jamie Brown
杰瑞·宋飞 Jerry Seinfeld
杰伊·恩加尔 Jay Ungar
金贤中 Kim Hye-jung
金泳三 Kim Young-sam

卡图卢斯 Catullus
卡萨·诺曼 Kajsa Norman
卡斯特洛蒂 Castellotti
凯瑟琳·赫本 Katharine Hepburn
凯特·杰弗瑞 Kate Jeffery
凯文·比德曼 Kevin Biederman
凯文·林奇 Kevin Lynch
克莱尔·霍利兰 Claire Holleran
克莱门特·比德尔 Clement Biddle
克莱门特·摩尔 Clement C. Moore
克里斯·洛克 Chris Rock
克里斯·希尔德雷 Chris Hildrey
克里斯·谢尔德里克 Chris Sheldrick
克里斯蒂娜·威尔克 Christiane Wilke
科尼·卢 Coenie Louw
科特·尼德基什内尔 Käthe Niederkirchner
肯·伯恩斯 Ken Burns
库尔特·巴特尔 Kurt Bartel
奎·德·尼娜·西蒙尼 Quai de Nina Simone

拉宾德拉纳特·泰戈尔 Rabindranath Tagore
拉尔夫·沃尔多·爱默生 Ralph Waldo Emerson
拉洛伊 La Loi
莱拉·博格迪特斯基 Lera Boroditsky
莱森 Raison
劳丽·舍克特 Laurie Schecter
劳琳达 Laurinda
勒罗伊·科姆里 Leroy Comrie
雷娜塔·斯蒂赫 Renata Schnock
雷诺·皮亚罗 Renaud Piarroux
利奥波德·索尼曼 Leopold Sonnemann
理查德·邓恩 Richard Dunn
理查德·哈里斯 Richard Harris
理查德·霍尔特 Richard Holt
理查德·纽科特 Richard Newcourt
理查森 Richardson
列宁 Lenin
琳达 Linda
琳达·安德森 Linda Anderson
鲁本·罗斯-雷德伍德 Reuben Rose-Redwood
鲁宾斯坦 Rubenstein
卢修斯·普莱布-埃加尔 Lucius Pleb-Egal
路易十五 Louis XV
罗伯特·弗罗斯特 Robert Frost
罗伯特·E. 李 Robert E. Lee
罗伯特·胡克 Robert Hooke
罗伯特·刘易斯 Robert Lewis
罗伯特·穆恩 Robert Moon
罗伯特·培根 Robert Bacon
罗恩·塞里诺 Ron Serino
罗杰·凌 Roger Ling
罗兰·巴特 Roland Barthes
罗兰·希尔 Rowland Hill
罗米欧 Romio
罗纳德·克劳福德 Ronald Crawford
罗莎·帕克斯 Rosa Parks
罗西娜 Rosina

马丁·路德·金 Martin Luther King
马丁·麦吉尼斯 Martin McGuinness

马克·吐温 Mark Twain
马可·西奇尼 Marco Cicchini
马兰 D. F. Malan
马林·克伦费尔特 Marin Kreenfelt
玛格丽特·撒切尔 Margaret Thatcher
玛拉·梅普尔斯 Marla Maples
玛丽·安 Mary Ann
玛丽亚·安托瓦内特 Marie Antoinette
玛丽亚·特蕾莎 Maria Theresa
玛丽亚·伊丽莎白 Maria Elisabeth
玛丽亚·约瑟法 Maria Josepha
玛莎·比阿特丽克丝 Martha Beatrix
玛莎·培根 Martha Bacon
玛雅克·梅塔 Mayank Mehta
麦克·马哈拉杰 Mac Maharaj
迈克尔·布朗 Michael Brown
迈克尔·布林 Michael Breen
迈克尔·布隆伯格 Michael Bloomberg
迈克尔·迪特里 Michael Dietrich
迈克尔·吉尔摩 Michael Gilmore
迈克尔·杰克逊 Michael Jackson
迈克尔·牛顿 Michael Newton
迈克尔·斯通 Michael Stone
迈克尔·托克 Michael Torke
迈克尔·希斯特 Michael Schiestl
迈克尔·伊森伯格 Michael Isenberg
麦肯齐 F. A. McKenzie
毛里西奥·罗查·席尔瓦 Maurício Rocha e Silva
毛兹·阿扎拉亚胡 Maoz Azaryahu
梅-布莱特·莫泽 May Britt Moser
梅尔文·怀特 Melvin White
米兰·昆德拉 Milan Kundera
米恩·杜·普莱西斯 Elmien du Plessis
米奇·兰德里欧 Mitch Landrieu
莫戈昂 Mogoeng
莫林·福雷斯特 Maureen Forrest
莫里斯·哈尔布瓦克斯 Maurice Halbwachs
莫斯乌韦 Matlhomola Mosweu
莫扎特 Mozart

穆罕默德·汉南 Mohamed Hannen
穆罕默德·莫萨德 Mohammad Mosaddegh

纳尔逊·曼德拉 Nelson Mandela
纳特拉 Nutella
奈杰尔·贝克 Nigel Baker
南希·克莱 Nancy Clay
内莉·劳埃德 Nellie Lloyd
内森·贝德福德·福雷斯特 Nathan Bedford Forrest
尼克·凯勒 Nick Keller
尼古拉斯·哈勒 Nicolaus Haller
尼古拉斯·卡尔 Nicholas Carr
妮娜·西尔伯 Nina Silber

欧洛·奥尼尔先生 Mr. Owl O'Neill
欧文·戈夫曼 Erving Goffman

帕蒂·莱尔·柯林斯 Patti Lyle Collins
帕特里克·里尔登 Patrick Reardon
帕特里夏·布罗德斯基 Patricia Brodsky
佩德拉姆·莫阿莱米安 Pedram Moallemian
佩伦, 伯特珍妮·阿尔宾·若泽·菲恩 Peyron, Berthe Jeanne Albine Joséphine
皮埃尔·恩凡特 Pierre L'Enfant
皮埃尔·诺拉 Pierre Nora
皮卡德罗 Picardello
皮克特 Pickett
皮娅·庞巴迪拉 Pia Bombardella
普丽希拉·帕克赫斯特·弗格森 Priscilla Parkhurst Ferguson

乔安妮·马瑟斯 Joanne Mathers
乔布·查诺克 Job Charnock
乔恩·斯诺 Jon Snow
乔纳森·哈西德 Jonathan Hassid
乔纳森·卡茨 Jonathan Katz
乔纳森·提洛夫 Jonathan Tilove
乔伊欧 Joyeaux
乔治·福尔曼 George Foreman
乔治·华盛顿 George Washington

乔治 - 尤金·奥斯曼 George-Eugène Haussmann
切·格瓦拉 Che Guevara
琼·米克尔森 Joan Mickleson

让·克罗斯利 Jean Crossley
瑞秋·雅各布斯 Rachel Jacobs

萨利尔·达拉 Salil Dhara
赛尔尼, 阿格尼丝·塞勒琳·约瑟夫 Serny, Agnès Célerine Joséphine
塞内卡 Seneca
塞缪尔·莱恩 Samuel Laing
塞缪尔·佩皮斯 Samuel Pepys
塞萨尔·比里尼亚尼 Cesare Birignani
桑尼·卡森 Sonny Carson
莎拉·刘易斯 Sarah Lewis
莎拉·戈拉贝克·戈德曼 Sarah Golabek-Goldman
山姆·摩尔 Sam Moore
山姆·谢泼德 Sam Sheppard
申基旭 Gi-Wook Shin
史蒂文·约翰逊 Steven Johnson
世宗大王 King Sejong
舒伊勒·科尔法克斯 Schuyler Colfax
斯迈尔 Smail
斯坦扎·博帕普 Stanza Bopape
斯通维尔·杰克逊 Stonewall Jackson
斯托伯格 Stofbergs
苏巴哈斯·纳特 Subhashis Nath
苏珊·拉布金 Susan Rabkin
苏珊·希勒 Susan Hiller
苏珊娜·埃利 Susannah Eley
索菲·斯科尔 Sophie Scholl

塔博·姆贝基 Thabo Mbeki
汤姆·科赫 Tom Koch
唐纳德·特朗普 Donald Trump
特蕾莎修女 Mother Teresa
特伦斯 Terence
特伦斯·伊登 Terence Eden

托马斯·霍尔姆 Thomas Holme
托马斯·杰斐逊 Thomas Jefferson

瓦伦丁·奈特 Valentine Knight
维奥拉·普卢默 Viola Plummer
维克多·克伦佩雷尔 Victor Klemperer
韦德·汉普顿 Wade Hampton
威廉·比彻·斯科维尔 William Beecher Scoville
威廉·多克瓦拉 William Dockwra
威廉·法尔 William Farr
威廉·亨利·阿舒斯特 William Henry Ashurst
威廉·米德 William Mead
威廉·佩恩 William Penn
威廉·威尔伯福斯 William Wilberforce
威廉·泽肯多夫 Zeckendorf
维多利亚女王 Queen Victoria
维多利亚·汤普森 Victoria Thompson
维利·勃兰特 Willy Brandt
沃尔夫冈·兰格维什 Wolfgang Langewiesche
沃尔特·拉瑟诺 Walther Rathenau
沃尔特·罗利爵士 Sir Walter Raleigh
沃纳·曼 Werner Human

西奥多·弗里奇 Theodor Fritsch
西奥多·罗斯福 Theodore Roosevelt
西布鲁克 Seabrook
西门·德维特 Simeon De Witt
西蒙·拉利伯特·奥拉莫尔 Simon la Liberté ou la Mort
西蒙·马尔姆伯格 Simon Malmberg
西蒙内特·德拉皮尔 Symonet Drapier
西塞罗 Cicero
希多安·查莫罗 Citoyen Chamouleau
肖恩·克林顿 Sean Clinton
谢尔比·富特 Shelby Foote
谢夫林·琼斯 Shevrin Jones
雪莱 Shelley

雅各布·德拉米尼 Jacob Dlamini
雅各布·希夫 Jakob Schiff
雅克·弗朗索瓦·纪尧特 Jacques François Guillauté
亚伯拉罕·马斯洛 Abraham Maslow
亚当·沙茨 Adam Shatz
亚历克斯·皮格特 Alex Pigot
亚历克西·德·托克维尔 Alexis de Tocqueville
亚历山大·麦克拉比 Alexander Macrabie
亚伦·贝茨基 Aaron Betsky
亚伦·赖斯 Aaron Reiss
杨·范·里贝克 Jan van Riebeeck
伊万·盖顿 Ivan Gayton
伊莎贝尔·马布里 Isabel Marbury
伊莎贝拉 Ysabella
尤利西斯·格兰特 Ulysses S. Grant
雨果·莫茨 Hugo Motz
雨果·斯皮尔斯 Hugo Spiers
约翰 John
约翰·阿利奇 John Arlidge
约翰·奥基夫 John O'Keefe
约翰·贝尔·胡德 John Bell Hood
约翰·C·卡尔霍恩 John C. Calhoun
约翰·弗罗内曼 Johan Froneman
约翰·海因斯 Johan Heyns
约翰·克拉克 John Clark
约翰·兰德尔 John Randel
约翰·勒·巴斯 Johan Le Bus
约翰·卢瑟福 John Rutherford
约翰·斯诺 John Snow
约翰·夏普牧师 Reverend John Sharpe
约翰·亚当斯 John Adams
约翰塞弗特·约克 Johosephat York
约翰逊 Johnson
约瑟夫二世 Joseph II
约瑟夫·戈培尔 Joseph Goebbels
约瑟夫·梅迪尔·麦考密克 Joseph Medill McCormick
约瑟夫·斯大林 Joseph Stalin
约瑟夫·杨 Joseph Young

扎哈·哈迪德 Zaha Hadid
詹姆斯·厄尔·雷 James Earl Ray
詹姆斯·格罗斯曼 James Grossman
詹姆斯·洛文 James Loewen
詹姆斯·默里 James Murray
詹姆斯·斯科特 James Scott
詹姆斯·威尔逊·海德 James Wilson Hyde
智子 Tomo
朱迪思·弗兰德斯 Judith Flanders
朱利叶斯·富契克 Julius Fučík
朱利叶斯·佩里 Julius "July" Perry

地名

阿道夫·希特勒广场 Adolf-Hitler-Platz
阿尔伯特街 Albert Street
阿尔诺河 Arno River
阿尔文·艾利 Alvin Ailey
阿梅里克斯 Americus
阿拉巴马州 Alabama
阿门角 Amen Corner
阿姆斯特丹 Amsterdam
阿姆斯特丹大道 Amsterdam Avenue
爱达荷 Idaho
爱德华街 Edward Street
爱丁堡 Edinburgh
爱抚巷 Grope Lane
埃德加·爱伦·坡街 Edgar Allan Poe Street
埃尔·格雷科 El Greco
埃菲尔铁塔 The Eiffel Tower
艾拉·格拉索大道 Ella T. Grasso Boulevard
艾伦·约翰斯顿 Johnston
安大略 Ontario
安哥拉 Angola
安吉波塔 angiporta
安妮-弗兰克街 Anne-Frank-Straße
澳大利亚 Australia

奥地利 Austria
奥科伊 Ocoee
奥马哈 Omaha
奥斯汀 Austin
奥斯维辛集中营 Auschwitz camp

扒扒 PawPaw
巴黎圣母桥 Pont Notre-Dame
巴伦 Barron
巴斯蒂亚（科西嘉）Bastia (Corsica)
巴特利 Bartley
巴兹尔街 Basil Street
白金汉宫 Buckingham Palace
百老汇 Broadway
北爱尔兰 Northern Ireland
贝尔法斯特 Belfast
贝克特街 Beckett Street
比勒陀利亚 Pretoria
鼻屎山谷 Booger Hollow
宾夕法尼亚州 Pennsylvania
博格纳加斯 Bognergasse
伯明翰 Birmingham
伯明翰大学 the University of Birmingham
波兰 Poland
伦纳德·伯恩斯坦广场 Leonard Bernstein Place
波姆普拉奥社区 Pormpuraaw
波特兰 Portland
波切夫斯特鲁姆市 Potchefstroom
波士顿 Boston
波西米亚 Bohemia
波威里街 Bowery
伯克利 Berkeley
伯利兹 Belize
波特兰市 Portland
柏林 Berlin
布丁巷 Pudding Lane
布尔诺市 Brno
布痕瓦尔德 Buchenwald
布基纳法索 Burkina Faso
布朗克斯 Bronx

布隆伯格 Bloomberg
布伦海姆 Blenheim
布罗德街 Broad Street
布鲁克 Brook
布鲁克林区 Brooklyn
布奇斯杜罗讷 Bouches-du-Rhône

查尔斯顿 Charleston
查尔斯街 Charles Street
车站路 Station Road
脆麦片路 Crunchy Granola Road

达科他 Dakota
达勒姆 Durham
大烟山国家公园 Great Smoky Mountains National Park
大英图书馆 British Library
大卫·本—古里安广场 David Ben-Gurion Place
裆部新月街 Crotch Crescent
德尔玛大道 Delmar Boulevard
德尔莫尼科 Delmonico
德累斯顿 Dresden
底特律 Detroit
东京 Tokyo

俄勒冈州 Oregon

法国 France
凡尔赛 Versailles
费城 Philadelphia
菲茨罗维亚 Fitzrovia
菲吉尔·德卡西斯街 the street of Figuierde Cassis
蜂蜜巷 Honey Lane
弗格森 Ferguson
弗吉尼亚州 Virginia
弗雷德里克广场 Frederick Places
弗洛拉神庙 Temple of Flora
服饰用品店街 Haberdasher Street
佛罗里达 Florida

佛罗伦萨 Florence

橄榄街 Olive Street
刚果民主共和国 the Democratic Republic of Congo
葛底斯堡 Gettysburg
格勒诺布尔 Grenoble
格雷彻奇街 Gracechurch Street
格里菲斯-姆森格高速公路 Griffiths Mxenge Highway
格鲁吉亚 Georgian
格洛斯特街 Gloucesters Street
哥伦布 Columbus
哥伦布广场 Columbus Place
哥伦布圆环 Columbus Circle
哥斯达黎加 Costa Rica
宫殿广场 Palaisplatz
公爵街 Dukes Street
公园大道 Park Avenue
公主大道 Princess Avenue
公主街 Princess Street
公主街 la rue Princesse
国王街 Koenigstraße
国王街 King Street

哈伯兰街 Haberland Straße
哈莱姆区 Harlem
海地 Haiti
海狸街 Beaver Street
海文广场 Haven Plaza
汉弗莱·博加特广场 Humphrey Bogart Place
好莱坞 Hollywood
荷兰 Netherlands
黑小子巷 Black Boy Lane
亨伯塞德 Humberside
亨利街 Henry Street
华尔道夫·阿斯托里亚酒店 Waldorf Astoria
华盛顿大学 Washington University
皇后街 Queen Street

黄金海岸 Gold Coast (Ghana)
茴香街 Anise Street

吉尔福德 Guilford
几内亚 Guinea
加尔各答 Kolkata（以前被称为 Calcutta）
加里 Gary
煎锅巷 Frying Pan Alley
健康科学公园 Health Sciences Park
教堂街 Church Street
杰里·奥巴赫 Jerry Orbach
界线街 Division Street
金克尔街 Kinkelstraße
警察广场 Police Plaza
旧金山 San Francisco

卡尔·马克思街 Karl Marx Street
卡莱尔 Carlyle
卡侬盖特街 Canongate
坎帕拉 Kampala
康涅狄格州 Connecticut
克里斯托弗·华莱士路 Christopher Wallace Way
克鲁加斯街 Kreutzgasse
克罗地亚 Croatia
科伦比街 rue du Colombier
科修斯科桥 Kosciuszko Bridge
肯塔基州 Kentucky
肯辛顿 Kensington
孔雀街 Peacock street
空空的啤酒罐 Beer Can Hollow
库贝登通道 Passage of Cuberdon
库克斯顿 Cookstown

拉杜 Ladue
拉斐特 Lafayette
拉斯贝格 Rathbeg
拉辛 Ratheen
莱比锡街 Leipzigerstraße
烂街 Rotten row

朗克什 Long Kesh
劳德代尔堡 Fort Lauderdale
雷金纳德·刘易斯大楼 Reginald Lewis building
雷蒙斯路 Ramones Way
利比里亚 Liberia
利里吉斯 Rowley Regis
栗树街 Chestnut Street
列克星敦大道 Lexington Avenue
铃铛尽头 Bell End
卢西达 Lucida
路易斯安那州 Louisiana
罗得西亚（现津巴布韦）Rhodesia (now Zimbabwe)
罗格斯街 Rutgers Street
罗克费尔（奥德）Roquefeuil (Aude)
罗利 Raleighe
罗利瑞吉斯 Rowley Regis
罗森堡市 Rothenberg
罗斯蒂 Rosty
卢旺达 Rwanda
路司得 Lystra
路易斯维尔街 Louisville
洛杉矶 Los Angeles

马丁·路德·金路 Dr. Martin Luther King Drive (MLK)
马德里 Madrid
马里 Mali
马萨诸塞州 Massachusetts
马赛 Marseille
马图塔神庙 the temple of Matuta
迈阿密的戴德县 Miami-Dade County
麦迪逊大道 Madison Avenue
麦迪逊广场花园 Madison Square Garden
麦克道尔县 McDowell County
麦肯街 Macon
曼戈苏图高速公路 Mangosuthu Highway
曼哈顿 Manhattan
曼哈顿测绘局 Manhattan Topographical Bureau

曼卡托市 Mankato
曼纳哈塔 Mannahatta
芒西 Muncie
美因茨 Mainz
美洲狮巷 Cougar Lane
孟菲斯 Memphis
米特区 Mitte
米尔克里克镇 Mill Creek Town
迷宫监狱 Maze Prison
密西西比州 Mississippi
密歇根 Michigan
面包街 Bread Street
明尼阿波利斯 Minneapolis
明尼苏达州 Minnesota
摩根敦 Morgantown
磨坊巷 Mill Lane
莫斯科 Moscow
墨西哥城 Mexico City
墓地巷 Cemetery Lane
穆罕默努克河 Muhheakunnuk River
穆姆斯特拉街 Mummstraße

那不勒斯 Neapolitan
南布伦南大道 South Brennan Avenue
南非 South Africa
南非自由州大学 The University of the Free State
南卡罗来纳州 South Carolina
尼泊尔 Nepal
尼日利亚 Nigeria
鸟笼步道 Birdcage Walk
内裤头街 Upperthong Street
纽盖特监狱 Newgate Prison
纽黑文 New Haven
纽黑文绿地公园 New Haven Green
纽约 New York
诺斯福克 Northfork
挪威 Norwegian

潘查南塔拉 Panchanantala
庞贝古城 Pompeii

炮兵巷 Artillery Lane
佩恩广场 Penn Plaza
屁股街 Butt Street
屁股巷 Booty Lane
屁眼路 Butthole Road
屁眼巷 Ass House Lane
普拉多大街 the avenue of the Prado
普莱米尔 Premier

七姐妹路 Seven Sisters Road
奇肯通道 Passage of the Chicon
骑士街 Knightrider Street
乔治亚州 Georgia
切尔西 Chelsea
清真寺巷 Masjid Lane

仁川 Incheon
乳房东街 East Breast Street

萨凡纳街 Savannah
萨默塞特 Somerset
塞拉利昂 Sierra Leone
塞内加尔 Senegal
塞文河 River Severn
桑树街 Mulberry Street
切特拉 Chetla
射手路 Archers Way
什鲁斯伯里 Shrewsbury
圣保罗大教堂 St. Paul's Cathedral
圣丹尼斯区 St. Denis district
圣弗朗西斯酒店 St. Francis Hotel
圣吉勒街 the street of St. Gilles
圣路易斯 St.Louis
时代广场 Times Square
市场路 Market Road
世界金融中心 World Financial Center
首尔 Seoul
手淫路 Wanke Road
斯贝库莱斯通道 Passage of the Speculoos
斯泰特街和麦迪逊街 State and Madison Streets

斯泰西山谷 Stacy Hollow
斯图文森特街 Stuyvesant
索霍区 Soho

泰姬陵 Taj Mahal
特兰西瓦尼亚 Transylvania
田纳西州 Tennessee

托特纳姆 Tottenham
臀部巷 Backside Lane

瓦克东路 East Wacker Drive
危地马拉 Guatemala
维多利亚街 Victoria Street
韦尔奇 Welch
韦弗利街 Waverly Place
威斯敏斯特 Westminster
维也纳 Vienna
温莎街 Windsor Street
温斯顿·丘吉尔街 Winston Churchill Street
温特沃斯街 Wentworth Place
沃兹登庄园 Waddesdon Manor
乌干达 Uganda
乌克兰 Ukraine
武科瓦尔 Vukovar

希尔顿酒店 Hilton
锡拉丘兹 Syracuse
西奥多·豪斯广场 Theodor-Hauss-Platz
西奥多·米拉尔迪 Theodore Miraldi
西里西亚 Silesia
西米德兰兹郡 West Midlands
西尾大道 West End Avenue
夏洛特 Charlott
蟹树街 Crabtree street
鞋巷 Shoe lane
新奥尔良市 New Orleans
匈牙利 Hungary
休斯顿 Houston
休斯顿-蒂洛森大学 HustonTillotson

University
叙利亚 Syria
靴子制造商大院 Bootmakers Court
驯鹿园 Reindeerland

亚特兰大 Atlanta
盐湖城 Salt Lake City
耶鲁大学 Yale University
意大利 Italy
伊朗 Iran
伊利诺斯广场 One Illinois Center
伊普斯维奇 Ipswich
以色列 Israel
因果路 Karma Way
印第安纳波利斯 Indianapolis
印第安纳州 Indiana
樱桃街 Cherry Street
犹登堡 Judenbur
犹太街 Jews Street
优美胜地公园 Yosemite
鱼街山 Fish Street Hill
约旦 Jordan
约翰内斯堡 Johannesburg
约克街 Yorks Street

赞比亚 Zambia
泽肯多夫 Zeckendorfs
泽西城 Jersey City
乍得 Chad
扎塔里难民营 Zaatari refugee camp
扎伊托恩街 Zaytoun Street
詹姆斯广场 James Places
詹姆斯街 James Street
枕头堡 Fort Pillow
正义街 de la Justice
芝加哥 Chicago
中央公园 Central Park
朱诺·露西娜神庙 the temple of Juno Lucina
猪巷 Hog lane
字母城 Alphabet City

自然历史博物馆 Museum of Natural History
自由广场 Liberty Plaza
佐治亚州 Georgia

作品与法案名

《百科全书》*Encyclopédie*
《班图建筑工人法》The Bantu Building Workers Act
《班图教育法》The Bantu Education Act
《北爱和平协议》the Good Friday Agreement
《被束缚的普罗米修斯》*Prometheus Bound*
《笨拙》*Punch*
《玻璃笼子》*The Glass Cage*
《城市图像》*The Image of The City*
《出埃及记》Exodus
《丛林》*The Jungle*
《粗鲁的英国》*Rude Britain*
《大宪章》the Magna Carta
《大西洋月刊》*The Atlantic*
《法国警察改革备忘录》*Mémoire sur la réformation de la police de France*
《法兰克福人民报》*Frankfurter Volksblatt*
《法律与秩序》*Law & Order*
《妇女家庭杂志》*Ladies Home Journal*
《革命的巴黎》*Paris As Revolution*
《共和党新闻》*Republican News*
《公园大道社会公报》*The Park Avenue Social Bulletin*
《规划》*Plans*
《国家的视角》*Seeing Like a State*
《华盛顿邮报》*The Washington Post*
《霍乱传播方式》*On the Mode of Communication of Cholera*
《吉姆·克劳法》Jim Crow laws
《吉檀迦利》*Gitanjali*
《交易的艺术》*The Art of the Deal*

《街道没有名字的地方》Where the Streets Have No Name
《禁止混合婚姻法》the Prohibition of Mixed Marriages Act
《旧金山观察报》San Francisco Examiner
《连线》Wired
《柳叶刀》Lancet
《路标帝国》The Empire des Signes
《鲁滨逊漂流记》Robinson Crusoe
《迈阿密先驱报》Miami Herald
《论演说家》De Oratore
《美国大城市的死与生》The Death and Life of Great American Cities
《没有十字架,就没有王冠》No Cross, No Crown
《门牌号码》House Numbers
《民数记》Numbers
《南非的贫困白人问题》The Poor White Problem in South Africa
《内战》The Civil War
《纽约客》New Yorker
《纽约时报》The New York Times
《纽约书评》The New York Review of Books
《纽约先驱报》New York Herald
《纽约邮报》New York Post.
《旁观者》Spectator
《权力的游戏》Game of Thrones
《人口登记法》The Population Registration Act
《沙土地基动摇》Sandy Foundation Shaken
《生活》Life
《衰落的轨迹》Mapping Decline
《土地条例》The Land Ordinance
《卫报》Guardian
《我的奋斗》Mein Kampf
《我的叔叔拿破仑》My Uncle Napoleon
《向日本城市学习》Learning from the Japanese City
《想象制图》Imaginary Cartographies
《新兴传染病杂志》Emerging Infectious Disease Journal
《兄弟》The Brothers
《血河之桥》Bridge Over Blood River
《沿着马丁·路德·金街道:美国黑人的主要街道》Along Martin Luther King: Black America's Main Street
《以西结书》Ezekiel
《邮局改革:重要性和实用性》Post Office Reform: Its Importance and Practicability
《幽灵地图》The Ghost Map
《犹太人问题手册》The Handbook of the Jewish Question
《犹太日报》Jewish Daily
《再见,阿育王》The Ashokan Farewell
《芝加哥论坛报》Chicago Tribune
《芝加哥规划》Plan of Chicago

其他

爱尔兰共和军 Irish Republican Army
安息日浸信会教徒 Seventh Day Baptists
贝多因人 Bedouins
宾夕法尼亚大学 University of Pennsylvania
德国秩序 the German Order
德拉瓦人 Lenni-Lenape
德美浸礼会教徒 Dunkers
都铎饼干世界 Tudor's Biscuit World
多帕斯 dompas
非国大训练营 ANC
非洲论坛 AfriForum
分离主义者 Separatists
弗兰纳之家 Flanner House
改革派 Reformed
盖璞 the Gap
敢为女权主义 Osez le Feminisme
共济会 Freemasons
贵格会 Quakers

哈布斯堡帝国 the Habsburg Empire
韩国明泽领导学院 Korean Minjok
　　Leadership Academy（KMLA）
好家园项目 Welikia Project
赫恩亨特或摩拉维亚兄弟 Hernhunter or
　　Moravian Brethren
黑豹党 Black Panther
黑人之友协会 Societe des Amis des Noirs
吉普赛人 Nomads,
机器人代码 Robocodes
杰西潘尼 JCPenney
警察岗亭 kōban
经纬度编码系统 Google Plus Codes
矩形街区 chō
拉文斯布鲁克集中营 Ravensbrück
　　concentration camp
里迪福德兄弟的清洁用品公司 Brothers
　　Janitors' Supplies
联合国海地稳定特派团 MINUSTAH
路德教 Lutherans
绿党 the green party
马歇尔·菲尔德百货公司 Marshall
　　Field's department store
美国公共广播电视公司 PBS
美国心爱的街道 Beloved Streets of
　　America
梅西百货 Macy's
门诺派或再洗礼会教徒 Mennonites or
　　Anabaptists,
穆斯林 Mohammadeans
南部联盟 Confederate
纽约市议会 New York City Council
彭尼百货公司 J.C. Penney
七年战争 the Seven Years War
虔诚派 Pietists,

寝浴百货 Bed Bath & Beyond,
清教徒 Puritans
"缺失地图"组织 Missing Maps
人道主义开放街道地图 Humanitarian
　　Open Street Map
三词寻址系统 what 3 words
三K党 Ku Klux Klan
世界银行 the World Bank
数字身份证"阿达哈尔卡"Aadhaar
死信办公室 Dead Letter Office
塔吉特 Target
天主教 Catholics
通用电气养老金信托基金 General
　　Electric Pension Trust
万国邮政联盟 the Universal Postal Union
网关健康机构 Gateway Health Institute
威瑞森通讯公司 Verizon
"为无地址的地方提供地址"组织
　　Addressing the Unaddressed
武当帮 Wu-Tang Clan
西联汇款公司 Western Union ,Riddiford
西区协会 West Side Association
希望基金会 Hope Foundation
希望加尔各答 Hope Kolkata
新生派 Newborn
星巴克 Starbucks
伊甸园 Eden
异教徒 Pagans
因卡塔自由党 Inkatha Freedom Party (IFP)
通讯办公室 Office of Communications
犹太人 Jews
原稿用纸 genkōyōshi
长老会教徒 Presbyterians
朱米亚电子商务公司 Jumia
自由思考者 Freethinkers